2ND EDITION

실증연구방법

이형석 지음

Empirical Study Research

한 경 사

저자소개 ▮ 이형석 hyunglee@chungbuk.ac.kr

학력 및 경력

고려대학교에서 경영과학/정보시스템 전공으로 경영학박사 학위를 취득하였다. 고려대학교 기업경영연구원에서 연구원과 삼육대학교 경영학과에서 조교수를 지냈으며, 고려대학교, 가톨릭대학교, 경희대학교, 성균관대학교의 학부와 대학원에서 통계학과 연구조사 방법론을 강의하였다. 현재 충북대학교 경영학부 부교수로 재직 중이며, 국제저명학술지(SSCI, SCIE, SCOPUS)의 편집위원을 맡고 있다.

연구활동

주요 연구분야는 서비스운영관리, 정보통신경영, 계량모델링 등이며, 이와 관련된 연구주제로 국내외 저명학술지(KCI, SSCI, SCIE, SCOPUS)에 50여 편의 논문을 게재하였다.

실증연구방법(2e)

저자 이형석

발행일 2014년 2월 28일 1쇄

발행처 **한경사**

발행인 이계남

등록사항 제10-1951호 2000년 4월 14일

주소 서울시 마포구 신수로 59-1 (3층)

전화번호 02_717_7264~5

팩스번호 02_717_7226

홈페이지 hankyungsa.co.kr

전자우편 hankyungsa@hanmail.net

ISBN 978-89-6844-028-1 (93320)

가격 25,000원

저자서문

2006년 실증연구방법을 처음 출간한 후로 여러 교수님들과 대학원생들로부터 다양한 질문과 조언 그리고 격려를 받았다. 이 책이 출간될 당시만 하더라도 국내외 학술지에 게재된 실증연구논문들의 인과모형분석 방법론이 이 책의 수준을 벗어나지 않았지만 그 이후 구조방정식 방법론이 일반화되면서 게재된 논문들 대부분이 구조방정식 방법론을 채택하고 있다.

물론 1판에서도 구조방정식을 적용한 실증논문 작성과정을 기술해 놓았기에 이 책을 활용하는데 큰 부족함은 없으리라 판단된다. 하지만 학계에서 구조방정식 방법론을 적용하지 않은 인과모형분석 논문들을 평가절하 하는 분위기와 구조방정식에 대한 기본적인 이해 없는 무조건적인 적용은 자칫 탐색적 연구를 통한 이론개발과 모형의 발전을 저해할 가능성이 있고 다양한 통계적 방법에 대한 시도자체를 제약할 수도 있다.

실증적 연구를 하고자 할 때, 가설검정을 어떻게 하는 것이 연구의 목적을 가장 잘 살리는지에 관한 진지한 고민을 통해 적절한 방법을 선택하는 것이 바람직하다. 이는 실증분석전략을 어떻게 가져갈지를 정하는 것으로 이에 대한 기본적인 이해는 이 책을 통해 확인할 수 있을 것으로 본다.

대학에서 연구조사방법론을 강의할 때마다 학생들로부터 항상 요구받는 것이 실증논문을 작성할 때 어떤 형식에 맞춰서 써야 하는지 명확하고 구체적인 틀(framework)을 제시해 달라는 것이었다. 그래서 필자는 실증논문 구성에 있어서의 공통분모를 찾아 일관된 실증분석의 틀 속에서 간결하고 체계적인 논문 작성방법을 석·박사 과정의 학생들에게 제시해주고 있다.

졸업을 위한 학위논문이나 학술지에 투고하기 위해 작성하는 모든 실증 논문은 일종의 논설문이라고 할 수 있다. 논설문은 크게 서론과 본론 그리고 결론으로 구성되는데, 이중에서 본론은 다시 이론적 배경과 실증분석으로 세분화된다.

실증논문에서 가장 중요한 것은 당연히 연구대상에 관한 주제이겠으나, 그에 못지않게 중요한 것이 과학적 연구방법의 절차라고 생각한다. 실증논문은 과학적 이론에 의해 가설을 도출하고 과학적 방법론에 의한 검증절차를 거쳐 일반화되는 과정을 밟기 때문에 과학적 연구 과정에 대한 이해는 매우 중요하다. 이 책은 과학영역으로서의 사회과학 논문을 쓰기 위한 절차에 관한 내용과 통계적 결과에 대한 해석을 주로 다루고 있기 때문에 실제로 통계분석 처리 과정을 상세히 제시하고 있지 않다. 따라서 실증논문에 필요한 분석결과를 얻기 위해서는 시중에 나와있는 통계패키지를 활용한 통계분석 관련 서적들과 필자가 집필한 통계분석방법(한경사 출간)을 참고하기 바란다.

대부분의 연구자들이 실증논문을 쓰면서 명확히 이해하지 못하고 있는 것이 아마도 신뢰성과 타당성에 대한 개념과 이들에 의한 검정 과정일 것이다. 필자가 그동안 참고한 논문에 나와 있는 내용과 학술지 논문 심사위원을 하면서 문제점으로 지적했던 내용들을 나름대로 정리하여 수록하였다. 1판에 수록된 다속성다측정법(MTMM)에 의한 구성타당성 검정방법과 구조방정식 분석을 활용한 실증논문 작성의 예와 그에 따른 결과 해석에 대한 내용뿐만 아니라 최근 들어 국내외 학술지에 자주 등장하는 위계적 회귀분석과 결과 해석, 그리고 경로분석에 대한 기초적인 설명을 상세히 기술하였다. 그리고 이 책의 마지막 장에는 실증논문을 처음으로 작성하고자 하는 독자들을 위해 필자가 학술지에 게재한 논문들 중에서 쉽게 쓰인 기본적인 논문들을 수록해 놓았다. 특히, 구조방정식을 적용하면서 지나치기 쉬운 유도(축약형) 방정식(reduced form equation)과 연립방정식(simultaneous equation)에 대한 이해를 돕기 위한 논문을 2판에는 추가하였다.

이 책은 필자가 재직하고 있는 대학의 석·박사 과정생들을 위한 강의 교재로써 편찬한 것이므로 전반부와 중반부에서는 강의를 위주로 하고 후반부에는 논문발표를 중심으로 한 세미나 형식의 수업을 하기에 적합하다고 생각된다. 이 책으로 강의를 하시는 교수님과 공부하는 대학원생들이 책의 내용에 관해 질문이 있을 경우에는 필자의 이메일(hyunglee@chungbuk.ac.kr, hslee0919@yahoo.co.kr)로 연락해주기를 바란다.

이 책이 출판되기까지 많은 부분에 있어서 배려를 아끼지 않으셨던 한경사 이계남 사장님 이하 모든 직원들에게 고마움의 뜻을 전하고, 1판에 대해 아낌없는 격려를 해주시고 2판의 집필 과정에 필요한 조언을 해주신 고려대학교 박광태 교수님, 충북대학교 강성룡 교수님, 서울과학기술대학교 김선민 교수님, 호서대학교 김유정 교수님께 본 지면을 빌어 감사의 말씀을 드리며, 마지막까지 최선을 다해 원고의 정리 및 교정을 도와준 이화여자대학교 대학원 최은교 박사 과정에게 감사의 마음을 전한다.

2013년 겨울

저자 이형석

차례

제1장

과학적 연구

Empirical Study Research

1장 과학적 연구

과학은 현상에 내재하고 있는 속성과 법칙을 객관적인 방법으로 규명하여 보편적인 진리로 인식하고 그것을 응용하는 과정을 거친 이론을 의미한다. 즉, 과학은 대상이 무엇인가에 의해 정해지는 것이 아니라 그 대상을 다루는 방법인 과학적 연구에 의해 얻어지는 것이다.

Kerlinger(1973)는 과학적 연구(scientific research)를 연구의 대상이 되는 현상들 사이에 가정된 관계에 대한 가설적 명제(hypothetical proposition)들을 체계적이고(systematic), 통제되고(controlled), 실증적이며(empirical), 비판적인(critical) 관찰을 통해 검증하는 방법이라 정의하였다. 이러한 정의는 과학적 연구가 현상들 사이의 특정 관계를 연구하는 비판적 관찰의 특수한 유형임을 강조한다.

과학적 연구는 조사(research)와 이론(theory)[1]을 필요로 하며 이 두 요소

---

1) 이론이란 어떤 특정 현상을 논리적으로 설명하고 예측하려는 진술을 말한다. 이러한 이론은 경험적 세계에서 실증적으로 검증이 가능해야 한다. 관념적 추상적 세계를 나타내는 이론을 구체적인 현실세계와 연결시켜 주는 역할을 하는 것이 바로 조사이다. 이러한 이유로 이론을 검증된 가설이라고 할 수 있다. 가설은 두 개 이상의 변수들 간의 관계에 관한 진술이자, 검증되지 않은 사실을 말한다.

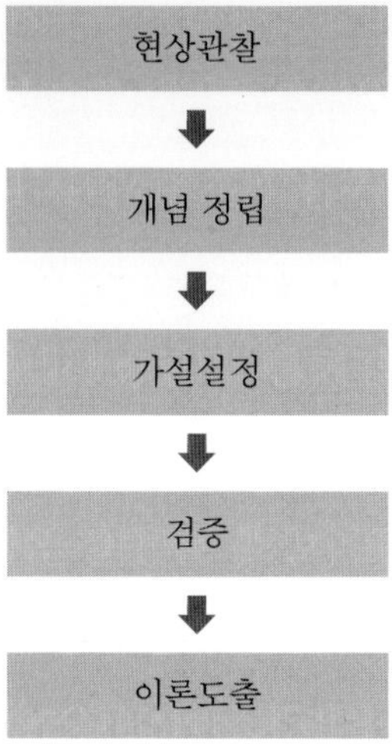

그림 1-1 ▮ 과학적 연구 과정

는 아주 밀접한 관계를 가지고 있다. 즉, 연구자는 명백하게 진술된 이론에 대한 이해 없이 의미 있는 조사를 수행할 수 없을 뿐만 아니라, 신뢰할만한 조사결과 없이 이론을 개발할 수 없다. 이와 같이 과학은 조사와 이론 사이를 끊임없이 오가는 변증법적 과정을 통해 점진적으로 발전해간다.

이론은 연구자를 중요한 문제로 인도하고 조사상의 의미 있는 변수를 구체화해주며, 변수들이 측정되고 관련되어 있는 모형을 제시해준다. 그리고 조사는 이론의 타당성 검증을 가능하게 하여 이론의 확증 또는 수정방향을 제시해준다. 따라서 과학자들은 조사와 이론을 오가면서 보다 세련되고 타당성 있는 이론을 구축함과 동시에 이론을 검증하는 데 있어 보다 구체화되고 정교한 조사방법을 개발하게 된다.

과학적 연구는 어떤 하나의 문제로부터 출발한다. 그 문제는 최종적으로 검증할 수 있는 형식이어야 하고, 일반적으로 둘 이상의 변수 간 관계로서 진술된 가설적 형태이어야 한다. 연구자는 연구하고자 하는 분야와 관련된 선행연구들에 친숙해져야 하며, 주제와 관련된 문헌이면 무엇이든지 살펴보는 것이 바람직하다. 기존의 연구를 미리 살펴보는 것은 연구자에게 다음과 같은 이점을 가져다준다.

첫째, 과거 조사에서의 한계점에 관해 향후 연구방향을 제시해준다.

둘째, 제기된 연구주제의 영역을 명확하게 해준다.

셋째, 주요한 개념들에 관해 관찰할 수 있는 방법을 제시해준다.

선행연구에 관한 이론적 고찰을 수행함과 동시에 자신의 생각을 동료들과 토론해보면서 연구주제를 더욱 구체화시킬 수 있다. 이러한 과정이 끝나면 비로소 연구자는 자신의 가설에 대해 의미 있는 검증을 할 수 있게 된다.

Kuhn(1962)에 따르면 어떤 과학분야에서나 발전의 초창기 단계인 패러다임 이전(pre-paradigm)의 시기에서는 현상에 대한 논리와 그 현상을 연구하는 방법, 즉 합법적인 방법, 문제 및 문제풀이의 표준에 대해 서로 일치하지 않는 견해를 주장하는 학파들이 존재한다. 그러나 학자들 사이의 혼란과 불일치도 시간의 흐름에 따라 정리되어 단일 패러다임으로 구축되어 받아들여지면서 점진적으로 체계화된다.

패러다임(paradigm)이란 과학자 사회의 구성원들이 공유하고 있는 신념, 가치, 기술 등의 총체를 일컫는 개념이다. 과학적으로 탐구할 만한 문제를 규정해주고, 과학자들이 취할 수 있는 문제해결 모형을 제공하며, 연구결과의 타당성을 분별하는 기준이 된다. 이러한 패러다임은 과학적 연구에 있어서의 이론적 가설들과 응용방법에 대한 근거를 제공하며 모든 연구활동의 기반이 된다.

따라서 패러다임에 기반한 연구는 과학도가 미래에 과학활동을 수행할 특정 과학자 사회의 구성원이 될 수 있도록 준비시키는 것이며, 과학도는 패러다임이라는 확고한 모형으로부터 그 분야의 기초를 익혔던 사람들과 합류하게 된다. 자신들의 연구가 공유된 패러다임에 근거한다면 사람들은 과학활동에 대한 동일한 규칙과 표준을 지키게 된다. 그러나 약속과 그것이 조성하는 분명한 여론의 일치는 정상과학, 즉 특정연구 전통의 출현과 지속에 불가결한 요소가 된다.

정상과학(normal science)은 과거 하나 이상의 과학적 성취에 확고히 기반을 둔 연구활동을 뜻하며, 그 성취는 몇몇 특정 과학자 사회가 일정기간 동안 과학의 한 걸음 나아간 활동을 위한 기초를 제공하는 것으로 인정하는 것을 가리킨다. 이러한 정상과학에서는 새로운 사실의 발견이나 새로운 이론을 정립하는 것에는 별로 관심을 갖지 않으며, 기존의 과학적 지식을 효과적으로 확장시키는 데에 관심을 두게 된다.

시간이 지나감에 따라 단일화된 패러다임이 받아들여지지 않는 여러 예외적인 현상들이 차츰 나타나게 된다. 이러한 상황 속에서도 과학자들은 예외적 현상을 설명하기 위해 기존의 패러다임을 적용하려는 시도와 노력을 지속하지만 여러 가지 한계가 드러나면서 위기(crisis)에 직면하게 된다. 결과적으로 예외적 현상은 갈등과 도전을 야기하고 점차 예외적인 현상을 인정할 수밖에 없는 분위기가 조성됨으로써 새로운 패러다임을 창출하게 된다. 새로운 패러다임이 출현하는 초기에는 학자들 간에 서로 다른 주장과 논쟁이 가열된다. 새로운 패러다임은 과학의 재정립을 유도하며 현상에 대한 이론적 가설과 응용방법에 대해 새로운 기준을 제시하고 차츰 기존의 패러다임은 보다 설득력 있는 새로운 패러다임으로 교체되면서 과학자 사회의 구성원들의 인식체계와 가치관을

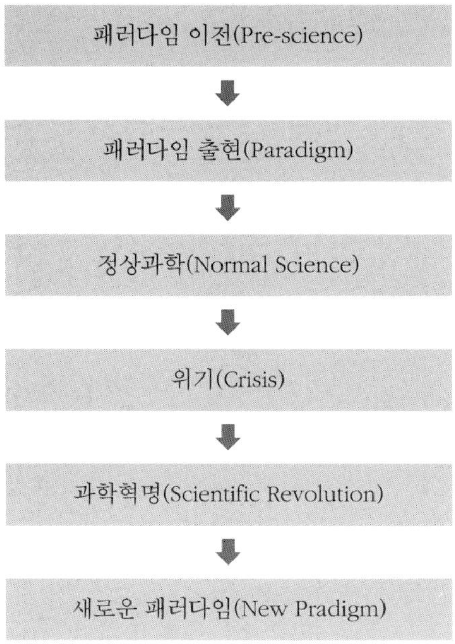

그림 1-2 ▮ 과학혁명의 과정

바꿔 놓기에 이르게 되는데 이것을 과학혁명(scientific revolution)이라고 한다.

과학에서 패러다임의 존재는 거의 절대적이어서 과학자들은 패러다임을 적극적으로 옹호하고 보호하려고 한다. 다시 말해 패러다임과 일치하지 않는 관찰결과를 재해석하고 새로운 실험을 통해서 그 불일치를 해결하려고 노력한다. 그러나 모순된 관찰 결과들이 증가하면서 패러다임은 위기를 맞게 되고, 새로운 이론들이 등장하면서 서로 경합하는 혼돈(chaos)의 시기에 들어서게 된다. 이러한 상황에서도 과학자들은 하나의 이론이 승리하여 새로운 패러다임으로 확립되기까지 기존의 패러다임을 포기하지 않는다. 이론에 모순된 관찰들, 이론이 옳지 않다는 것을 보여주는 반례들을 앞에 놓고서도 기존의 과학이론을 포기하지 않는 과학자들의 태도를 합리적이지 않다고 생각할 수도 있다. 하지만 이러한 과학자들의 태도가 불합리하다고만은 할 수 없다. 왜냐하면, 과학적 이론이란 과학자들이 세계를 보는 도구이며, 도구 없이 세계를 본다는 것은 불가능하기 때문이다.

Cushing(1990)은 패러다임의 형성과 관련된 시각에서 과학적 연구의 진행 과정을 설명하였는데, 먼저 과학적 연구로서 가치가 있는 특별한 현상에 대한 공감대(consensus)가 형성되고, 이러한 특별한 사실을 정립하고 일반화하기 위한 시도로서 현상에 대한 실증적 연구(empirical study)가 진행된다고 보았다. 다음으로 실증적 연구에 의해 정립된 사실과 일반화에 관한 유일한 설명을 제공하는 이론이 개발(theory development)되고, 이러한 이론을 바탕으로 패러다임(paradigm)을 형성하는 요소들의 집합에 대한 공감대(consensus)가 형성된다.

따라서, 과학적 연구의 대상이 되는 현상 속에 내재한 규칙을 과학적 방법을 거쳐 발견하고, 이론과 법칙으로 일반화하기 위한 과학적 연구의 요건을 구체적으로 살펴보면 다음과 같다.

첫째, 과학적 연구는 논리적이어야 한다. 논리성(logicality)이란 어떤 현상이 나타나게 된 원인과 결과에 대한 설명이 시간적 순서와 이치에 맞아야 된다는 것을 의미한다. 여기서 시간적 순서란 원인의 변화가 결과의 변화보다 선행된다는 것을 나타낸다.

둘째, 과학적 연구는 검증 가능해야 한다. 검증 가능성(verifiability)은 객관적인 증거나 근거를 바탕으로 현상에 관한 모든 진술들을 경험적으로 검증하는 것을 의미한다. 여기서 경험적이란 의미는 연구대상이 인간의 인식이나 사고체계 내에서 지각될 수 있는 것을 말하며, 경험적으로 검증한다는 것은 지각된 현상과 관련된 정보와 자료를 수집하고 분석하는 것을 말한다.

셋째, 과학적 연구는 재현 가능해야 한다. 재현 가능성(reproducibility)은 모든 이론은 한 번의 검증이나 관찰로 이루어진 것이 아니라 여러 차례 반복적으로 검증되거나 관찰된 후 정립된 것이다. 따라서 이론으로 정립되기 위해서는 그 이론에 대한 신뢰성을 확보하기 위해 조사를 반복적으로 수행할 수 있어야 한다.

넷째, 과학적 연구는 일반성이 있어야 한다. 일반성(generality)은 전체 현상 속에 내재한 공통된 특성을 밝히는 것을 의미하는데, 과학적 연구가 지향하는 것은 개별현상을 분석하고 설명하기보다 좀 더 광범위하게 적용될 수 있는 일반적인 이해를 추구하고 예측하는데 있다. 따라서 현상에 대한 일반성의 범위가 넓을수록 훌륭한 과학적 연구로 간주하게 된다. 자연과학과 달리 사회과학에서 다루는 주된 연구주제인 인간의 행동이나 태도, 관념 등은 매우 다양하고 추상적이기 때문에 공통된 특성인 일반성을 찾는 것은 쉽지 않다. 그러나 현상에 대한 공통된 이해를 통해 일반화(generalization)된 결론도출이 가능해야 과학적 연구로서 의의가 있다.

과학적 연구의 목적이 특정 현상을 예측하고 설명할 수 있는 인과법칙을 정립하는데 있다면, 이러한 법칙을 정립하기 위해서는 과학적 기준에 의하여 현상과 변수들 간의 관계를 파악하고 과학적 방법을 통해 증명해야 한다.

과학적 방법은 일련의 연구 의사결정 단계로 처리될 수 있다. 연구자는 먼저, 다루고자 하는 문제에 초점을 두고 변수, 측정절차, 표본추출 방법, 연구모형 그리고 가설을 설정해야 한다. 또한 연구를 수행하기 전에 선정된 문제를 면밀히 검토해야 하며 관련 문헌들을 충분히 검토해야 한다. 즉, 연구자는 가능한 한 연구주제에 관련된 많은 지식을 갖고 연구에 착수해야 하며 동시에 각 연구 단계에 걸쳐 세심한 주의를 기울여야 한다. 과학적 연구를 효과적으로 수행하기 위한 과학적 방법의 과정에 대한 일치된 견해는 없으나, 〈표 1-1〉과 같은 주요한 특징들을 가지고 있다.

과학적 연구는 신뢰성 있고 타당성 있는 자료나 사실을 수집하여야 한다. 신뢰성 있고 타당성 있는 자료를 얻기 위해서는 자료의 상대적 진실의 정도를 결정해주는 명백한 규칙을 따라야 한다. 그러나 자료의 진실 여부를 결정하는 일은 대단히 복잡한 과정이다. 자료는 신뢰성이 전제되어야 하는데, 이는 동일한 현상을 반복적으로 관찰하여 유사한 결과를 얻어낼 수 있는 것을 말한다. 또한 관찰은 측정하고자 하는 바를 실제로 측정할 수 있어야 하는데 이를 타당성이라고 한다. 즉, 사실은 신뢰성 있고 타당한 자료를 말한다. 하지만, 이론은 사실과 다르며, 가설 또한 사실이 아니다. 따라서 어떤 현상을 사실로

표 1-1 ▮ 과학적 방법의 주요 특징

특징	내용
이론적	연구의 방향을 제시하고 인도하기 위한 개념적이고 이론적인 구조의 개발
분석적	문제를 식별하고 규정하기 위한 정확한 과정과 해결을 위한 방법을 제공
체계적	명확한 규칙성과 완전성을 나타내는 절차
논리적	결론이 이용 가능한 증거로부터 합리적으로 도출
객관적	연구의 결과가 다른 연구자에 의해 같은 조건에서 반복적으로 재현

관찰과 사실

관찰이란 실재하는 것에 대한 인식으로 본질적으로 경험적인 것이다. 이는 사실을 인식하거나 지시하는 것에 대한 기초를 형성한다.

사실이란 진실이라고 믿고 있는 현상을 말한다. 이는 동일한 현상을 관찰하고 존재에 대해 본질적으로 합의한 것이다.

받아들이거나 기각하는 데 필요한 기초적인 문제가 바로 과학적 연구의 중심 과제이다.

제2장

논리적 추론

2장 논리적 추론

연역법

연역법(deductive logic)이란 기존의 이론이나 일반적인 원리로부터 특수한 결론에 이르는 추론방식으로 전체에 대하여 사실인 것은 부분에 대해서도 사실이라는 법칙에 의한 것이다.

연역적 논리는 〈그림 2-1〉에 나타낸 것처럼 기존 이론이나 일반적 원리에 의하여 경험적 현상을 규정하는 가설을 도출하게 되고 이를 실증적으로 검증하게 된다. 검증한 결과에 따라 기존 이론이나 일반적 원리가 경험적 사실을 반영하는 가설과 일치하게 될 때 하나의 법칙이나 이론으로 발전하게 된다.

전제: 모든 소비자들은 가격정보를 필요로 한다.

전제: 엘리자베스는 소비자이다.

결론: 엘리자베스는 가격정보를 필요로 한다.

이와 같이 연역법은 일반적 원리인 '모든 소비자들은 가격정보를 필요로 한다'라는 명제로부터 특수한 원리인 '엘리자베스는 가격정보를 필요로 한다'라

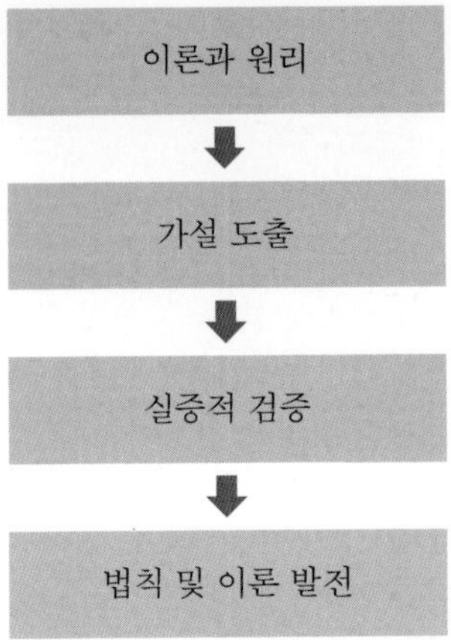

그림 2-1 ▮ 연역적 추론 과정

는 추론에 이르는 방법이다.

과학적 연구방법에서의 연역적 추론 과정은 가설을 전제로 조건이 되는 검증방법을 고안하거나 가설 평가의 기준을 마련하는 과정이다. 따라서 연역 추론을 통해 얻은 평가기준과 실제 실험을 통해 얻은 결과를 비교하여 가설을 평가하고 결론을 진술한다.

연역적 추론 과정을 제품품질에 대한 인식과 재구매 간의 관계 연구에 적용시켜보면, 기존의 품질과 충성도 관련 이론으로부터 '제품품질 인식이 좋을수록 재구매는 증가하는 관계에 있다'는 가설을 도출할 수 있다. 이렇게 가설을 도출한 후에 다수의 고객들을 대상으로 현상에 관한 자료를 수집하여 분석함으로써 가설을 검증하게 되고 가설과 검증결과가 일치하면 '제품품질과 재구매는 정(+)의 인과관계에 있다'는 결론을 얻게 된다.

가설-연역적 추론

과학적 이론이 제시될 때는 그것을 뒷받침하는 증거들이 제시되며 그 증거들은 가정이 입증된 것은 아니지만 인정할 만한 지지기반을 제공해준다고 할 수 있다. 그리고 예측 가능한 새로운 사실과 이미 알고 있는 사실을 규명하는데 익숙해질 수 있음을 보여줌으로써 가정의 논리적 결과를 규명한다. 이러한 방법으로 과학자들은 관찰하거나 실험을 통해 예측을 검증한다. 따라서 가정을 바탕으로 한 설명, 예측, 그리고 증거를 갖는 추론의 한 형태를 가설-연역적 방법이라고 한다(Lewis, 1988). 즉, 가정은 가설의 부분에 해당되고 예측과 증거의 제시를 통한 검증은 연역적 부분이라고 할 수 있다. 이러한 가설-연역적 추론에서의 가설검증 과정의 사고는 연역적인 부분에 해당하는 것으로 가설에서 도출된 조건적 진술인 전제와 결과를 바탕으로 그 전제의 진위여부를 평가한 진술의 형태를 보인다.

귀납법

귀납법(inductive logic)이란 특수한 전제로부터 일반적인 결론에 이르는 추론방법이며 부분에 대하여 사실인 것은 전체에 대해서도 사실일 수 있다는 법칙에 의한 것이다. 귀납적 논리는 경험세계에서 어떤 공통적인 특성을 발견하고 그 특성을 과학적인 방법으로 증명함으로써 일반화로 발전시키는 사고 과정이다.

〈그림 2-2〉와 같이 현상에 대한 어떤 특성이 일반화되기 위해서는 그 현상을 관찰하고, 관찰한 것에서 공통적 사실 및 원리를 발견하고, 이를 실제 현상

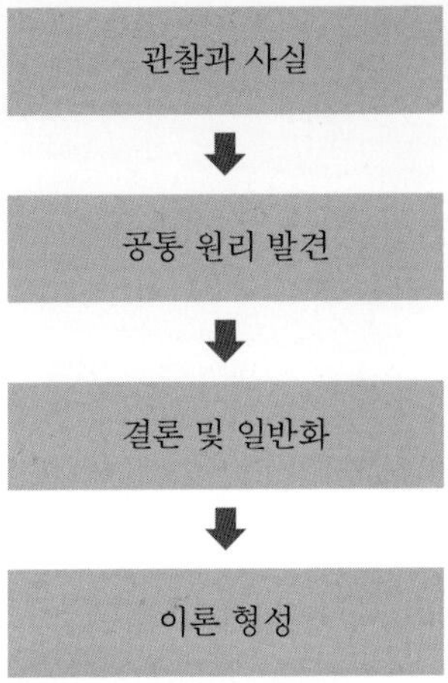

그림 2-2 ▮ 귀납적 추론 과정

에 적용하여 확인하는 과정을 거쳐 잠정적인 결론[2]을 내림으로써 일반화하게 된다. 간단히 말해 귀납법은 특수한 사실을 전제로 일반적 원리를 이끌어내 이론을 형성해 나가는 방법을 말한다.

전제: 소비자인 엘리자베스는 가격정보를 필요로 한다.

전제: 소비자인 애슐리는 가격정보를 필요로 한다.

결론: 모든 소비자들은 가격정보를 필요로 한다.

이와 같이 귀납법은 '소비자인 엘리자베스는 가격정보를 필요로 한다' 그리고 '소비자인 애슐리는 가격정보를 필요로 한다'라는 사실에 근거하여 '모든 소비자들은 가격정보를 필요로 한다'라는 결론에 도달하게 된다. 하지만 이러

2) 현상에 대한 공통적인 특성 및 원리가 연역법처럼 실증적 검증과정을 거친 것이 아니고 관찰에 의해 도출된 결론을 말한다.

한 귀납추론의 구조에는 '많은'에서 '모든'으로의 논리적 비약이 내포되어 있다. 즉, 경험적으로 모든 소비자들을 관찰하는 것이 불가능하기 때문에 논리적으로 결론이 참임을 증명할 수 없다. 따라서 귀납적 결론들이 경험적 관찰 사례들을 토대로 하여 이루어지기는 하나 그것들이 경험에 의해서 확증될 수 없다는 점으로 인해 귀납적 논증의 정당성에 문제가 제기되기도 한다.

귀납적 추론 과정을 제품에 대한 고객만족과 고객충성도 간의 관계에 적

귀납추론의 가설정당화

귀납주의 과학론은 과학 지식이 귀납에 의해 생성되고 정당화된다는 견해이다. 즉, 관찰을 통해 현상 속의 규칙성을 발견하고 그것을 귀납추론을 통해 정당화하는 경우에만 과학이 된다고 본다.

귀납추론을 통해 과학적 연구를 수행할 경우 과학자는 관찰과 실험으로 사실들을 편견 없이 수집하는 자료수집단계, 수집된 사실들을 귀납추론을 통해 일반화하여 가설을 얻는 일반화 단계, 그리고 가설로부터 새로운 관찰과 실험 결과들을 연역적으로 이끌어낸 다음 이를 실제 경험 자료와 비교하여 시험해보는 가설 정당화 단계를 거친다. 여기서 자료수집과 일반화는 과학적 연구 과정에서 가설이 생성 혹은 발견되는 맥락을 말하며, 가설 정당화는 생성된 가설을 경험에 비추어 그 정당성을 결정하는 맥락을 말한다. 어떤 과학적 방법론이 적절한지를 판단하고자 할 때, 이처럼 발견의 맥락(context of discovery)과 정당화의 맥락(context of justification)을 구분하여 논의한다. 귀납주의자들은 우선 발견의 맥락인 자료를 수집하는 단계에서 객관성이 확보되고, 귀납추론이 사용된 자료의 일반화 단계에서는 논리적 합리성이 보장된다고 주장한다.

용시켜 보면, 연구자는 '제품에 대한 고객만족과 재구매 사이에 정(+)의 인과관계를 갖는다'와 '제품에 대한 고객만족과 타인추천 사이에 정(+)의 인과관계를 갖는다'는 부분적 관찰을 통해 '제품에 대한 고객만족이 재구매와 타인추천을 비롯한 프리미엄 가격지불과 같은 고객충성도를 나타내는 모든 요인에도 정(+)의 영향을 미친다'는 잠정적인 결론에 도달하게 된다.

귀추법

귀추법(abductive logic)이란 미지의 현 상황을 이미 경험하여 알고 있는 다른 상황과의 유사성에 바탕을 두고, 이를 차용하여 현 상황을 설명하는 추론의 한 유형이다. Hanson(1985)은 과학적 발견의 패턴을 논의하면서 귀추란 하나의 사실을 관찰한 다음 그 사실을 생성하도록 만든 것이 무엇인지를 말하도록 하는 것이라고 정의하였다. 그에 의하면 과학의 모든 아이디어들은 귀추를 통해서 얻어진다고 하였다. Lawson(1995)은 귀추란 이전의 어떤 한 상황의 성공적인 설명을 새로운 상황에 빌려와 적용한 임시적인 설명인 가설을 생성하는

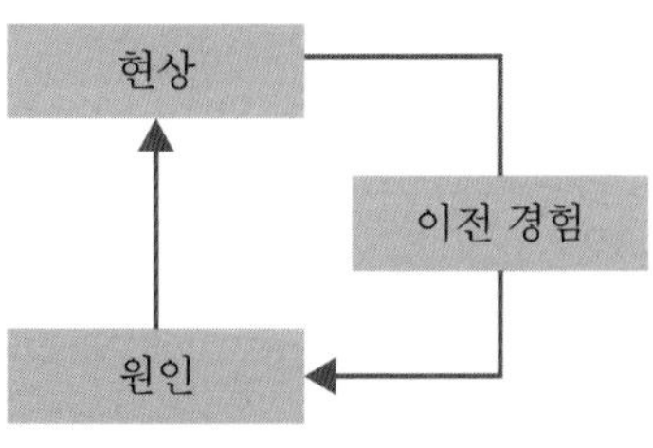

그림 2-3 ▮ 귀추적 추론 과정

정신적 과정이라고 정의하였다.

초기관찰: 잘 타고 있던 촛불이 꺼졌다

인과적 의문생성: 왜 촛불이 꺼졌을까?

초기원인생성: 촛불이 꺼진 원인은 바람이 불어서 꺼진 것이다.

위의 예에서 촛불이 꺼진 원인이 바람에 의한 것임을 생각할 수 있었던 것은 아마도 촛불과 유사한 종류의 불이 바람에 의해 꺼진 이전의 경험에서 비롯된 것이라고 설명할 수 있다. 즉, 가설은 현재 상황을 관찰해서 곧바로 만들어지는 것이 아니라 지금 현상과 비슷한 과거 경험으로부터 왔다는 것이다. 귀추의 기능은 현상의 원인이 되는 설명적인 가설을 생성하는 것이다.

Peirce는 이미 논리학이나 과학철학에서 잘 정립된 추론 유형인 연역과 귀납에 대해 연구한 끝에 또 다른 추론 형식인 귀추를 추가하여 제시하였다. 그는 규칙이나 법칙에서 결과나 관찰로 향하는 과정을 연역추론, 결과나 관찰에서 규칙이나 법칙으로 향하는 과정을 귀납추론이라고 설명한 후, 나타난 현상(결과나 관찰)을 설명하기 위한 적절한 가설(규칙이나 법칙)을 도입하거나 새롭게

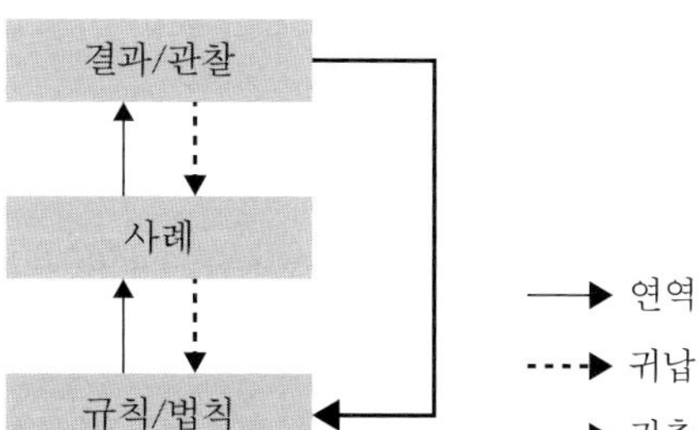

그림 2-4 ▮ Peirce의 추론 과정

구성하는 과정을 귀추추론이라고 설명하였다(Fischer, 2001).

또한 Peirce는 새로운 아이디어를 고안해내는 유일한 논리 과정이 바로 귀추적 사고 과정이라 하고, 과학적 가설을 생성하는 중요한 역할을 수행한다고 하였다(권용주 외, 2003).

이론형성 방법

이론(theory)이란 어떤 특정 현상을 논리적으로 설명하고 예측하려는 진술을 말한다. 이론은 경험적 세계에서 실증적으로 검증이 가능해야 하기 때문에 '검증된 가설'이라고도 한다. 이와 같이 이론을 통해 가설이 유도되며 가설은 연구대상을 검정하기 위해 관찰을 통해 수집된 자료를 필요로 한다. 그리고 이러한 과정을 거쳐 실증적 일반화(empirical generalization)를 하게 되며 결과적으로 이론이 발전하게 된다.

과학이론의 개발에 있어서 기초적인 이론 형성 방법에 관한 매우 다양한 견해가 존재한다. 모든 이론은 자료 그 자체로부터 직접적으로 도출된다는 귀납적 관점을 가진 실증주의자로부터 자료 그 자체를 고려하지 않고 개념적 모형을 구성한 후 실제적인 정확성을 검정하는 모형기반 관점을 가진 연구자에 이르기까지 다양하다(Davis, 2005).

연역적 이론구축(deductive theory building)

연역적 이론의 개발은 개념적 구성과 실제적 타당성에 관한 엄격성을 강조한다. 연역적 추론은 증명을 위한 전제로부터 논리적 추론에 의해 어떤 결론을 도출하는 추론의 형태이다. 실제 현상과 관련된 인과적인 모형이나 공식으로 표현되지만, 정확하게 개념적으로 기술되고 나서야 실증적 검정이 이루어지고, 이론의 수정이 가능하다. 따라서 연역적 이론구축에서는 실증적 검정을 실시하기 전 단계인 개념적 개발에 초점을 맞추고 있다. 비록 이러한 이론구축의 방법이 현실성 부족으로 비판을 받기도 하지만 많은 연구분야에서 유용한 결과를 보이고 있다. 예를 들어, 서비스가치에 대한 개념적 틀이나 이론적 모형을 제안하고자 하는 연구자가 가치와 관련된 기존의 다양한 이론들을 조사하여 체계적으로 분류하고 정리함으로써 서비스가치에 대한 개념적 정의를 내린다. 그리고 서비스가치를 구성하는 하위 개념들 간의 구조적 관계인 서비스가치 인식의 틀(framework) 혹은 모형(model)을 제시하고, 이러한 개념적 관계들을 명확하게 판별할 수 있는 문장인 명제(proposition)들로 나타낸다.

모형기반 이론구축(model-based theory building)

모형은 일반적으로 상징 또는 물리적 유추의 사용을 통해 디자인된 이론적 관계의 매우 형식화된 표현으로 수학적으로 표현되기도 한다. 이처럼 모형에 기반을 둔 이론개발 방법은 개념적 관계를 정의한 다음에 실증적 검정을 실시한다. 본질적으로 실제적인 타당성은 이론개발의 초기단계에 있는 것이 아니라 모형검정 초기단계에 있으며, 유일한 관심사는 모형이 연구자가 바라는 방식으로 실행되는지에 관한 것이다. 예를 들어, 연구자가 제품품질과 고객만족이 소비자들의 구매의사결정에서의 재구매에 영향을 미친다고 믿는다면 이에 대한 예비모형(preliminary model)을 설계하여 검정할 수 있다. 여기서 연구자는 세 가지 개념들 각각에 대한 견고한 측정도구(measure)를 개발해야 하며, 그런 다음에 가정된 모형을 검정한다. 모형이 실행될 경우 이론적 구조에 존재하도록 정제하고 통합화하며, 그렇지 않을 경우에는 모형을 버리거나 향후 검정을 위해 수정하게 된다. 모형기반 이론구축을 시도하는 예가 구조방정식을 활용한 연구들에서 자주 볼 수 있는데, 기존의 이론적 토대위에서 개념들의 가설적 관계들을 설정하고 실증적으로 검정하는 과정에서 새로운 인과관계들을 추가 혹은 제거함으로써 제안모형의 적합도 향상과 가설적 관계들을 확증하게 된다. 따라서 모형기반 이론구축은 연역적 이론구축을 통해 제안된 개념적 모형들이 아직 실증적으로 확증되지 않은 상태인 모형검정의 초기단계에서 활용된다. 또한 실증적 모형이 이미 제시된 상황일 지라도 많은 연구자들에 의해 이론적 모형이 비판되고 다양한 수정모형들이 제시되고 있는 상황에서 경쟁모형(rivalry model)분석을 통해 이론적 관계에 대한 수정을 제안하게 된다.

기능적 이론구축(functional theory building)

기능적 이론의 개발은 개념화 과정에서의 지속적인 상호작용과 뒤이은 실증적 검정에 의해 이루어진다. 연역적 이론구축과 기능적 이론구축 사이의 주요한 차이점은 이론개발의 초기단계에서 발생하는 개념화의 정도이다. 연역적 이론구축의 경우 일반적으로 방대한 개념적 관계가 공식화되고 이후에 실증적 검정이 이론개발을 위한 과정으로 남게 된다. 기능적 이론구축의 경우 일반적으로 많은 세부적인 개념적 틀들이 구성되고 광범위한 도식이 실증적 증거 위에 구축될 때까지 검정 과정을 거친다. 이는 이론과 사실 사이의 끊임없는 상호작용 과정이 필요함을 의미한다.

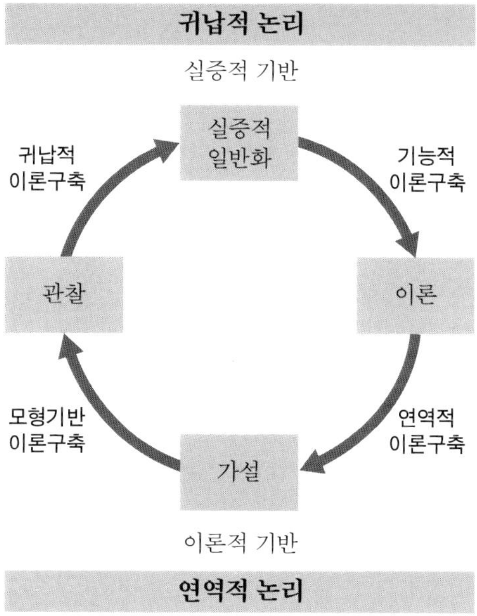

그림 2-5 ▮ 과학이론의 구축방식

귀납적 이론구축(inductive theory building)

귀납적 이론의 개발은 일반화된 결론에 도달하기 위한 엄격하고도 실증적인 접근방법이다. 귀납적 추론은 현실세계에 대한 반복적인 관찰과 관찰된 것을 설명하고 분류해 나가는 과정에서 요약된 진술의 개발에 의존한다. 비록 이러한 방법이 상대적으로 이론형성에 있어서 상상력을 상실하게 한다는 비판을 받고 있지만 이론적 지식에서의 실질적인 증가를 가져오고 있다.

과학은 절대적인 것이 아니라, 환경 및 시대의 변화에 따라 끊임없이 새로운 이론들이 생기면서 발전해 왔다. 경험적 현상에서 발견된 공통된 사실이나 원리는 가설의 형태로 검증되고 일반화되어 다수가 인정하고 받아들이게 되면

하나의 이론으로 정립된다. 그러나 기존의 이론이 새로운 현상을 설명하지 못하거나 예측하지 못할 경우에는 새로운 인식의 틀이 요구되며 귀납법과 연역법의 순환적 과정을 되풀이하면서 이론을 수정하게 된다. 이와 같이 일반적으로 과학적 논리에 근거한 학문체계는 연역적 추론과 귀납적 추론 과정을 상호보완적으로 끊임없이 되풀이하면서 형성·발전하게 된다.

유사법칙

가설(hypothesis)이란 어떤 관계를 검정하기 위해 두 개 혹은 더 많은 변수들 사이의 예상된 관계에 대한 잠정적 진술이다. 가설은 기존의 이론적 연구로부터 도출되며, 구성개념들 간의 세부적인 관계로 설정된다. 이러한 가설이 다양한 실증적 검정방법들에 의해 규명될 경우 그러한 관계는 하나의 법칙으로 볼 수 있다. 법칙(law)은 변수들 사이의 불변의 관계에 관한 잘 검증된 진술로 정의되며, 자연과학에서는 불변의 진실인 법칙들이 상당히 많은 것에 비해 사회과학분야에서는 법칙의 과잉이 일어나고 있지 않다. 사회과학분야에서는 불변의 진실이 아닌 약한 법칙(weak law) 수준으로 그 관계를 표현할 수 있다. 따라서 광범위한 실증적 검정을 거친 후에는 그 관계에 관한 진술은 유사법칙(lawlike)의 지위에 이르게 된다.

예를 들면, 서비스품질과 고객만족 간의 관계에 관한 진술은 이미 수많은 학자들이 '서비스품질은 고객만족에 정(+)의 영향관계에 있다'라는 가설을 설정하고 여러 서비스분야에 적용하여 다양한 검정방법들로 연구한 결과 두 변수의 관계가 유의한 것으로 검증되었다. 따라서 서비스품질이 고객만족에 정(+)의 영향을 미친다는 진술은 유사법칙의 지위를 가진다고 볼 수 있다.

제3장

실증연구의 설계와 절차

Empirical Study Research

3장
실증연구의 설계와 절차

사회현상 또는 문제를 학문적으로 연구하는 사회과학분야의 대부분의 연구들이 과학적 방법에 의거해 연구대상에 대한 체계적인 관찰과 자료의 분류 그리고 해석이라는 절차를 따라 진행되고 있다. 이는 사실에 기초한 자료를 조사하고 수집하여 통계적 검정방법으로 처리하는 일련의 과정을 거치는 실증적 연구(empirical study)라 할 수 있다. 이와 같이 실증적 연구를 위한 연구설계의 시작은 적절한 연구주제의 탐색과 선정으로부터 시작된다. 따라서 연구자는 현상을 이해하기 위한 현실적 필요성이나 이론개발과 같은 학문적인 연구목적을 위해서 어떤 대상을 연구할지를 결정해야 한다.

연구주제 선정. 연구주제의 선정은 기존의 이론으로부터 도출되는 경우도 있고, 또는 현실적인 문제의 해결을 위해 경험적인 관찰에서 비롯되기도 한다. 사회과학연구자들 대부분이 전자의 방식으로 연구주제를 선정하는데 이는 기존 이론을 바탕으로 연구모형을 구축해야 과학적인 방법, 예컨대 통계적 방법으로 검증 가능해지기 때문이다. 그러나 간혹 경영학에서는 후자의 방식을 사용하게 되는 경우를 보게 되는데, 이는 현상은 관찰되고 있으나 그 현상을 제대로 설명할 이론이 없는 경우이다. 이때에는 탐색적 연구(exploratory study)라는

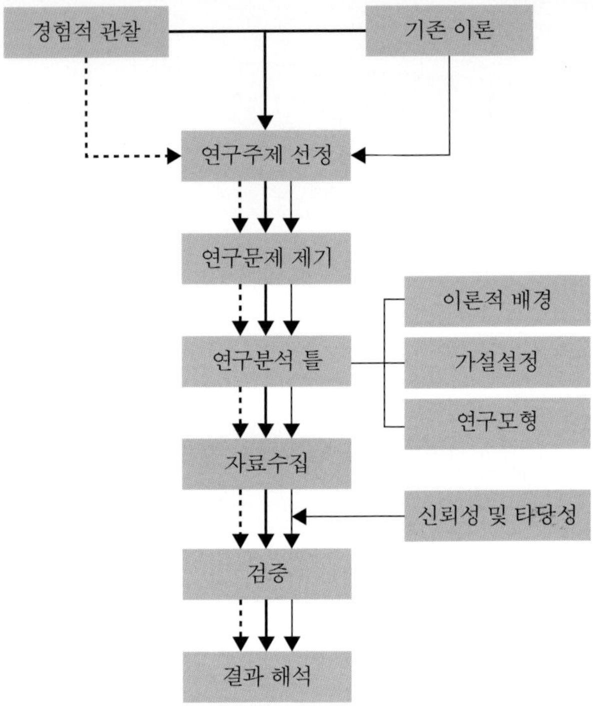

그림 3-1 ▮ 실증연구의 설계 및 절차

전제 하에 가설을 설정하여 검증하는 절차를 수행한다. 일단 연구주제가 선정되면 이를 구체적으로 발전시켜 연구문제화하게 되는데, 이를 문제 제기라고도 한다.

연구문제 제기. 연구문제는 연구주제에 관해 보다 구체적인 연구의 내용거리를 의미한다. 연구문제는 이론적으로나 현실적으로 문제해결을 위해 충분히 가치 있는 내용을 포함하고 있어야 한다. 하지만 연구문제는 조사연구에 필요한 자원이 한정된 점을 고려하여 현실적으로 수행 가능한 것이어야 한다.

연구분석 틀. 연구설계의 다음 단계는 설정된 연구문제를 분석하기 위한 틀을 마련하는 것이다. 연구분석 틀은 일반적으로 이론적인 틀과 가설 그리고 이를 집약한 모형으로 구성되며, 연구설계의 핵심을 이룬다고 할 수 있다. 이론적인 틀(theoretical framework)에서는 연구문제에 대한 이론적인 배경을 논의하고, 이에 기초하여 연구자 자신의 이론을 제시하게 된다. 여기서 연구자 자신의 이론이란 대부분 기존의 이론으로부터 논리 연역적인 과정을 통하여 연구자가 도출해낸 명제 또는 명제들의 체계라고 할 수 있다. 이러한 과정을 연역적 이론구축(deductive theory building)이라 한다. 예를 들어 '교육을 많이 받은 사람일수록 높은 임금을 받을 것이다'라는 서술은 교육과 임금이라는 두 개념 간의 관계의 방향을 가정적으로 규정한 명제라 할 수 있다. 이와 같이 명제는 추상적이고 관념적인 개념들의 연결로 이루어져 있기 때문에 실증적인 검증이 곤란하다. 따라서 이러한 개념들을 조작적으로 정의(operational definition)하여 실증적으로 측정 가능한 수준의 변수인 지시자(indicator)들로 전환하게 된다. 즉, '교육기간이 긴 사람일수록 월 급여액이 많을 것이다'라는 서술로 대체함으로써 명제를 측정 가능한 수준인 가설로 나타낼 수 있다.

실제로 실증연구에서는 가설이 실증적인 자료를 통해 검증의 대상이 되며, 연구분석 틀의 핵심을 이루게 된다. 그러나 대부분의 사회과학연구들이 연구문제에 대한 해결지향적인 성격을 지니고 있으므로 이와 같이 명제 설정의 단계를 거치지 않고 바로 가설이 도출되는 경우도 있다. 하지만 대부분의 실증연구에서는 가설을 넓은 의미로 해석하여 명제와 가설을 모두 포괄하는 개념으로 사용한다. 여기서 한 가지 중요한 사실은 가설은 이론적인 틀로부터 논리적으로 도출되어야 한다는 것이다. 가설은 특정 변수들 간의 관계에 대한 단순한

호기심에서 설정되는 것이 아니라, 변수들 간의 관계를 특정 방향으로 설정하는 이유에 대해 충분한 이론적인 논의가 이루어지고 나서 도출되어야 한다. 따라서 적절한 이론적 근거나 설명 없이 가설을 설정하는 것은 연역적 가설도출이라는 원리에 어긋나기 때문에 올바른 연구 과정이라고 할 수 없다.

자료수집. 가설과 연구모형이 설정되면 이를 검증하기 위한 자료를 수집하게 된다. 대부분의 사회과학 조사연구에서 자료수집은 모집단에 대한 전수조사를 실시하지 않고 표본을 대상으로 한 자료수집이 이루어진다. 연구모형을 검증하기 위한 자료의 수집은 대체로 설문지(questionnaire)를 이용한 우편조사, 전화조사, 면접조사의 형태로 이루어지는 경우가 많다. 최근에는 인터넷의 확산으로 전자메일을 이용하거나 포털 사이트에 설문을 위한 링크를 하여 그 URL에 접속하여 설문하도록 하는 경우가 점점 늘어나는 추세에 있다. 그리고 연구의 성격에 따라서는 기존의 수집된 자료를 이용하는 경우도 있다.

자료의 수집이 완료되면 본격적인 통계분석에 들어가기 전에 일단 수집된 자료의 질을 검토하는 것이 바람직하다. 표본이 과연 모집단의 특성을 잘 반영하고 있는가와 연구모형에 포함된 모든 변수들이 빠짐없이, 정확하게 측정되었는지를 확인해야 한다. 분석에 사용될 변수들은 가급적 등간척도(interval scale) 이상으로 측정되는 것이 바람직하며, 만약 표본 추출이 잘못되어 대표성을 지니지 못하거나 누락된 변수(missing variable)가 있으면 이를 보완하기 위한 자료의 재수집이 필요하게 된다.

분석에 사용될 변수들은 신뢰성이 높아야 하며, 신뢰성이 낮은 변수들을 사용할 경우 측정오차를 증가시켜 분석결과에 대한 신뢰성을 떨어뜨리게 된다. 그러므로 신뢰할 수 있는 적은 수의 변수를 사용하는 것이 신뢰성이 낮은

조작적 정의

개념(concept)은 특수한 사실로부터 일반화된 추상적 생각이나 관념을 말한다. 이러한 개념 중에는 과학적 설명을 위해 정의된 추상도가 높은 구성개념(construct)이란 것이 있다. 이는 특별한 이론적 목적을 위해 생겨난 용어이다. 그리고 어떤 개념들을 정의하는데 있어 보다 간단한 다른 개념과 구성개념을 사용하여 기술한 것을 구성적 정의(constitutive definition)라 한다.

구성적 정의에 비해 많은 사람들이 공유할 수 있으며 의미에 대한 전달성이 높은 개념으로서 경험적 의미를 구성적 정의에 포함시켜 개념이나 구성개념을 실제로 측정될 수 있도록 정의하는 것을 조작적 정의(operational definition)라고 한다. 이러한 정의는 추상화된 개념과 현실세계와의 연결고리 역할을 하고, 이를 진행시키는 구체적인 수단이 측정이다. 수집된 자료는 어떤 조작에 의해 측정된 것이라고 할 수 있는데, 이것을 '조작적'이라고 말한다.

예를 들어, '구매'란 개념 혹은 구성개념에 대한 구성적 정의를 '제품 혹은 서비스에 대해 돈이나 그에 상응하는 가치를 지불하여 획득하는 행위'라고 할 때, 조작적 정의는 '작년에 D자동차 판매 청구서에 서명했던 개별 고객들의 목록'이라고 할 수 있다. '만족'이란 개념에 대한 구성적 정의를 '고객들이 제품에 대해 가지는 기대와 구매후의 성과가 일치하는 정도'라고 할 때, 조작적 정의는 '기대와 성과 간의 사전적, 사후적 점수 간의 차이'라고 할 수 있다. 마찬가지로 '태도'라는 개념에 대한 구성적 정의를 '일관된 태도에 대응하는 습득된 성향'이라고 할 때, 조작적 정의는 '7점 척도인 8개 측정문항에 부여된 총합화된 점수'라 할 수 있다.

연구대상으로서 선택되는 조작적 개념은 변수(variable)의 형태로 구체화된다. 변수란 연구의 개별 대상마다 변화하는 것이며, 명제는 그 변수 간의 관계를 관념화된 개념으로 표현한 것이다.

변수들을 많이 사용하는 것보다 의미 있는 결과를 도출하게 한다. 수집된 자료에서의 결측치의 양과 분포를 조사하고 이에 대한 처리방침을 세운다. 일반적으로 결측치가 한 개 또는 여러 개가 있는 설문지의 경우 그 변수만을 제외하고 나머지 변수를 이용하는 것보다는 그 변수가 포함된 설문지는 분석에서 제외시키는 것이 좋다. 이외에도 변수들에 대한 기술통계량을 점검하여 비정상적인 값이나 정규분포의 유무 등을 확인한다. 즉, 수집된 자료의 분포에 대한 성질을 나타내는 왜도(skewness)나 첨도(kurtosis)를 점검함으로써 변수들의 분포가 정규분포 가정을 만족하는지를 확인한다. 산점도(scatter plot)나 상자수염도(box and whisker plot)를 그려보아 표본자료의 정상적인 분포영역을 벗어나는 이상치(outlier)를 찾아내어 제거한다.

검증. 자료에 대한 검토가 완료되면 연구모형의 검정을 위한 통계분석을 실시하게 된다. 오늘날 사회과학자들이 다루는 대부분의 자료들은 그 양이 방대하고 연구모형 또한 복잡하여 추정을 위한 모든 계산식이 컴퓨터 프로그램에 저장되어 있기 때문에 이를 활용하여 분석이 이루어진다. 출력되는 분석결과들을 통해 필요한 통계량들을 확인하여 기준치와의 비교를 통해서 추정된 모형의 타당성을 평가한다. 일반적인 사회과학연구에서는 측정된 변수들에 대한 신뢰성과 타당성 검정 과정을 거친 최종적인 변수들을 가지고 연구모형에 대한 가설의 채택 여부에 대한 검정을 하고 그 결과에 대한 해석과 의의를 기술하게 된다.

결과해석. 실증연구에 대한 평가는 최종단계에서 이루어지는 분석결과의 해석에 의해 좌우되는 경우가 많다. 따라서 연구자는 분석결과들의 단순한 나열

이론모형의 수정

구조방정식모형을 활용한 실증분석 논문들에서 이론적 모형에 기초한 가설이 지지되지 않는 경로가 나타나거나 제안모형의 모형적합도가 기준치에 미달하는 경우 모형적합도 향상을 위한 새로운 경로탐색에 활용하는 수정지수(modification index: MI)를 통해 제시된 수정모형을 기초로 이론모형의 수정을 하는 경우 이는 기존의 이론적 토대위에서 현상에 대한 문제 제기를 해결하는 시도로서 이론적 틀을 제시하려는 연역적 이론구축과정 혹은 이를 통해 도출된 가설을 검증함으로써 이론모형의 재검증 혹은 수정모형을 제시하는 모형기반 이론구축이라는 일련의 사회과학연구분석의 기본 틀에 위배되는 것으로 볼 수 있다. 따라서 수정지수에 의해 제시되는 새로운 경로의 해석은 매우 신중해야 하며, 기존의 이론적 틀 속에서 재해석하기 위해 노력을 기울일 필요가 있으며, 이론적 모형의 변경을 위한 연구자들의 공감대 형성이 선행되어야 할 것이다. 또한 연구자가 주의해야 할 것은 가설이란 반드시 채택되어야 하는 절대성이 있는 것이 아니기에 기존의 이론적 토대위에서 논리 연역적인 사고에 의해 설정된 가설이라 할지라도 기각될 수도 있다는 가능성을 염두에 두고, 가설이 기각된 이유를 찾고자 노력하는 과정 속에서 문제해결의 돌파구가 마련될 수 있다. 이론의 수정과 발전 그리고 새로운 이론의 제안과 정립은 이러한 노력들의 결과물이라고 할 수 있다.

이나 기술적인 설명 외에 이론적인 안목과 통찰력을 가지고 분석결과를 해석하고 연구에 대한 의의(implications)를 찾으려고 노력해야 한다. 경영학분야의 연구논문과 연구방법론에 관한 서적들 가운데 가설과 연구모형에 대한 통계적 검정 결과, 가설과 연구모형이 지지하지 않는 것으로 판명될 경우 이미 설정된 가설과 연구모형을 결과에 맞도록 재수정한 수정된 모형과 가설을 제안하는 경우를 보게 되는데 이러한 방법은 올바른 사회과학연구방법이라고 할 수 없다.

제4장

사회과학분석의 기초

Empirical Study Research

4장
사회과학분석의 기초

인과모형

과학적 연구의 주된 목적은 특정현상을 예측하고 설명할 수 있는 인과법칙을 정립하는 데 있으며, 이러한 법칙은 과학적 기준에 의하여 현상과 변수들 간의 관계를 파악하고 실증적인 과정을 통해 증명된다.

사회과학연구의 경우에는 사회현상에 영향을 미치거나 결정짓는 요인을 찾아내는 것이며, 사회현상을 분석하기 위해 최소한 서로 관련이 있을 것으로 예상되는 두 개 이상의 변수가 분석의 대상이 된다. 일반적으로 사회과학에서 가장 기본이 되는 모형인 인과모형(causal model)은 시간적으로나 논리적으로 선행하는 어떤 변수의 변화가 다른 변수에 영향을 미쳐 변화를 초래할 수 있다는 가정을 전제로 한다. 여기서 다른 한 변수에 영향을 주고 있거나 그 변수의 원인이 되는 변수를 독립변수(independent variable)라 하고, 독립변수의 영향을 받아 변화하는 변수를 종속변수(dependent variable)라고 한다.[3] 예를 들어

3) 학문별 특성에 따라 사용하는 용어에 있어서 약간의 차이가 있는데 독립변수의 경우 학문분야에 따라 원인변수(causal variable), 설명변수(explantory variable), 예측변수(predictor variable), 외생변수(exogenous variable)로 표현하기도 하고, 종속변수는 결과변수(effect variable), 반응변수(response variable), 내생변수(endogenous variable) 등으로 불리기도 한다.

패밀리레스토랑을 이용한 고객이 서비스를 제공받으면서 느끼는 지각된 서비스품질이 고객들의 전반적인 만족에 영향을 미칠 경우 서비스품질은 독립변수이고 고객만족은 종속변수가 된다. 그리고 서비스에 만족한 고객이 다음번에 재이용할 뿐만 아니라, 주변 사람들에게 그 패밀리레스토랑을 추천할 경우에는 고객만족이 독립변수가 되고 재이용과 타인추천은 각각 종속변수가 된다.

사회과학연구의 궁극적인 목적이 관심의 대상이 되는 현상이나 사건을 기술, 설명 또는 예측하는 데 있다고 할 수 있다. 여기서 기술이란 알고자 하는 대상인 현상이나 사건에 대한 사전지식이 충분하지 않을 때, 이들을 주의 깊게 관찰하고 그 결과를 요약, 제시하는 것을 뜻한다. 설명은 단순한 기술에서 더 나아가 어떤 현상이나 사건을 인과관계의 메커니즘으로 풀어가는 것이다. 엄밀한 의미에서 학술적 연구는 단순히 기술에 그치기보다는 설명의 수준에서 이루어지는 것이 바람직하다. 인과관계의 메커니즘이 파악되고 나면 설명뿐만이 아니라, 현상이나 사건의 전개방향에 대해 어느 정도 예측할 수 있게 된다. 예컨대, 서비스품질이 고객만족에 유의한 정(+)의 영향을 미친다는 결과를 통해 고객들의 만족도를 향상시키기 위해서는 그것의 선행요인인 서비스품질을 향상시킴으로써 가능하다. 이와는 반대로 현재의 서비스품질 수준이 떨어질 경우에는 앞으로의 고객만족도가 낮아질 것으로 예상할 수 있다.

대부분의 경우 인과모형은 〈그림 4-1〉과 같이 여러 단계(multi-stage)의 인과관계를 나타낸다. 즉, 서비스품질이 고객만족에 유의한 정(+)의 영향을 미치고, 고객만족은 고객충성도에 유의한 정(+)의 영향을 미치게 된다. 여기서 서비스품질은 고객만족의 독립변수이면서 전체 인과모형 내에서는 외생변수가 된다. 고객만족은 서비스품질의 종속변수이면서도 전체 인과모형 내에서는 내생

그림 4-1 ▮ 인과모형

변수가 되고 동시에 고객충성도에 대한 독립변수의 역할을 한다. 또한 고객만족은 서비스품질과 고객충성도 사이에서 서비스품질의 영향력을 중재하는 매개변수(mediator)의 역할도 한다. 고객충성도는 고객만족의 종속변수이면서도 전체 인과모형 내에서는 내생변수가 된다. 따라서 서비스품질을 외생변수, 고객만족을 내생설명변수, 그리고 고객충성도를 내생변수라고 보면된다. 이렇게 여러 단계의 경로로써 인과관계를 나타낸 모형을 경로모형(path model)이라고 한다.

회귀분석

오늘날 대부분의 사회현상이 매우 다양하고 그 관계구조가 복합적이며 빠르게 변화하기 때문에 어떤 현상이나 사건의 인과관계 메커니즘을 논리적으로 파악하여 설명해내기가 쉽지 않다. 따라서 대부분의 사회과학연구가 조사연구를 통해서 자료를 수집하고 수집된 자료를 근거로 분석을 통해 인과관계를 설명하는 과정을 거치게 된다. 이러한 인과모형의 분석을 위해 현재까지 사회과학 전 분야를 걸쳐 가장 많이 활용되고 있는 것이 회귀분석(regression analysis)이다.

회귀분석은 경영 · 경제학 분야를 비롯해 사회학, 심리학, 교육학 분야를 통틀어서 가장 널리 사용되는 사회과학연구를 위한 분석방법이라 할 수 있다. 그러나 아직도 상당수의 사회과학 전공자들이 회귀분석에 대해 올바로 이해하지 못하고 있으며, 이를 활용하여 실제로 연구논문을 작성하는 데에도 적잖은 어려움을 겪고 있다.

회귀분석은 자료를 분석할 때 인과관계를 찾아내기 위하여 적용되는 다변량 분석방법의 하나로 원인과 결과가 되는 두 개의 변수 간의 함수적 관계식을 추정하고, 추정된 함수식의 적합성(goodness of fit)과 유의성(significance)을 검증하는 통계적인 방법이다. 또한 회귀분석은 표본에서 발견된 변수들 간의 선형적 함수관계를 모집단의 수준으로 일반화시키는 통계적 추론의 도구로도 이용된다. 표본의 자료에서 얻은 분석결과를 모집단의 수준으로 일반화시키는 통계적 추론은 크게 모수추정(parameter estimation)과 가설검정(hypothesis test)의 두 가지로 구분된다. 회귀분석에서는 모수를 추정하고 신뢰구간을 구하여 이를 모집단의 수준으로 일반화시켜 설명할 수 있으며, 또한 모집단에 관한 다양한 가설들을 검정할 수도 있다.

회귀분석의 가장 중요한 기능이 회귀모형에 포함된 변수들로 구성되는 가장 적합한 선형적 관계를 설명하는 회귀식을 추정하고, 추정된 회귀식의 적합도를 평가하는 것이라고 할 수 있다. 그리고 때로는 복합적으로 얽혀 있는 인과관계 속에서 연구자의 관심대상이 되는 특정 독립변수에 의한 종속변수의 변화만을 살펴보고자 할 때, 나머지 독립변수들의 영향력을 배제한 상태에서 종속변수에 미치는 변화를 분석할 수 있다. 이를 세터리스 패러버스(ceteris paribus),[4)] 즉 '다른 사정이 같다면 혹은 다른 나머지 변수들이 일정하다면 (other things being equal)'이라고 한다.

회귀분석결과 해석

통계분석 프로그램인 SPSS를 활용하여 회귀분석을 실시하였을 때, 네 가지 분석결과표가 출력되어 나온다. 하지만 이들 중에서 결과해석에 필요한 것은 첫 번째 표를 제외한 나머지 세 가지 표이며 이에 대한 설명은 다음과 같다.

모형요약(model summary)

모형요약에서 필요한 것은 R^2값으로 이를 모형적합도(goodness of fit) 또는 결정계수(coefficient of determination)값이라고도 한다. 이는 연구자가 설정한 독립변수와 종속변수 간의 선형적 함수관계인 회귀모형이 얼마나 적합한 모형인지를 나타내는 것으로 추정된 회귀직선이 자료의 총 변동을 얼마나 설명하고 있는지를 말한다. 쉽게 말하자면 독립변수가 종속변수를 얼마나 설명하고 있는지를 나타낸다고도 볼 수 있다. 예를 들어 서비스품질 5개 요인인 유형성, 신뢰성, 대응성, 확신성, 공감성이 독립변수이고 전반적인 만족도가 종속변수일 때, 회귀분석을 실시하여 R^2값이 0.536으로 나타났다면, 서비스품질 5개 요인이 종속변수인 전반적인 만족도를 53.6% 설명하고 있음을 의미한다. 이는 서

---

4) 경제학자 알프레드 마셜(Alfred Marshall)이 개개의 경향과 그 경향들이 작용하는 경제학적 시간인 장기와 단기를 분리시키기 위해 이용한 경제 분석방법이다. 그는 복잡한 문제는 쪼개어서 한번에 한 가지씩 생각하고 이렇게 얻은 부분적 해답들을 전체적 문제에 맞춰 보도록 했으며, 한 가지 요인을 검토하는 동안 다른 모든 요인들을 하나의 울타리 속에 가두는 방식으로 울타리 속의 요인들을 하나씩 차례로 끄집어내어 분석하였다.

표 4-1 ▮ Model Summary

Model	R	R Square	Adjusted R Square	Std. Error of the Estimate
1	0.732	0.536	0.524	0.908

Predictors: (Constant), 공감성, 유형성, 신뢰성, 확신성, 대응성

비스를 이용하는 고객들의 전반적인 만족도에 대한 변동을 서비스품질 요인 5개가 53.6% 설명하고 있는 것으로 나머지 46.4%의 변동분에 대해서는 설명하고 있지 못하다. 사회과학연구에서 R^2값에 대한 절대적 기준치는 없으며 연구분야에 따라 경험적으로 평가되고 있다. 간혹 회귀분석에서 R^2값이 상관계수 r의 제곱값과 같다고도 하는데, 이는 엄밀히 말해 틀린 것이다. 그러나 독립변수가 한 개인 단순회귀분석인 경우에는 R^2값이 독립변수와 종속변수 간 상관계수 r의 제곱값과 같다.

R^2값의 중요한 특징으로는 독립변수의 수가 증가하면 함께 증가하는 경향을 보이는데, 뒤이어서 설명될 회귀계수의 통계적 유의성 측면에서 볼 때, 분명히 유의한 변수가 아님에도 불구하고 독립변수로 투입될 경우에도 R^2값이 증가하는 문제점이 있다. 연구자에 따라 R^2값 대신 Adj-R^2값을 사용하기도 하는데, 이는 무의미한 변수를 독립변수로 사용했을 때 값이 내려가도록 자유도를 조정한 모형적합도로 이를 수정모형적합도라고 한다.

분산분석(ANOVA)

분산분석표에서는 F값과 그것의 유의확률(일반적으로 Sig.로 표현)을 보면 되는데, 이는 추정된 회귀식 또는 회귀모형이 통계적으로 유의한지를 나타내는

것이다. 예를 들어 F값이 44.361이고 유의확률이 0.000이라면 추정된 회귀식은 유의수준 0.01에서 통계적으로 유의하다라고 말할 수 있다. 만약 유의확률이 0.03일 경우에는 유의수준 0.05 수준에서 유의하다고 할 수 있으며, 0.07일 경우에는 유의수준 0.1에서 유의하다고 할 수 있다. 즉, 유의확률이 일반적인 유의수준 0.1, 0.05, 0.01보다 작은지를 비교한 후에 추정된 회귀식에 대한 통계적 유의성을 평가할 수 있다. 의약학 또는 보건학 분야에서와 같이 유의수준을 더 낮게 설정할 필요가 있는 학문분야의 경우에는 0.001 수준까지도 고려한다. 최근에는 경영학분야의 국내외 저널들에서 유의수준을 0.05, 0.01, 0.001로 설정하는 경우도 있는데, 이는 유의확률이 매우 낮게 나타날 경우에 유의수준 0.1을 빼고 0.001을 추가하여 사용하는 것으로 보인다. 하지만 유의확률이 매우 낮게 나오더라도 일반적인 유의수준에서 엄격한 기준인 0.01을 적용하여 통계적 유의성을 해석하면 된다.

정리하자면 앞서 살펴본 R^2값이 독립변수와 종속변수 간 인과모형에 대한 적합도 다시 말해 추정된 회귀직선이 자료의 총 변동을 얼마나 설명하고 있는지를 나타내고 있는데, 이러한 적합된 회귀모형이 통계적으로 유의한지를 검정

표 4-2 ❙ ANOVA

Model		Sum of Squares	df	Mean Square	F	Sig.
1	Regression	182.792	5	36.558	44.361	0.000
	Residual	158.229	192	0.824		
	Total	341.021	197			

Predictors: (Constant), 공감성, 유형성, 신뢰성, 확신성, 대응성

Dependent Variable: 고객만족

하는 것으로 해석할 수 있다.

회귀계수(coefficients)

회귀계수표에서는 비표준화 회귀계수와 표준화 회귀계수 그리고 t값과 그것의 유의확률(Sig.)이 나타나 있다. 인과관계에 관한 일반적인 가설검정을 위해서는 비표준화 회귀계수에 대한 통계적 검정결과를 해석하면 되는데, 앞서 살펴본 분산분석표에서의 F값과 그것의 유의확률이 추정된 회귀식에 대한 통계적 유의성을 나타내고 있는 반면에 여기에서는 추정된 회귀식을 구성하는 개개의 독립변수들에 대한 통계적 유의성을 검정하는 것이다. 쉽게 말해, 추정된 회귀식이 숲이라고 한다면 숲에 대한 평가를 한 후에 그 숲을 이루는 개개의 나무에 대한 평가를 하는 것으로 이해하면 된다. 따라서 각 변수들에 대한 추정된

표 4-3 ▮ Coefficients

Model		Unstandardized Coefficients		Standardized Coefficients	t	Sig.
		B	Std. Error	Beta		
1	(Constant)	0.403	0.311		1.295	0.197
	유형성	0.235	0.068	0.212	3.448	0.001
	신뢰성	0.044	0.090	0.036	0.487	0.627
	대응성	0.242	0.098	0.241	2.467	0.015
	확신성	0.182	0.094	0.185	1.932	0.055
	공감성	0.206	0.087	0.194	2.370	0.019

Dependent Variable: 고객만족

모수인 회귀계수에 대한 유의확률이 일반적 유의수준인 0.1, 0.05, 0.01보다 작을 경우에 독립변수들이 종속변수에 통계적으로 유의한 영향을 미치고 있다고 말할 수 있다.

표준화 회귀계수는 종속변수에 영향을 미치고 있는 독립변수들에 대한 중요도 순위를 파악할 수 있게 하는데, 예를 들어 서비스품질 요인 5개 가운데서 어떤 요인이 전반적인 만족도에 더 큰 영향을 미치고 있는지 또는 전반적인 만족도를 향상시키기 위해서 어떤 요인을 더 중점적으로 관리해야 하는지에 관한 정보를 제공해준다고 볼 수 있다. 일반적으로 사회과학분야에서의 주된 연구 목적이 가설에 대한 검정이기 때문에 특별한 경우가 아니라면 표준화 회귀계수를 이용하는 경우는 드물다고 할 수 있다. 또한 모든 독립변수들이 같은 단위로 측정된 경우를 제외하고, 독립변수들이 각각 다른 단위로 측정된 경우에는 비표준화 회귀계수로 상대적인 크기를 서로 비교할 수 없다. 이때 단위를 표준화시킨 표준화 회귀계수를 이용함으로써 각 독립변수들의 종속변수에 대한 상대적인 영향력의 크기를 서로 비교할 수 있다.

수리 회귀함수

일반적으로 회귀모형을 수리적으로 이해하기란 쉽지는 않다. 그러나 중·고등학교 시절을 거치면서 한번쯤은 배웠을 법한 함수(function)라는 개념을 도입하여 설명할 경우 좀 더 이해하기가 쉽다.

함수의 정의

실수 전체의 집합 또는 그 부분집합 X, Y에 대하여 X의 임의의 원에 Y의

원을 한 개씩 대응시키는 규칙이 주어질 때 그것을 X에서 Y로의 함수라 하고, 기호로

$$f: X \to Y \text{ 또는 } X \xrightarrow{f} \mathrm{Y}$$

로 나타낸다.

이는 '정의역(domain)'이라고 하는 X집합과 '공변역(codomain)'이라고 하는 Y집합 간의 대응관계로서 $y=f(x)$로 정의된다. 물론, 공변역 중에서 정의역과 대응관계가 있는 변수의 집합을 '치역(range)'이라고 한다. 만약, 정의역의 모든 원소가 한 개의 원소로 공변역에 대응할 때 이를 '다대일 대응'이라고 하며, 이때 공변역과 치역은 일치한다.

집합 X의 임의의 원소를 나타내는 기호를 x라고 할 때, 이를 X를 변역으로 하는 변수라 하고, 집합 Y의 임의의 원소를 나타내는 기호를 y라고 할 때, 이를 Y를 변역으로 하는 변수라고 한다. 따라서 함수 f: $X \to Y$가 X를 변역으로 하는 변수 x와 Y를 변역으로 하는 변수 y의 대응 $y=f(x)$로 주어질 때에는 x를 독립변수, y를 종속변수라고 하며, 간단히 y는 x의 함수라고도 한다. 독립변수와 관계가 없는 수를 상수라고 한다.

이를 함수식으로 나타내면

$$y=f(x)=a_0 + a_1x_1 + a_2x_2 + a_3x_3$$

이 된다.

다시 말해, 다대일 대응 함수에서 정의역을 독립변수로 치역을 종속변수로 하는 1차 함수식 $y=f(x)$를 구하는 것이 회귀분석을 통해 회귀함수를 추정하

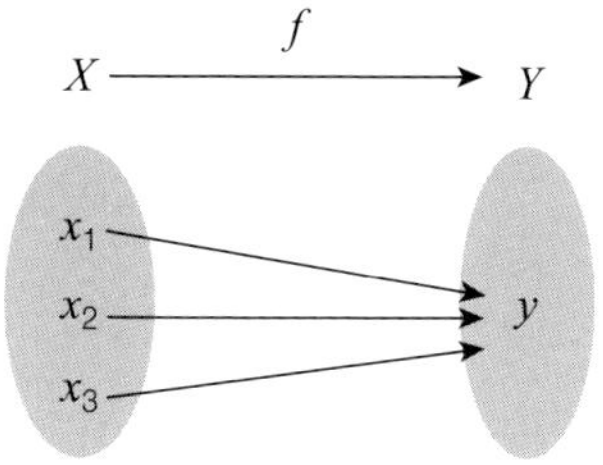

그림 4-2 ▮ 다대일 대응 함수

는 과정이라고 이해할 수 있다.

이와 같이 절편(intercept)인 상수 a_0와 독립변수들의 계수(coefficient)인 a_1, a_2, a_3을 추정하여 1차 함수식으로 나타내기 위해서 회귀분석이 필요하다. 여기서 절편과 계수들을 추정하기 위해서 가장 보편적으로 이용되는 방법이 최소자승법(least square method: LSM)이다. 최소자승법은 실제 종속변수 Y의 값과 추정될 계수에 의해 구해진 회귀함수식에 각각의 독립변수 X의 값을 대입하여 구해진 추정된 예측값 $\hat{Y}$ 사이의 오차(error)를 최소화하는 계수값을 추정하는 방법이다.

먼저 추정하고자 하는 회귀 함수식을 다음과 같다고 하자.

$$Y_i = \beta_0 + \beta_1 X_i$$

여기서 X_i, Y_i는 실제로 관측된 자료의 값이며, β_0, β_1이 추정될 계수값이다.

최소자승법에 의해서 추정될 계수값을 각각 $\hat{\beta}_0$, $\hat{\beta}_1$이라고 할 때, 이것을 대입하여 얻어진 새로운 Y_i값인 $\hat{Y}_i$은 다음과 같이 나타낼 수 있다.

$$\hat{Y}_i = \hat{\beta}_0 + \hat{\beta}_1 X_i$$

실제값 Y_i와 예측값 $\hat{Y}_i$ 사이의 차이인 오차 $e_i = Y_i - \hat{Y}_i$를 최소화하기 위해서 오차의 자승의 합을 최소화해야 한다. 왜냐하면 오차의 합인 $\sum_{i=1}^{n} e_i$는 항상 '0'이기 때문이다.

$$
\begin{aligned}
L &= \text{Min} \sum_{i=1}^{n} e_i^2 \\
&= \text{Min} \sum_{i=1}^{n} (Y_i - \hat{Y}_i)^2 \\
&= \text{Min} \sum_{i=1}^{n} (Y_i - \hat{\beta}_0 - \hat{\beta}_1 X_i)^2
\end{aligned}
$$

위의 조건을 만족하는 해를 구하기 위해서는 함수 L을 구하고자 하는 계수인 $\hat{\beta}_0$와 $\hat{\beta}_1$ 각각에 대해 편미분을 실시함으로써 가능하다.

$$L = \sum_{i=1}^{n} (Y_i - \hat{\beta}_0 - \hat{\beta}_1 X_i)^2$$

$$\frac{\partial L}{\partial \hat{\beta}_0} = 0, \qquad \frac{\partial L}{\partial \hat{\beta}_1} = 0$$

$$L = \sum_{i=1}^{n} (Y_i - \hat{\beta}_0 - \hat{\beta}_1 X_i)^2$$

$$\frac{\partial \mathrm{L}}{\partial \hat{\beta}_0} = 0$$

$$2\sum_{i=1}^{n} (Y_i - \hat{\beta}_0 - \hat{\beta}_1 X_i)(-1) = 0$$

$$-2\sum_{i=1}^{n} (Y_i - \hat{\beta}_0 - \hat{\beta}_1 X_i) = 0$$

$$L = \sum_{i=1}^{n} (Y_i - \hat{\beta}_0 - \hat{\beta}_1 X_i)^2$$

$$\frac{\partial \mathrm{L}}{\partial \hat{\beta}_1} = 0$$

$$2\sum_{i=1}^{n} (Y_i - \hat{\beta}_0 - \hat{\beta}_1 X_i)(-X_i) = 0$$

$$2\sum_{i=1}^{n} (X_i Y_i - \hat{\beta}_0 X_i - \hat{\beta}_1 X_i^2\} = 0$$

$$\sum_{i=1}^{n} Y_i - \sum_{i=1}^{n} \hat{\beta}_0 - \sum_{i=1}^{n} \hat{\beta}_1 X_i = 0$$

$$\sum_{i=1}^{n} X_i Y_i - \sum_{i=1}^{n} \beta_0 X_i - \sum_{i=1}^{n} \hat{\beta}_1 X_i^2 = 0$$

$$\sum_{i=1}^{n} Y_i - n\hat{\beta}_0 - \hat{\beta}_1 \sum_{i=1}^{n} X_i = 0$$

$$\sum_{i=1}^{n} X_i Y_i - \hat{\beta}_0 \sum_{i=1}^{n} X_i - \hat{\beta}_1 \sum_{i=1}^{n} X_i^2 = 0$$

$$\left\{ \sum_{i=1}^{n} Y_i = n\hat{\beta}_0 + \hat{\beta}_1 \sum_{i=1}^{n} X_i \right\} \times \sum_{i=1}^{n} X_i$$

$$\left\{ \sum_{i=1}^{n} X_i Y_i = \hat{\beta}_0 \sum_{i=1}^{n} X_i + \hat{\beta}_1 \sum_{i=1}^{n} X_i^2 \right\} \times (-n)$$

$$\sum_{i=1}^{n} X_i \sum_{i=1}^{n} Y_i = n\hat{\beta}_0 \sum_{i=1}^{n} X_i + \hat{\beta}_1 (\sum_{i=1}^{n} X_i)^2$$

$$-n\sum_{i=1}^{n} X_i Y_i = -n\hat{\beta}_0 \sum_{i=1}^{n} X_i - n\hat{\beta}_1 \sum_{i=1}^{n} X_i^2$$

$$\sum_{i=1}^{n} X_i \sum_{i=1}^{n} Y_i - n\sum_{i=1}^{n} X_i Y_i = \hat{\beta}_1 (\sum_{i=1}^{n} X_i)^2 - n\hat{\beta}_1 \sum_{i=1}^{n} X_i^2$$

$$\therefore \hat{\beta}_1 = \frac{\sum_{i=1}^{n} X_i \sum_{i=1}^{n} Y_i - n\sum_{i=1}^{n} X_i Y_i}{(\sum_{i=1}^{n} X_i)^2 - \mathrm{n} \sum_{i=1}^{n} \mathrm{X}_i^2}$$

$$\sum_{i=1}^{n} Y_i = n\hat{\beta}_0 + \hat{\beta}_1 \sum_{i=1}^{n} X_i$$

$$n\hat{\beta}_0 = \sum_{i=1}^{n} Y_i - \hat{\beta}_1 \sum_{i=1}^{n} X_i$$

$$\therefore \hat{\beta}_0 = \frac{\sum_{i=1}^{n} Y_i - \hat{\beta}_1 \sum_{i=1}^{n} X_i}{n}$$

$$= \frac{\sum_{i=1}^{n} Y}{n} - \hat{\beta}_1 \frac{\sum_{i=1}^{n} X_i}{n}$$

$$= \bar{Y} - \hat{\beta}_1 \bar{X}$$

예제

앞서 살펴본 회귀함수식의 추정을 위한 수리적 이해를 돕기 위해서 다음의 예를 풀어보자. 대학교에 대한 교육서비스품질과 대학만족도 사이의 인과관계를 알아보기 위해서 교육서비스품질을 독립변수(X)로 대학만족도를 종속변수(Y)로 하여 다음과 같은 회귀모형식을 세울 수 있다.

회귀함수식 $Y_i = \beta_0 + \beta_1 X_i$

추정 회귀함수식 $\hat{Y}_i = \hat{\beta}_0 + \hat{\beta}_1 X_i$

그리고 교육서비스품질과 대학만족도에 대한 평가는 리커트(Likert) 5점 척도로 측정되었다. 다음은 대학생 만족도 조사를 위한 설문지의 예이다.

대학생 만족도 설문지

안녕하십니까?

본 설문은 대학만족도에 관한 학생들의 의견을 알아보기 위한 것입니다. 귀하의 의견은 연구에 귀중한 자료가 되오니 바쁘시더라도 본 설문에 성실히 응답해주시면 대단히 감사하겠습니다.

본 설문의 응답 내용은 연구 이외의 목적을 위해서는 절대로 사용하지 않을 것을 약속드립니다.

연구자: 이형석

소 속: ㅇㅇ대학교

연락처: ㅇㅇㅇㅇ-ㅇㅇㅇㅇ

1. 다음 각 문항에 대해 느끼신 정도를 체크해주시기 바랍니다.

	매우 낮다	낮다	보통	높다	매우 높다
① 교육서비스품질	□	□	□	□	□
② 대학만족도	□	□	□	□	□

2. 귀하의 성별은? ① 남 ② 여

3. 귀하의 학년은? ① 1학년 ② 2학년 ③ 3학년 ④ 4학년

예를 들어 첫 번째 학생이 교육서비스품질에 대해서 낮게 평가하고 대학만족도는 보통이라고 할 때, (X, Y)가 (2, 3)으로 나타낸다. 이와 같이 임의로 5명의 대학생들을 선택하여 설문조사를 실시한 결과가 다음과 같다.

ID	교육서비스품질(X)	대학만족도(Y)	성별	학년
1	2	3	2	1
2	1	2	1	3
3	1	2	1	4
4	2	3	2	2
5	4	5	2	1

회귀계수 $\hat{\beta}_1, \hat{\beta}_0$을 구하는 공식은 다음과 같다.

$$\hat{\beta}_1 = \frac{\sum_{i=1}^{n} X_i \sum_{i=1}^{n} Y_i - n\sum_{i=1}^{n} X_i Y_i}{(\sum_{i=1}^{n} X_i)^2 - n\sum_{i=1}^{n} X_i^2}, \qquad \hat{\beta}_0 = \frac{\sum_{i=1}^{n} Y_i - \hat{\beta}_1 \sum_{i=1}^{n} X_i}{n}$$

위의 공식을 활용하여 회귀계수를 구하기 위해서는 설문조사표를 다음과

같이 구성한다.

ID	X	Y	X^2	XY
1	2	3	4	6
2	1	2	1	2
3	1	2	1	2
4	2	3	4	6
5	4	5	16	20
$\sum$	10	15	26	36

$$\hat{\beta}_1 = \frac{10\times 15 - 5\times 36}{10^2 - 5\times 26} = 1.0, \quad \hat{\beta}_0 = \frac{15 - 1\times 10}{5} = 1.0$$

$$\hat{Y} = 1.0 + 1.0X, \therefore \mathrm{Y} = 1.0 + 1.0X$$

여기서 독립변수인 X의 기울기 1.0은 X가 1단위 증가할 경우에 종속변수인 Y가 1단위 증가함을 의미한다. 따라서 교육서비스품질이 1단위 증가할 경우에 대학생들의 대학만족도가 1단위 증가한다고 볼 수 있다. 뿐만 아니라, 만약 여섯 번째 학생이 교육서비스품질에 대해 낮다(2점)고 할 경우에 대학만족도를 3점(=1.0+1.0×2)인 보통으로 평가할 것으로 예측할 수 있다.

2단계 최소자승법(2SLS)

회귀분석에서 살펴보았던 회귀계수의 추정방법인 최소자승법은 서비스품질이 고객만족에 미치는 영향 관계를 예측하기 위한 회귀함수식을 추정하기 위해 활용하는데, 이를 통상적 최소자승법(ordinary least square: OLS)라고 한다.

〈그림 4-1〉과 같이 서비스품질이 고객만족에 영향을 미치고, 고객만족은 다시 고객충성도에 영향을 미치는 연속적인 회귀모형의 경우에는 서비스품질과 고객만족 간 OLS 회귀분석, 고객만족과 고객충성도간 OLS 회귀분석을 각각 실시하여 가설검정을 한다. 그러나 연립방정식(simultaneous equation)모형의 일종인 구조방정식(structural equation)모형 내에서 세 변수의 관계를 연결하여 분석해야 할 경우가 있다. 이러한 요구를 충족하기 위해 개발 된 추정방법인 2단계 최소자승법(2-stage least square: 2SLS)이 있다. 2SLS는 연립방정식모형에 OLS를 적용할 때 발생하는 연립방정식의 편의를 가능한 최소로 줄이는 추정방안으로 과대식별된 모형의 추정에 적용하는 대표적인 방법이다. 2SLS는 2단계에 걸쳐 최소자승법을 적용하는 것으로 그 과정을 설명하면 다음과 같다.

1단계

2SLS의 1단계에서는 연립방정식 내에 있는 내생변수들이 오차항과의 독립성을 유지할 수 있도록 처리하는 과정이다. 연립방정식 내의 모든 내생변수들을 내생설명변수들의 함수로 표현하는 유도방정식(reduced form equation)[5]모형에 OLS를 적용한다. 이렇게 추정된 결과를 내생설명변수의 원래 관측치들로 대체함으로써 오차항과의 연관성을 제거하고자 하는 것이다. 유도방정식에서는 모든 설명변수들이 방정식 내의 오차항과 독립적이기 때문에 OLS를 적용할 수 있게 된다.

5) 유도방정식을 축약형 방정식이라고도 한다.

2단계

2SLS의 2단계에서는 1단계에서 도출한 내생설명변수들의 추정치로 원래의 내생설명변수들의 관측치를 대체시킨 후 개별구조방정식에 OLS를 적용하여 회귀식을 추정한다. 이들 추정치들이 수단변수(instrumental variable)의 역할을 하기 때문에 구조방정식의 오차항과는 독립성을 가지게 되고 연립방정식 추정과정에서 발생하는 편의는 줄어들게 된다. 따라서 구조방정식의 내생변수들 가운데서 내생설명변수만을 1단계에서 도출한 추정치로 대체하여 내생종속변수와 OLS를 실시함으로써 도출되는 추청량이 2SLS가 된다. 하지만 표본크기가 작은 경우에는 연립방정식의 편의가 완전히 제거될 수 없으며, 표본의 크기가 상당히 커질 경우에는 편의가 급격히 감소하게 된다.

앞서 언급한 서비스품질과 고객만족 그리고 고객충성도 간 인과모형에 2SLS를 적용하여 설명한다면, 고객만족 추정회귀식과 고객충성도 추정회귀식을 각각 구하는 대신에 서비스품질과 고객만족 간 OLS 회귀분석을 실시하여 고객만족 추정회귀식을 구하고, 여기에 서비스품질의 실제값을 대입한 추정된 고객만족 값들을 가지고 OLS를 적용한 고객충성도 추정회귀식을 구하게 된다. 이러한 추정과정을 요약하면 다음과 같다.

〈통상최소자승법에 의한 추정과정〉

고객만족 추정회귀식 $\widehat{CS} = \hat{\gamma}_o + \hat{\gamma}_1 SQ$

고객충성도 추정회귀식 $\widehat{CL} = \hat{\beta}_o + \hat{\beta}_1 CS$

〈2단계 최소자승법에 의한 추정과정〉

고객만족 추정회귀식 $\widehat{CS} = \hat{\gamma}_o + \hat{\gamma}_1 SQ$

고객충성도 추정회귀식 $\widehat{CL} = \hat{\beta}_o + \hat{\beta}_1 \widehat{CS}$

2단계 최소자승법에 의한 추정과정에서 주의해야 할 것은 1단계에서 OLS를 적용하여 회귀식을 추정한 다음, 추정된 회귀식으로 2단계에 투입되는 내생 설명변수의 추정값을 산출하여 2단계에서 OLS를 적용해야 한다. 즉, 2단계 고객충성도 추정회귀식의 고객만족값은 1단계에서 실시한 고객만족 추정회귀식에서 추정한 고객만족값을 대입해서 분석해야 한다.

예를 들어 은행서비스에 대한 서비스품질과 고객만족 그리고 고객충성도 간 인과관계를 분석하기 위해 통상최소자승법과 2단계 최소자승법을 적용하면 다음과 같다.

〈통상최소자승법에 의한 추정과정〉

고객만족 추정회귀식 $\widehat{CS} = 0.056 + 0.934^{***}\ SQ \quad R^2 = 0.606$

고객충성도 추정회귀식 $\widehat{CL} = 1.283 + 0.715^{***}\ CS \quad R^2 = 0.555$

〈2단계 최소자승법에 의한 추정과정〉

고객만족 추정회귀식 $\widehat{CL} = 0.056 + 0.934^{***}\ SQ \quad R^2 = 0.606$

고객충성도 추정회귀식 $\widehat{CL} = 0.821 + 0.825^{***}\ \widehat{CS} \quad R^2 = 0.446$

($^{***}p < 0.01$: 각 단계에서 추정된 회귀계수가 유의수준 0.01에서 모두 유의한 것으로 나타남)

경로분석

경로분석은 여러 변수들 간의 선형관계를 분해하여 해석하는 방법이다. 회귀분석이 1단계(one-stage) 선형적 관계에서의 일대일 혹은 다대일 함수관계를 분석하는 방법이라면 경로분석은 회귀분석을 2단계(two-stage), 3단계(three-stage)와 같이 여러 단계에 걸쳐 분석하는 것을 말한다. 예를 들어, 서비스품질이 고객만족에 영향을 미치고, 서비스품질과 고객만족이 고객충성도에 영향을 미치는 2단계의 회귀분석을 위한 경로분석을 나타내면 〈그림 4-3〉과 같다.

경로분석을 위해 두 번의 회귀분석을 실시해야 하는데 먼저 서비스품질을 독립변수로 고객만족을 종속변수로 하여 단일회귀분석을 실시하고, 서비스품질과 고객만족을 독립변수로 고객충성도를 종속변수로 하여 다중회귀분석을 실시한다. 각 경로에 표시된 값들은 회귀분석 결과의 표준화 회귀계수를 나타낸다. 경로계수 추정을 위한 두 번의 회귀분석에서 산출된 R^2의 값은 0.61, 0.57이며, 이러한 결과를 바탕으로 고객만족의 39%, 고객충성도의 43%가 독립변수에 의해 설명되고 있지 않음을 나타낸다. 그리고 잔차항인 독립변수로부터의 경로계수는 0.62, 0.75로 계산된다.

이러한 경로계수들은 서비스품질과 고객만족 그리고 고객충성도 간의 직

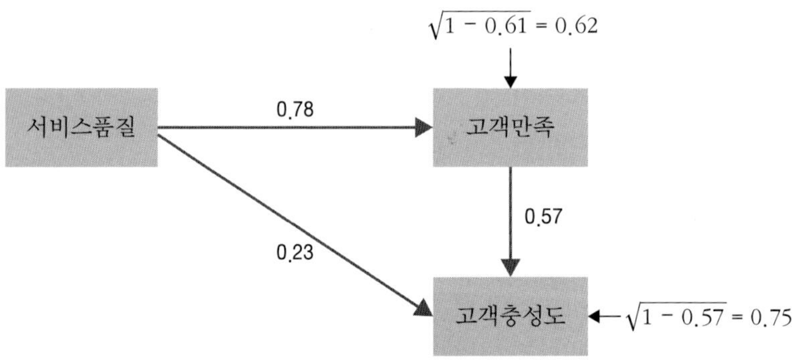

그림 4-3 ▮ 경로분석

접적인 효과(direct effect)만을 측정한 것으로 이러한 직접효과만으로는 두 변수들 간의 인과적 효과(causal effect)를 완전히 설명할 수 없다. 사실 인과적 효과는 직접효과 외에도 간접효과(indirect effect)를 포함하고 있으며 직접효과와 간접효과를 합한 총효과(total effect)를 인과적 효과로 본다. 간접효과는 경로모형에서의 인과관계가 중간에 매개되어 있는 변수에 의해 효과가 전달되는 과정을 포함하고 있다. 일반적으로 사회과학분야에서 경로분석을 통한 연구를 할 때, 인과적 효과와 비인과적 효과를 공변량(covariate)의 분해를 통해 산출해낸다. 여기서 공변량은 두 변수 간의 상관계수값(correlation coefficient)을 말하며, 이를 인과적 효과와 비인과적 효과로 분해하는 것이다. 서비스품질과 고객만족 그리고 고객충성도간 경로분석에 대한 공변량을 분해하면 〈표 4-4〉와 같다.

경로분석에서 변수들이 내생변수에 미치는 영향력을 서로 비교하기 위해서는 직접효과와 간접효과를 모두 고려한 총효과를 이용한다. 즉, 서비스품질

표 4-4 ▮ 공변량의 분해

효과	서비스품질과 고객만족	서비스품질과 고객충성도	고객만족과 고객충성도
공변량	0.78(상관계수값)	0.67(상관계수값)	0.75(상관계수값)
인과효과	0.78(총효과)	0.67(총효과)	0.57(총효과)
직접효과	0.78(경로계수값)	0.23(경로계수값)	0.57(경로계수값)
간접효과	0	0.44(0.78*0.57)	0
비인과효과	0	0	0.18(0.75-0.57)

과 고객만족이 고객충성도에 미치는 인과적 효과는 각각 0.67, 0.57이다. 따라서 앞의 경로모형에서 고객충성도에 더 큰 영향력을 미치는 변수는 서비스품질이라고 할 수 있다. 이와 같이 총효과인 인과효과에 대한 계수들을 비교할 수 있는 것은 경로계수가 회귀분석결과에서의 표준화회귀계수를 활용했기 때문이다.

위계적 회귀분석

서비스품질과 고객만족 그리고 고객충성도 간 인과관계 분석에 있어서 고객만족이 매개변수로서 서비스품질이 고객충성도에 미치는 영향력을 매개하는지를 분석하기 위해서는 앞서 살펴본 경로분석 방법 외에도 위계적 회귀분석(hierarchy regression analysis) 방법을 주로 사용한다. 위계적 회귀분석은 일반적인 회귀분석과 달리 전체적인 인과모형을 독립변수와 종속변수 혹은 외생변수와 내생변수(내생설명변수, 매개변수, 내생종속변수)로 구분한 다음, 가장 단순한 회귀모형식, 이를 모형1이라고 할 때, 여기에 변수들을 하나 둘씩 투입함으로서 모형2, 모형3과 같이 위계적으로 최종 회귀모형식까지 분석하는 방법이다. 이를 통해 변수의 증가에 따른 회귀모형식의 설명력과 이에 대한 통계적 유의성의 변화를 살펴보고 이를 해석함으로써 통제변수(control variable)를 고려한 모형, 매개변수를 고려한 매개효과(mediated effect), 조절변수를 고려한 조절효과(moderated effect)에 대한 분석이 가능하다.

〈그림 4-4〉와 같은 인과관계 모형을 위한 일반적인 가설검정에서는 두 번의 회귀분석을 통해(서비스품질 → 고객만족, 서비스품질과 고객만족 → 고객충성도) 가설 1, 가설 2, 가설 3을 검정하거나 각각의 인과관계를 따로 떼어서

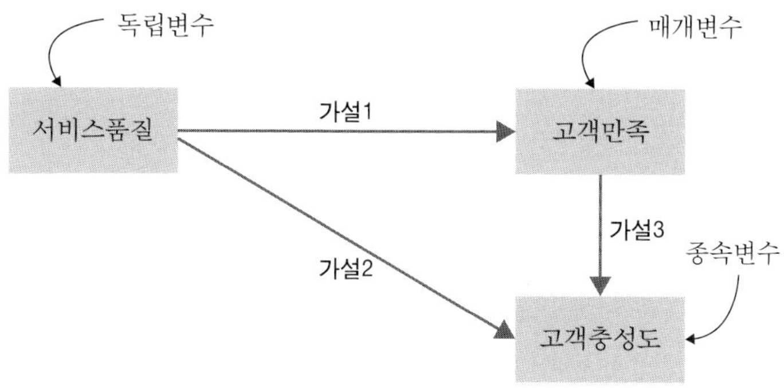

그림 4-4 ▮ 매개효과 분석을 위한 회귀모형

세 번의 회귀분석을 통해(서비스품질 → 고객만족, 서비스품질 → 고객충성도, 고객만족 → 고객충성도) 가설 1, 가설 2, 가설 3을 검정한다. 그러나 독립변수와 종속변수 사이에 위치하여 매개변수로서 역할을 하는지에 관해 관심이 있다면 고객만족의 매개효과를 살펴보는 것은 매우 중요한 의미를 지닌다고 하겠다. 따라서 매개변수의 역할이 존재하는 지를 살펴보기 위한 효과적 방법이 위계적 회귀분석이다. 일반적인 위계적 회귀분석의 3단계 과정을 설명하면 다음과 같다.

- 1단계: 독립변수(설명변수, 외생변수)가 종속변수(매개변수, 내생설명변수)에 유의한 영향을 미치는지를 살펴보기 위해 모형1에 대한 회귀분석을 실시한다.
- 2단계: 독립변수(설명변수, 외생변수)가 종속변수(내생종속변수)에 유의한 영향을 미치는지를 살펴보기 위해 모형2에 대한 회귀분석을 실시한다.
- 3단계: 독립변수(설명변수, 외생변수)와 매개변수(내생설명변수)가 종속

변수(내생종속변수)에 유의한 영향을 미치는지를 살펴보기 위해 모형3에 대한 회귀분석을 실시한다.

해석: 모형1이 유의하고 회귀계수 또한 유의할 경우 독립변수(외생변수)가 매개변수(내생설명변수)에 유의한 영향을 미치고 있음을 알 수 있다. 모형2가 유의하고 회귀계수 또한 유의할 경우 독립변수(외생변수)가 종속변수(내생종속변수)에 유의한 영향을 미치고 있음을 알 수 있다. 마지막으로 모형3이 유의하고 독립변수와 매개변수의 회귀계수들 또한 모두 유의하다면 매개변수는 부분매개변수(partial mediator)를 가진다고 할 수 있다. 또한 모형3의 독립변수의 회귀계수 크기가 모형2 회귀계수의 크기에 비해 작아지는 것이 일반적이다. 이는 매개변수가 투입된 모형3의 경우에는 모형2에 없던 변수가 존재하게 되는데 이 변수가 매개변수라면 독립변수가 내생종속변수에 미치는 영향력을 가져가 매개시킨다고 본다. 만약 모형3에서 독립변수의 회귀계수가 유의하지 않고 매개변수의 회귀계수만 유의하다면 순수매개변수(pure mediator)가 되어 완전매개를 한다고 볼 수 있다.

서비스품질과 고객만족 그리고 고객충성도 간 인과관계에서의 고객만족의 매개변수로서의 효과를 분석하기 위해 위계적 회귀분석 3단계 과정을 적용하면 다음과 같다.

- 1단계: 독립변수인 서비스품질이 매개변수인 고객만족에 유의한 영향을 미치는지 살펴보기 위해 모형1에 대한 회귀분석을 실시한다.
- 2단계: 독립변수인 서비스품질이 내생종속변수인 고객충성도에 유의한 영향을 미치는지를 살펴보기 위해 모형2에 대한 회귀분석을 실시한다.

- 3단계: 독립변수인 서비스품질과 매개변수인 고객만족이 내생종속변수인 고객충성도에 유의한 영향을 미치는지를 살펴보기 위해 모형3에 대한 회귀분석을 실시한다.

해석: 모형1이 유의하고 서비스품질의 회귀계수 또한 유의할 경우 서비스품질이 고객만족에 유의한 영향을 미치고 있음을 알 수 있다. 여기서 가설 1이 지지된다고 본다. 그리고 모형2가 유의하고 서비스품질의 회귀계수 또한 유의할 경우 서비스품질이 고객충성도에 유의한 영향을 미치고 있음을 알 수 있다. 여기서 가설 2가 지지된다고 본다. 마지막으로 모형3이 유의하고 서비스품질과 고객만족의 회귀계수들 또한 모두 유의하면서 서비스품질의 회귀계수의 크기가 모형2의 회귀계수의 크기보다 줄어들었다면 고객만족이 매개변수로서 부분매개효과를 가진다고 볼 수 있다. 따라서 가설 3 또한 지지된다고 본다. 하지만 매개변수의 가장 이상적인 역할은 완전매개효과를 가지는 것인데, 만약 모형3의 서비스품질 회귀계수가 유의하지 않고 고객만족의 회귀계수만 유의하다면 고객충성도에 미치는 서비스품질의 영향력은 고객만족에 의해 완전 매개됨으로써 순수매개변수가 된다. 이러한 결과가 나타날 경우에는 모형2의 서비스품질과 고객충성도 간 인과관계 검정결과에 대한 신중한 해석이 요구된다.

매개변수를 고려한 회귀분석결과

사회과학 통계분석 프로그램인 SPSS를 활용하여 매개변수를 고려한 회귀분석을 실시할 경우 고객만족을 종속변수로 서비스품질을 독립변수로 하여 모형1에 대한 회귀분석을 실시한다. 그 결과는 일반적인 회귀분석의 결과 및 해석과 동일하다. 모형2와 모형3에 대한 회귀분석을 위해서는 종속변수를 고객충성도로 서비스품질을 독립변수로 한 후 회귀분석 창에서 '다음(Next)'버튼을 누르고, 독립변수에 다시 서비스품질과 고객만족을 투입한 후에 최종분석을 실시한다. 이러한 과정을 거쳐 모형1에 대한 회귀분석결과와 모형2와 모형3에 대한 회귀분석결과는 다음과 같다.

모형1에 대한 결과

모형요약(model summary)

모형요약에서 필요한 것은 R^2값으로 이를 모형적합도(goodness of fit) 또는 결정계수(coefficient of determination)값이라고도 한다. 이는 연구자가 설정한 독립변수와 종속변수 간의 선형적 함수관계인 회귀모형이 얼마나 적합한 모형인지를 나타내는 것으로 추정된 회귀직선이 자료의 총 변동을 얼마나 설명하고 있는지를 말한다. 여기서는 서비스품질이 고객만족에 대한 변동을 60.6% 설명하고 있음을 의미한다.

표 4-5 ▌Model Summary

Model	R	R Square	Adjusted R Square	Std. Error of the Estimate
1	0.778	0.606	0.605	0.706

Predictors: (Constant), 서비스품질

표 4-6 ❙ ANOVA

Model		Sum of Squares	df	Mean Square	F	Sig.
1	Regression	229.741	1	229.741	461.104	0.000
	Residual	149.472	300	0.498		
	Total	379.213	301			

Predictors: (Constant), 서비스품질
Dependent Variable: 고객만족

분산분석(ANOVA)

분산분석표에서는 F값과 그것의 유의확률(일반적으로 Sig.로 표현)을 보면 되는데, 이는 추정된 회귀식 또는 회귀모형이 통계적으로 유의한지를 나타내는 것이다. 여기서 F값이 461.104이고 유의확률이 0.000이라면 추정된 회귀식은 유의수준 0.01에서 통계적으로 유의하다라고 말할 수 있다. 앞서 살펴본 R^2값이 독립변수와 종속변수 간 인과모형에 대한 적합도 다시 말해 추정된 회귀직선이 자료의 총 변동을 얼마나 설명하고 있는지를 나타내고 있는데, 이러한 적합된 회귀모형이 통계적으로 유의한지를 검정하는 것으로 해석할 수 있다.

회귀계수(coefficients)

회귀계수표에서는 비표준화 회귀계수와 표준화 회귀계수 그리고 t값과 그것의 유의확률(Sig.)이 나타나 있다. 인과관계에 관한 일반적인 가설검정을 위해서는 비표준화 회귀계수에 대한 통계적 검정결과를 해석하면 되는데, 앞서 살펴본 분산분석표에서의 F값과 그것의 유의확률이 추정된 회귀식에 대한 통

표 4-6 Ⅱ Coefficients

Model		Unstandardized Coefficients		Standardized Coefficients	t	Sig.
		B	Std. Error	beta		
1	(Constant)	0.056	0.198		0.282	0.778
	서비스품질	0.943	0.044	0.778	21.473	0.000

Dependent Variable: 고객만족

계적 유의성을 나타내고 있는 반면에 여기에서는 추정된 회귀식을 구성하는 독립변수들에 대한 통계적 유의성을 검정하는 것이다. 따라서 각 변수들에 대한 추정된 모수인 회귀계수에 대한 유의확률이 일반적 유의수준인 0.1, 0.05, 0.01보다 작을 경우에 독립변수들이 종속변수에 통계적으로 유의한 영향을 미치고 있다고 말할 수 있다. 여기에서는 유의수준 0.01에서 서비스품질이 고객만족에 유의한 영향을 미치고 있음을 알 수 있다. 따라서 가설 1은 지지된다고 본다.

모형2와 모형3에 대한 결과

모형요약(model summary)

위계적 회귀분석의 모형요약에서 필요한 것은 모형2와 모형3의 R^2값 및 R^2값의 변화량($\triangle R^2$)이다. R^2값은 앞서 설명한 바와 같이 각 모형에 대한 적합도(goodness of fit) 또는 결정계수(coefficient of determination)값이다. 이는 각 모형에서 독립변수와 종속변수 간의 선형적 함수관계인 회귀모형이 얼마나 적합한 모형인지를 나타내는 것으로 추정된 회귀직선이 자료의 총 변동을 얼마나 설

표 4-7 ▮ Model Summary

Model	R	R Square	Adjusted R Square	Std. Error of the Estimate	Change Statistics				
					R Square Change	F Change	df1	df2	Sig. F Change
1	0.668[a]	0.446	0.445	0.804	0.446	241.980	1	300	0.000
2	0.758[b]	0.574	0.572	0.706	0.128	89.926	1	299	0.000

a. Predictors: (Constant), 서비스품질
b. Predictors: (Constant), 서비스품질, 고객만족

명하고 있는지를 말한다. 여기서 모형2의 경우 서비스품질이 고객충성도에 대한 변동을 44.6% 설명하고 있으며, 모형3의 경우 서비스품질과 고객만족이 고객충성도에 대한 변동을 57.4% 설명하고 있다. 그리고 R^2값의 변화량을 보면 모형2는 원래 모형에서 변화된 것이 없기 때문에 $\triangle R^2$값이 0.446으로 나타나며, 모형3은 모형2에 비해 고객만족이라는 매개변수가 추가되었기 때문에 R^2값이 0.574로 더 증가하였으며 그 변화량인 $\triangle R^2$값은 0.128(0.574-0.446)이 된다.

ANOVA

위계적 회귀분석의 분산분석표에서는 모형2와 모형3에 대한 F값과 그것의 유의확률을 보면 되는데, 이는 추정된 회귀식 또는 회귀모형이 통계적으로 유의한지를 나타내는 것이다. 여기서 모형2의 F값이 241.980, 모형3의 F값이 201.817이고 각각의 유의확률이 0.000과 0.000이라면 각각의 모형에 대한 추정된 회귀식은 유의수준 0.01에서 통계적으로 유의하다라고 말할 수 있다. 앞서 살펴본 R^2값의 변화량과 같이 F값의 변화량($\triangle F$)에 대한 유의성을 살펴볼 수

표 4-8 ANOVA

Model		Sum of Squares	df	Mean Square	F	Sig.
1	Regression	156.229	1	156.229	241.980	0.000[a]
	Residual	193.689	300	0.646		
	Total	349.918	301			
2	Regression	201.013	2	100.507	201.817	0.000[b]
	Residual	148.905	299	0.498		
	Total	349.918	301			

a. Predictors: (Constant), 서비스품질
b. Predictors: (Constant), 서비스품질, 고객만족
c. Dependent Variable: 고객충성도

있다. △F값은 〈표 4-7〉에 나타나 있으며, 모형2는 원래의 모형에서 변화된 것이 없기 때문에 △F값이 241.980으로 나타나며, 모형3은 모형2에 고객만족이라는 매개변수가 추가된 회귀식에 대한 F값이 201.817이며 그 변화량인 △F값은 89.926이 된다. 모형2에 대한 △F값에 대한 통계적 유의성은 모형2에 대한 F값에 대한 통계적 유의성과 같으며, 모형3에 대한 △F값의 통계적 유의성(Sig. △F)은 유의수준 0.01에서 유의한 것으로 나타났다. 따라서 매개변수인 고객만족을 고려한 모형3과 고려하지 않은 모형2 사이에 통계적으로 유의한 차이가 존재한다고 볼 수 있다.

회귀계수(coefficients)

위계적 회귀분석의 회귀계수표에서는 모형2와 모형3에 대한 비표준화 회

표 4-9 Coefficients

Model		Unstandardized coefficients		Standardized Codfficients	t	Sig.
		B	Std. Error	Beta		
1	(Constant)	0.867	0.226		3.837	0.000
	서비스품질	0.778	0.050	0.668	15.556	0.000
2	(Constant)	0.836	0.198		4.214	0.000
	서비스품질	0.261	0.070	0.225	3.739	0.000
	고객만족	0.547	0.058	0.570	9.483	0.000

a. Dependent Variable: 고객충성도

귀계수에 대한 유의성을 파악한다. 각 변수들에 대한 추정된 모수인 회귀계수에 대한 유의확률이 일반적 유의수준인 0.1, 0.05, 0.01보다 작을 경우에 독립변수들이 종속변수에 통계적으로 유의한 영향을 미치고 있다고 말할 수 있다. 여기서 유의수준 0.01에서 서비스품질이 고객충성도에 유의한 영향을 미치고 있으며, 가설 2는 지지되고 있다. 그리고 유의수준 0.01 수준에서 고객만족이 고객충성도에 유의한 영향을 미치고 있으며, 가설 3도 지지되고 있다. 매개변수인 고객만족이 서비스품질과 고객충성도 사이에서 매개효과를 나타내는지는 모형2와 모형3에 있는 서비스품질의 회귀계수값의 변화를 통해 파악할 수 있다. 모형2에서의 서비스품질의 회귀계수값이 0.778이고 모형3에서의 서비스품질의 회귀계수값이 0.261로 영향력의 크기가 감소된 것을 알 수 있다. 이는 서비스품질이 고객충성도에 미치는 직접적인 영향력이 고객만족의 매개적인

표 4-10 ∥ 위계적 회귀분석 결과

독립변수	고객만족	고객충성도	
	모형1	모형2	모형3
서비스품질	0.934***	0.778***	0.261***
고객만족	–	–	0.547***
R^2	0.606	0.446	0.574
F	461.104***	241.980***	201.817***
$\triangle R^2$	–	–	0.128
△F	–	–	89.926***

***: $p < 0.01$

역할로 인한 간접적인 영향력으로 나누어지는 것으로 이해될 수 있다.

이와 같이 모형1, 모형2, 모형3에 대한 위계적 회귀분석의 결과를 정리한 최종결과표를 나타내면 〈표 4-10〉과 같다. 이 책에서는 고객만족의 매개변수의 역할을 확인하기 위해 위계적 회귀분석을 실시한 결과를 중심으로 가설 1, 가설 2, 가설 3을 검정하였지만, 가설 3의 검정을 위해 가설 1의 검정과 같이 고객만족 변수만을 독립변수로 고객충성도를 종속변수로 하여 회귀분석을 실시하여 지지여부를 검정할 수도 있다.

통제변수의 적용

사회과학에서 위계적 회귀분석을 실시하는 경우는 대부분 통제변수가 포함된 경우와 포함되지 않은 경우의 모형을 비교함으로써 특정변수를 통제했을 때, 연구모형이 얼마나 설득력이 있는지, 원하는 가설이 지지되는지를 파악하기 위한 연구가 대부분이다. 즉, 통제변수만으로 구성된 회귀모형1과 통제변수가 포함되지 않은 회귀모형2, 통제변수를 포함한 회귀모형3과 같이 위계적 회귀모형으로 구성하여 각각의 회귀모형식과 회귀계수가 통계적으로 유의한지를 파악한다. 물론 위계적 회귀모형이라는 의미에서 파악할 수 있듯이 모형을 구성하여 전개하는 순서는 연구자의 선택에 따른다. 일반적으로는 인구통계학적 변수들을 통제변수로 하여 위계적 회귀분석을 실시하지만, 영향을 줄 것으로 예상되는 변수들에 대한 영향력을 통제하여 분석결과를 얻고자 할 때 이들 변수들 모두를 통제변수로 사용하기도 한다. 또한 통제변수와 매개변수 그리고 조절변수를 모두 포함하여 위계적 회귀분석을 하는 경우도 있는데, 이때 통제변수만을 포함한 모형1로부터 시작하여 독립변수만을 포함한 모형2, 통제변수와 독립변수를 포함한 모형3, 독립변수와 매개변수 사이에 조절변수가 있다면 독립변수와 조절변수와의 상호작용항을 포함한 모형4와 같이 전개함으로써 독립변수가 매개변수에 미치는 영향에 있어서 통제변수의 영향력을 제거한 순수한 효과를 비롯해 조절변수의 효과를 파악할 수 있다. 그리고나서 매개효과를 분석하기 위한 단계로 종속변수에 대해 독립변수가 포함된 모형5, 독립변수와 매개변수가 포함된 모형6과 같이 전개할 수 있다. 만약 매개변수와 종속변수 사이에 조절변수가 있을 경우에는 매개변수만을 포함한 모형5, 매개변수와 조절변수와의 상호작용항을 포함한 모형6, 독립변수만을 포함한 모형7, 독립변수와

통제변수의 적용 (계속)

매개변수가 포함된 모형8과 같이 전개할 수 있다. 연구자에 따라 조절변수의 순수조절효과(pure moderated effect) 혹은 부분조절효과(partial moderated effect)를 확인하고자 할 경우에는 독립변수와 종속변수의 상호작용항 외에 조절변수를 독립변수처럼 모형에 넣어 분석하기도 한다. 따라서 연구자는 인과모형의 각 단계별 순서에 맞게 위계적 모형을 구성하여 회귀분석을 실시하면 된다.

집단 간 평균의 차이분석

일반적으로 사회과학연구에서 가장 많이 이용되고 있는 분석모형이 앞서 살펴본 회귀모형으로 연구자가 관심을 갖는 현상에 영향을 주는 요인을 찾고자 할 때 혹은 추정된 모형을 통해 결과를 미리 예측하는 데에도 활용될 수 있다. 그러나 연구의 대상이 되는 특정현상에 성별, 연령, 학력, 소득 등과 같은 인구통계학적 변수가 미치는 영향을 분석하고자 할 때는 독립변수가 명목형 변수이므로 모든 변수가 등간척도 이상이어야 하는 회귀분석이 불가능하게 된다. 따라서 독립변수가 명목형이고 종속변수는 등간척도 이상일 경우에는 종속변수에 대한 집단 간 차이 분석을 실시한다. 만약 집단이 성별(남자, 여자)과 같이 독립된 두 개 집단 사이에서 종속변수의 평균의 차이를 검정할 경우에 이를 독립표본 T검정(independent samples T-test)이라고 한다. 그리고 집단이 연령대(10대, 20대, 30대, 40대 이상)와 같이 독립된 세 집단 이상 사이에서 종속변수

평균의 차이를 검정할 경우에 이를 분산분석(analysis of variance: ANOVA)이라고 한다.

독립표본 T검정

독립표본 T검정은 독립된 두 집단 간 평균의 차이를 비교하기 위한 것으로 대표적 예로써 제품을 구매한 소비자들의 만족도 조사에서 성별에 따라 제품 만족도의 차이가 있는지를 통계적으로 검정하는 방법이다. 이처럼 독립표본 T 검정은 독립변수가 두 집단으로 구분되는 명목형 변수(e.g., 성별)이면서 종속변수는 등간척도 이상인 연속형 변수(e.g., 제품만족도)일 경우 종속변수가 집단 간 평균의 차이를 보이는지를 검정하는데 주로 활용된다. 그러나 독립표본 T 검정 시 주의해야 할 점은 반드시 개별적으로 구분된 독립표본이어야 한다는 점이다. 물론 독립된 표본이기 때문에 평균의 차이를 검정하기 전에 반드시 독립된 각 집단의 모분산이 같은지를 검정하여야 한다. 이를 Levene의 등분산 검정(Levene's test for equality of variances)이라고 한다. 그러므로 독립표본 T검정을 위해서는 먼저 독립표본의 모분산에 대한 등분산(equal variance) 검정을 실시하고 그 결과 등분산이 가정된 경우 또는 등분산이 가정되지 않은 경우에 따라 독립표본의 모평균에 대한 등평균(equal mean) 검정을 실시한다.

은행서비스를 이용하는 고객들을 대상으로 성별에 따라 전반적인 고객만족의 차이가 있는지를 SPSS를 활용하여 분석하면 두 개의 표가 나타난다. 〈표 4-11〉은 집단별 기술통계량을 나타내는 것으로 각 성별에 대한 고객만족의 평균과 표준편차가 제시되어 있다. 여기서는 표본자료에 나타난 남자(1)와 여자(2)의 고객만족 평균을 보여주는 것으로써 여자가 4.457, 남자가 4.333으로 여

표 4-11 Ⅰ Group Statistics

	SEX	N	Mean	Std. Deviation	Std. Error Mean
고객만족	1	81	4.333	1.257	0.140
	2	117	4.457	1.358	0.126

자 고객들의 평균이 남자 고객들에 비해 0.124 더 높은 것으로 나타났다.

이러한 표본자료에서의 성별 간 고객만족의 평균 차이가 모집단의 성별로까지 추정하여 해석될 수 있는지를 검정하기 위해서 독립표본 T검정을 실시하게 되는데 그 결과, 〈표 4-12〉와 같은 표가 나타나게 된다.

성별에 따른 고객만족의 평균차이, 즉 등평균 검정을 하기 전에 Levene의 등분산 검정을 살펴보아야 한다. 등분산 검정은 남자 고객만족의 모분산과 여자 고객만족의 모분산이 같은지를 검정하는 것으로 귀무가설(H_o)은 '남자 고객만족의 모분산과 여자 고객만족의 모분산이 같다($\sigma^2_{남} = \sigma^2_{여}$)'이므로 분석결과, 모

표 4-12 Ⅰ Independent Samples Test

		Levene's Test for Equality of Variances		t-test for Equality of Means			
		F	Sig.	t	df	Sig. (2-tailed)	Mean Difference
고객만족	Equal variances assumed	0.679	0.411	-0.651	196	0.516	-0.124
	Equal variances not assumed			-0.660	180.253	0.510	-0.124

든 유의수준(0.1, 0.05, 0.01)에서 기각되지 않는 것으로 나타났다. 따라서 남자 고객만족의 모분산과 여자 고객만족의 모분산이 같기 때문에 등분산 가정이 만족된다(equal variance assumed)고 하겠다.

등분산 가정이 만족되기 때문에 첫 번째 줄을 해석해야 하며 여기서 표본집단에서의 고객만족의 평균차이(남자 - 여자 = -0.124)가 모집단에서도 나타나는지를 검정하게 된다. 등평균 검정은 남자 고객만족의 모평균과 여자 고객만족의 모평균이 같은지를 검정하는 것으로 귀무가설(H_0)은 '남자 고객만족의 모평균과 여자 고객만족의 모평균이 같다($\mu_{남} = \mu_{여}$)'이므로 분석결과 모든 유의수준(0.1, 0.05, 0.01)에서 기각되지 않는 것으로 나타났다. 따라서 남자 고객만족의 모평균과 여자 고객만족의 모평균이 같기 때문에 성별에 따른 고객만족 평균의 차이는 없다고 할 수 있다.

이형석(2005b)의 "은행서비스에서의 종업원만족과 서비스품질 인식 및 만족도 간 관계에 관한 연구"에서의 독립표본 T검정을 예를 들어보면, 은행에서 창구업무를 담당하는 직원들의 직무만족도의 높고 낮음에 따라 은행지점들을 두 집단으로 나누어 각 은행지점에서 제공하는 서비스품질에 대해 고객들이 느끼는 인식의 차이가 있는지를 분석하였다. 따라서 은행 직원들의 직무만족이 높은 지점과 낮은 지점을 두 집단으로 나누고 이들 각 독립된 집단의 모집단 간에 분산의 차이가 있는지를 Levene의 등분산 검정을 통해 확인한다. 등분산이 가정될 경우와 가정되지 않을 경우에 따라 직무만족이 높은 지점과 낮은 지점 간의 서비스품질 인식에 있어서의 평균의 차이, 즉 등평균 검정을 하게 된다. 이형석(2005)의 논문에서 독립표본 T검정을 실시한 결과 부분에 대한 설명을 인용하면 다음과 같다.

두 독립표본에 대한 평균값의 차이 검정을 위해 먼저 Levene의 등분산(equality of variance) 검정을 실시하였으며, 그 결과 유의수준 0.01에서 모든 서비스품질 요인이 등분산 가정을 만족(F값$_{유형성}$=0.264, 유의확률=0.607; F값$_{신뢰성}$=0.327, 유의확률=0.568; F값$_{대응성}$=0.868, 유의확률=0.352; F값$_{확신성}$=0.813, 유의확률=0.368; F값$_{공감성}$=3.704, 유의확률=0.055)하는 것으로 나타났다. 그리고 직무만족도에 따른 서비스품질 요인별 평균값의 차이를 분석한 결과, 유의수준 0.01에서 통계적으로 모두 유의한 차이를 보이는 것으로 나타났다.

〈표 1〉의 분석결과에서 보듯이 직무만족도가 낮은 지점보다 높은 지점에서의 고객들이 인식하는 서비스품질 평균점수가 높게 나타났다. 서비스품질 요인별로 살펴보면, 확신성 품질이 가장 큰 차이를 보였는데, 이는 확신성이 은행거래에서 안도감을 느끼며, 직원을 신뢰할 수 있고, 직원이 공손하고, 은행으로부터 적절한 지원을 받고 있는지에 대한 것으로 직무에 만족한 직원일수록 고객들에게 공

〈표 1〉 직무만족도 차이에 따른 서비스품질 차이분석 결과

서비스 품질요인	직무만족도 낮은 지점			직무만족도 높은 지점			평균 차이	t값	유의확률
	N	평균	표준편차	N	평균	표준편차			
유형성	144	4.114	0.881	251	4.682	0.905	-0.568	-6.062	0.000***
신뢰성	144	4.474	1.073	251	4.983	1.046	-0.509	-4.611	0.000***
대응성	144	4.295	1.213	251	4.844	4.086	-0.549	-4.632	0.000***
확신성	144	4.104	1.215	251	4.966	1.082	-0.862	-7.283	0.000***
공감성	144	3.655	1.022	251	4.232	1.249	-0.577	-4.711	0.000***

*** : $p<0.01$

손하며, 신뢰감을 줄 수 있는 확신에 찬 서비스를 제공하여, 이는 고객들의 은행이 직원들에게 적절한 지원을 하고 있다는 인상을 줄 수 있기 때문이다.

다음은 공감성으로 이는 고객들에게 더 관심을 보이며, 고객을 진심으로 생각하며, 고객의 기대를 충족시키고자 노력하는 것으로 은행 서비스의 경우 직원이 서비스 접점(encounter)에서 직접 고객들에게 서비스를 제공하기 때문에 직무에 만족하는 직원일수록 고객들에게 더 많은 배려를 위해 노력하기 때문이라고 할 수 있다.

뿐만 아니라, 만족한 직원일수록 고객에게 대한 태도와 말투 그리고 고객에 대한 개별적인 관심을 보일 수 있다. 물리적 시설과 종업원의 용모에 해당되는 유형성 품질이 유의한 차이를 보였는데, 이는 은행서비스의 특성상 고객들이 방문하는 은행의 지점이 곧 직원들이 근무하는 환경이 되기 때문에 작업환경이 좋은 지점의 직원들은 다른 지점에 비해서 직무만족도가 상대적으로 높으며 동시에 환경에 맞는 복장과 외모에도 각별한 신경을 쓰기 때문이라고 본다. 그리고 대응성과 신뢰성 품질은 은행이 고객들에게 약속한 서비스를 제대로 전달하고 믿음을 주는 것으로써 고객의 입장에서 볼 때, 그리고 직원들의 업무처리 모습을 통해서 신뢰감이 전달된다는 점을 볼 때, 직무에 만족한 직원이 상대적으로 적극적인 서비스 제공 능력을 보여줄 수 있다. 이러한 결과를 통해서 은행서비스에서 고객만족은 곧 종업원의 만족에 의한 서비스품질 인식의 향상에서 시작됨을 알 수 있다.

분산분석

앞서 살펴본 독립표본 T검정은 독립된 두 집단 간 평균의 차이를 검정하기 위한 것이지만 세 집단 이상에서의 평균의 차이를 검정하기 위한 방법이 분산분석(ANOVA)이다. 분산분석에는 여러 가지 종류가 있지만 세 집단 이상에서의 집단 간 평균의 차이 검정에서 일반적으로 가장 간단하게 활용되는 일원 분산분석(one-way ANOVA)만을 설명한다.

예를 들어 제품을 구매한 소비자들의 만족도 조사에서 연령에 따라 제품만족도의 차이가 있는지를 통계적으로 검정하는데 분산분석을 활용할 수 있다. 이처럼 분산분석은 독립변수가 세 집단 이상으로 구분되는 명목형 변수(e.g., 연령대, 학력수준)이면서 종속변수는 등간척도 이상인 연속형 변수(e.g., 제품만족도)일 경우 종속변수가 집단 간 평균의 차이를 보이는지를 검정한다.

독립표본 T검정에서는 Levene의 등분산 검정(Levene's test for equality of variances)결과에 따라 독립표본의 모평균에 대한 등평균(equal mean) 검정을 실시하였으나, 세 집단 이상에서의 집단 간 평균 비교를 위한 분산분석에서는 일반적으로 등분산 검정을 사전에 실시한 후에 등평균 검정을 하지는 않는다. 물론 교과서론적으로는 독립표본 T검정과 같이 평균의 차이를 검정하기 전에 비교 대상 집단의 모분산이 같은지를 검정하는 것이 원칙이지만 실제 논문을 작성할 때에는 이를 생략하고 있다. 실제로 독립표본 T검정과 분산분석을 적용한 SPSS 출력결과를 비교해보면 독립표본 T검정의 경우에는 Levene의 등분산 검정이 디폴트(default)로 평균의 차이 검정과 동시에 분석되어 표 안에 함께 제시되나 분산분석의 경우에는 등분산 검정을 따로 지정하여 분석해야 하기 때문에 대부분은 바로 등평균 검정인 다중비교(multiple comparisons)만을 실시하고 만약 다중비교 결과 집단의 평균사이에 유의한 차이를 보일 때 사후검정(post hoc tests)을 통해 구체적으로 어느 집단이 서로 차이를 보이는지 검정하게 된다.

이형석(2005a)이 국내 소비자들을 대상으로 일본에 대한 원한 감정에 관한 연구에서 사용한 자료를 가지고 연령(10대, 20대, 30대, 40대 이상)에 따라 일본에 대한 원한 감정의 차이를 보이는지를 분석해보면 다음과 같다. 먼저 SPSS를 활용하여 분산분석을 실시하면 ANOVA라는 한 개의 표가 나타난다. 따라서 SPSS를 활용하여 분석할 경우 디폴트(default)로 지정된 ANOVA 표 외에 각 연령대별 평균과 표준편차를 알아보기 위해서는 옵션(options) 항목의 기술통계량(descriptive)을 체크해야 하고 ANOVA 결과가 비교집단 간 평균이 통계적으로 유의한 차이를 보일 경우를 대비해 사후검정(post hoc tests) 항목의 Scheffe나 LSD 또는 Duncan을 체크해야 한다. 일반적으로 사후검정에서는 Scheffe를 가장 많이 활용하는 경향이 있다.

이렇게 세부적인 항목들을 체크하면 최종적으로 4개의 표가 출력되는데 일반적으로 이들 중에서 세 번째 표까지만을 가지고 분석결과를 해석한다.

첫 번째 표는 집단별 기술통계량을 나타내는 것으로 각 연령대별로 일본에 대한 원한 감정의 평균과 표준편차가 제시되어 있다.

기술통계량(Descriptives)

여기서는 표본자료에서의 10대, 20대, 30대, 40대 이상의 원한 감정의 평균을 보여주는 것으로 10대가 5.279, 20대가 5.067, 30대가 5.183 그리고 40대 이상이 6.250으로 40대 이상이 일본에 대한 원한 감정의 평균이 가장 높은 것으로 나타났다. 이와 같이 출력된 기술통계량을 보면 각 연령대별로 일본에 대한 원한 감정의 평균 차이가 있다는 것을 보여주고 있으나, 이는 수집된 표본집단에서 나타나는 것이므로 이를 모집단의 연령대로 추정하여 해석하기 위해

표 4-13 ▮ 원한 감정

Age	N	Mean	Std. Deviation	Std. Error
10.00	43	5.279	0.931	0.142
20.00	413	5.067	1.060	0.052
30.00	97	5.183	0.855	0.087
40.00	8	6.250	0.802	0.283
Total	561	5.120	1.024	0.043

ANOVA를 활용한 검정을 실시한다.

분산분석(ANOVA)

두 번째 ANOVA 표(표 4-14)에서 제시하고 있는 것은 10대, 20대, 30대, 40대 이상의 연령대로 구성된 네 집단 사이에 평균의 차이가 있는지에 관한 등평균 검정이라고 할 수 있다. 이는 일본에 대한 10대 소비자들의 원한 감정의 모평균과 20대 소비자들의 원한 감정의 모평균, 30대 소비자들의 원한 감정의 모

표 4-14 ▮ 원한 감정

	Sum of Squares	df	Mean Square	F	Sig.
Between Groups	12.866	3	4.289	4.163	0.006
Within Groups	573.884	557	1.030		
Total	586.751	560			

평균 그리고 40대 이상 소비자들의 원한 감정의 모평균이 동시에 같은지를 검정하는 것으로 귀무가설(H_o)은 '10대의 원한 감정의 모평균, 20대의 원한 감정의 모평균, 30대의 원한 감정의 모평균과 40대 이상의 원한 감정의 모평균이 같다($\mu_{10대}=\mu_{20대}=\mu_{30대}=\mu_{40대\ 이상}$)'이다. 분산분석결과 유의수준 0.01에서 귀무가설이 기각되어 10대의 원한 감정의 모평균, 20대의 원한 감정의 모평균, 30대의 원한 감정의 모평균 그리고 40대 이상의 원한 감정의 모평균들이 서로 같지 않은 것으로 나타났다. 따라서 일본에 대한 원한 감정에 있어서 연령대별 평균의 차이가 있는 것으로 볼 수 있다.

ANOVA표에서는 등평균 검정을 위한 귀무가설을 $\mu_{10대}=\mu_{20대}=\mu_{30대}=\mu_{40대\ 이상}$으로 하여 연령대별로 평균이 모두 같다는 가정을 동시에 검정하는 것이므로 유의수준에 따라 귀무가설을 기각하였을 경우 네 집단 모두가 서로 차이가 나는 경우 아니면 어느 특정 집단들 사이에서만 차이가 나는 경우에도 귀무가설이 기각되므로 구체적으로 어느 집단 사이에 평균의 차이가 나타나는지를 사후검정을 통해서 살펴보아야 한다. 예컨대 $\mu_{10대}\neq\mu_{20대}\neq\mu_{30대}\neq\mu_{40대\ 이상}$인 경우인지 아니면 $\mu_{10대}\neq\mu_{20대}=\mu_{30대}=\mu_{40대\ 이상}$인 경우인지, $\mu_{10대}=\mu_{20대}\neq\mu_{30대}=\mu_{40대\ 이상}$인 경우인지, $\mu_{10대}=\mu_{20대}=\mu_{30대}\neq\mu_{40대\ 이상}$인 경우인지, $\mu_{10대}\neq\mu_{30대}=\mu_{20대}=\mu_{40대\ 이상}$인 경우인지, $\mu_{10대}\neq\mu_{40대\ 이상}=\mu_{20대}=\mu_{30대}$인 경우인지, $\mu_{10대}=\mu_{20대}\neq\mu_{40대\ 이상}=\mu_{30대}$인 경우 등과 같이 특정 집단들 사이에서만 차이를 보이는 것인지를 검정하는 것이다.

사후검정(Post Hoc Tests)

세 번째 사후검정 결과표를 살펴보면 20대의 원한 감정의 평균과 40대 이상의 원한 감정의 평균 간 차이가 -1.183로 유의수준 0.05에서 통계적으로 유의한 것으로 나타났다. 마찬가지로 30대와 40대 이상의 연령 간 원한 감정의 차이가 -1.067으로 유의수준 0.05에서 통계적으로 유의한 차이를 보이는 것으로 나타났다. 결과적으로 ANOVA 표에서 유의수준 0.01에서 일본에 대한 원한 감정에 있어서 연령 간 평균의 차이를 보이는 이유가 20대와 40대 이상의 연령 간 그리고 30대와 40대 이상의 연령 간에 차이가 있기 때문이라고 할 수 있다. 이처럼 사후검정을 통해서 ANOVA 표에서는 알 수 없는 세부 집단 간 평균의 차이를 구체적으로 확인할 수 있다.

표 4-15 Ⅰ Multiple Comparisons Scheffe

(I) AGE	(J) AGE	Mean Difference (I-J)	Std. Error	Sig.
10.00	20.00	0.213	0.163	0.636
	30.00	0.096	0.186	0.966
	40.00	-0.971	0.391	0.105
20.00	10.00	-0.213	0.163	0.636
	30.00	-0.116	0.115	0.793
	40.00	-1.183(*)	0.362	0.014
30.00	10.00	-0.096	0.186	0.966
	20.00	0.116	0.115	0.793
	40.00	-1.067(*)	0.373	0.044
40.00	10.00	0.971	0.391	0.105
	20.00	1.183(*)	0.362	0.014
	30.00	1.067(*)	0.373	0.044

* The mean difference is significant at the 0.05 level.

Dependent Variable: 원한 감정

연구모형

지금까지 살펴본 독립표본 T검정과 분산분석은 집단 간 평균의 차이를 검정하기 위한 것으로 엄밀히 말해 회귀분석과 같은 인과모형으로 보기는 어려우나 이를 연구모형으로 표현해보면 명목형 변수에서 연속형 변수로 화살표가 향하는 인과모형처럼 나타낼 수 있다. 즉, 독립변수는 집단을 나타내는 명목형 변수로 하고 종속변수는 등간척도 이상의 연속형 변수로 하여 연구모형을 그릴 수가 있다. 독립표본 T검정과 분산분석을 앞서 예를 들었던 변수들을 가지고 연구모형으로 나타내보면 〈그림 4-5〉과 〈그림 4-6〉와 같다. 독립변수인 명목형 변수는 대부분 사각형이고 종속변수인 연속형 변수는 사각형일 수도 있고 동그라미 또는 타원형 일수도 있다. 즉, 변수가 단일문항(single-item)으로 측정되는 경우에는 사각형으로 나타내며 이를 측정변수라고 한다. 그리고 다문항(multiple-item)으로 측정되는 경우에는 동그라미 또는 타원형으로 나타내는데 이를 잠재변수 또는 요인이라고 한다.

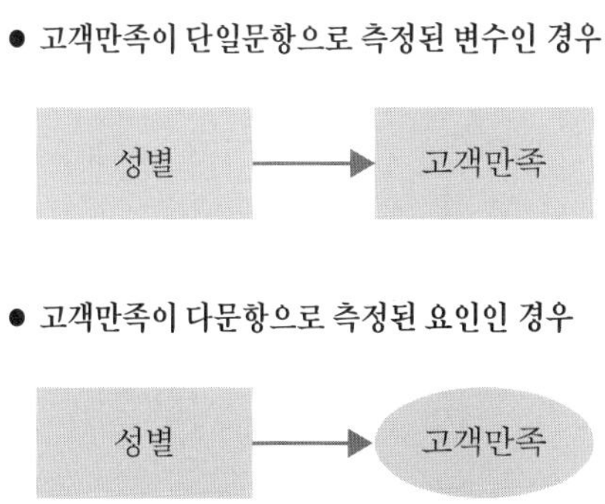

그림 4-5 ▮ 독립표본 T검정 연구모형의 예

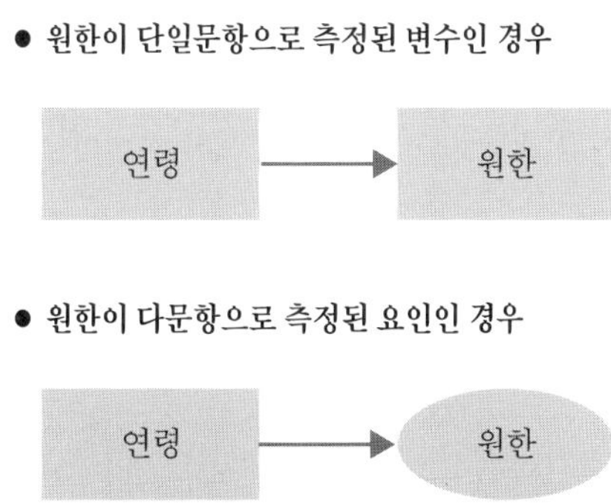

그림 4-6 ▮ 분산분석 연구모형의 예

제5장

과학적 변수의 선택

5장
과학적 변수의 선택

사회과학연구에서 가장 중요한 것은 기존 이론에 대한 고찰을 통해 가설을 연역적으로 도출하는 것이고 다음으로는 이들 가설을 통계적으로 검정하기 위해서 측정변수들, 즉 측정도구에 대한 신뢰성과 타당성을 검정하는 것이라고 할 수 있다. 자료조사를 통해 실증연구(empirical study)를 작성하고자 하는 대부분의 연구자들이 자주 혼동하거나 명확히 이해하고 있지 못하고 있는 것이 신뢰성과 타당성에 대한 개념이다.

슈퍼마켓에 가서 방울토마토 4kg을 사려고 한다고 하자. 이때 방울토마토의 kg수가 믿을 만한 것인가 하는 의문을 가지는 사람은 없을 것이다. 왜냐하면 현재 대부분의 슈퍼마켓에서는 전자식 디지털저울을 사용하기 때문에 기존의 용수철식 아날로그 저울과는 달리 측정된 값이 소수점 이하 자리까지 정확하기 때문이다. 그러나 예전의 아날로그 저울로 판매하는 점포가 있다면 당신은 방울토마토의 무게를 제대로 측정하느냐에 의문을 제기할 것이며, 이 의문에 대한 답은 타당성과 신뢰성에 의해서 확인된다고 할 수 있다.

방울토마토의 무게를 측정하기 위해 길이를 재는데 쓰는 자를 사용하는 사람은 없을 것이다. 이처럼 어떤 대상을 측정하기 위해서는 먼저 그 대상을 측정하기에 측정도구(measure)를 사용하였는지를 반드시 확인해야 할 것이다. 방울토마토의 무게를 측정하는데 저울을 사용하는 것이 측정도구의 타당성에 관한 문제라고 할 수 있다. 하지만 타당한 측정도구인 저울을 사용하더라도 저울이 매우 오래되어 방울토마토의 무게를 측정할 때마다 다른 수치를 나타내는 경우, 예컨대 첫 번째 측정 시에는 5kg이었지만 다음 측정부터는 5.1kg, 4.9kg, 5.2kg, 4.8kg과 같이 무게가 오르락 내리락을 반복하는 경우 측정치가 일관성(consistency)이 없다고 하며 이럴 경우에 측정도구인 저울에 대한 신뢰성 문제가 제기된다.

측정도구에 대한 타당성과 신뢰성의 또 다른 예로서 학생들의 지능을 측정할 경우 지능검사가 아닌 홍미검사를 사용하였다면 이는 타당한 검사를 하지 않은 것이 된다. 지능을 측정하기 위하여 지능검사를 사용하였다면 이는 타당성 있는 측정도구를 사용하였다고 할 수 있다. 또한 타당성 있는 지능검사에 의해 일관성 있게 지능이 측정되었다면, 즉 어떤 학생의 지능을 반복적으로 측정했을 경우에도 비슷한 지능지수가 나왔다면 이는 신뢰성 있는 측정도구라고 한다. 어떤 대상에 대한 측정에 있어서 타당성과 신뢰성이 결여된 측정도구에 의하여 측정한 결과를 가지고 대상을 평가하였다면 그 평가결과를 믿는 사람은 아마 없을 것이다. 그러므로 연구대상의 평가를 위하여 사용되는 측정도구에 대한 타당성과 신뢰성은 반드시 사전에 확인되어야 한다.

이제 좀 더 구체적인 사례를 통해 타당성과 신뢰성을 이해해보도록 하자.

군대를 다녀온 남자들은 M16 자동소총을 한 번씩은 다루어 보았을 것이다. 이 총은 월남전에 처음으로 쓰이면서 많이 알려지기 시작했는데, 당시 미국 국방장관 McNamara는 육군의 거센 반대에도 불구하고 당시에 신형이었던 M16 소총을 시험하기 위해 베트남전에 85,000정을 보냈다. 그러나 McNamara에게 제출된 보고서에 의하면 M16소총에 대한 시험은 기대 이하 수준으로 정확도나 신뢰도에 심각한 문제가 있었다고 보고하고 있다. 여기에서 말하고 있는 소총의 정확도와 신뢰도가 타당성과 신뢰성의 문제라고 할 수 있다.

만약 당신이 M16과 같은 소총을 설계하여 만들었다고 하자. 그리고 시험발사 테스트를 한다고 할 때, 목표지점인 과녁을 정확히 정조준을 하고 쏘았는데 과녁을 빗나갔을 때 무엇이 문제인지를 곰곰이 생각해보아야 할 것이다.

첫째, 시험발사를 총 다섯 번을 실시했는데 총탄 자국이 과녁을 빗겨서 산만하게 퍼져있을 경우에 이는 타당성과 신뢰성이 모두 결여된 총이라고 결론지을 수 있다.

둘째, 총탄 자국이 과녁을 빗겨서 일정한 한 지점에 모여 있다면 타당성은 없고 신뢰성이 있다고 볼 수 있다. 이는 일정한 한 지점을 맞춘다는 것은 정확히 조준을 하였으나 총구가 휘어져 있어서 과녁이 아닌 다른 한 지점을 적중하고 있음을 나타내는 것이다.

셋째, 총탄 자국이 과녁 근처에 산만하게 퍼져있다면 이는 총은 제대로 만들어져 정확성은 있으나, 총을 쏘는 저격수의 심리상태에 의해 총이 흔들리는 바람에 일관적이지 못한 발사가 이루어졌기 때문에 신뢰성이 문제가 된다고 볼 수 있다.

마지막으로, 총탄의 자국이 과녁에 정확히 일관되게 모여 있다면 정확도가 높은 타당성 있는 총으로 신뢰성 있는 발사가 이루어졌다고 결론지을 수가 있다.

이와 같이 연구자가 대상을 측정하고자 할 때에는 그 측정 대상을 정확히 측정할 수 있는 도구를 개발해야 하고 동시에 그 도구를 이용하여 측정을 할 때, 일관성 있는 측정결과가 반복적으로 나타나야 한다. 사회과학 실증연구에서는 주로 측정대상이 되는 개념이 추상적이므로 정확성 있는 측정을 위해서는 먼저 개념에 대한 명확한 정의를 통해 측정문항들(items)을 개발하고 설문조사결과가 일관성 있는 응답이 나와야 타당성과 신뢰성이 보장된 설문지라고 할 수 있다.

제6장

신뢰성

Empirical Study Research

6장
신뢰성

신뢰성

체중계는 몸무게를 재기 위한 목적에 타당한 측정도구이지만 모든 체중계가 신뢰성이 있는 결과를 보여주는 것은 아니다. 만약 다이어트를 하고 있는 한 여성이 자신의 체중이 얼마나 감량되었는지를 확인하기 위해 매일 매일 체중계를 사용한다고 하자. 어느 날 아침 일어나 체중을 재어보니 전날에 비해 5kg이 적게 나와 너무나 행복한 날을 보냈다가 다음날에는 6kg이 더 나와 하루종일 우울한 날을 보내고 다음날 다시 재어 보니 10kg이 더 적게 나왔을 때, 과연 이 체중계를 신뢰할 수 있느냐 하는 문제가 제기된다. 따라서 동일한 중량의 물체를 올려놓을 때마다 각기 다른 무게로써 측정된다면 이 저울은 어떤 대상의 무게를 측정할 수 있는 도구로서의 신뢰할 만한 저울이 되지 못한다.

이와 같이 어떤 인간의 속성이나 만족과 같은 느낌을 측정하는 것이 주된 연구목적인 사회과학연구에서도 측정할 때마다 다른 점수를 나타낸다면 이 측정도구 역시 앞의 예에서와 마찬가지로 신뢰할 수 없는 측정도구가 된다. 신뢰성(reliability)이란 측정하려 하는 것을 얼마나 안정적으로 일관성 있게 측정하느냐의 문제로 측정도구가 얼마나 대상의 특성을 정확하게 오차 없이 측정하였느냐 하는 것이다. 만약 측정시 발생하는 오차가 크다면 신뢰성은 떨어지게 된다. 간단히 말해 신뢰성이란 측정의 일관성(consistency)이라고 할 수 있다.

신뢰성을 이해하는 가장 기본이 되는 개념은 크게 두 가지로 설명된다.

첫 번째는 고전적인 방법으로 동일한 응답자에게 동일한 측정문항을 반복적으로 조사하여 측정도구의 안정성을 검정하는 것과 측정도구와 평행인 다른 측정도구에 의해 응답된 결과 사이의 상관계수를 살펴봄으로써 측정도구의 유사성을 검정하는 방법이다.

두 번째는 고전검정이론의 기본 가정에 의한 측정오차의 개념으로 동일한 측정 대상을 무한히 반복 측정하였을 때, 생기는 참점수와 오차점수의 분산에 기초한다.[6] 관찰점수에서 참점수가 차지하는 비중이 크고, 오차점수가 차지하는 부분이 작으면 신뢰성이 높다고 할 수 있다. 다시 말해 관찰점수의 분산에서 참점수 분산이 차지하는 비율이 크고, 오차점수의 분산이 작다면 이는 일관성 있게 측정한 것으로 간주되어 신뢰성이 높다고 할 수 있다. 따라서 동일 대상을 무한히 반복 측정하였을 때, 관찰점수가 항상 같았다면 이는 측정시 마다 오차 없이 측정하였다 할 수 있다. 그러나 이 같은 경우는 현실적으로 거의 불가능하므로 대부분 관찰점수는 각각 다르게 측정된다.

사물의 특성이나 인간의 속성을 측정할 때 진짜 특성인 참점수의 추정 방법에 대한 의문이 제기된다. 예를 들어 어느 백화점이 고객들의 만족도를 측정하기 위해서 10개의 문항(전혀 만족하지 않는다=1점, 매우 만족한다=7점)으로 구성된 설문지를 개발하였다고 하자. 백화점 구매고객들 중 임의로 한 고객

---

6) 측정치들이 동일하다면 신뢰성은 1이 되며 이는 측정오차가 없음을 의미한다.

을 선택하여 특정문항에 대해 다섯 번 반복 설문을 실시한 결과 5, 6, 5, 4, 6점을 나타낸다고 할 때, 이 고객의 참 만족도는 몇 점일까 하는 의문이 제기된다. 참점수를 추정하는 가장 합리적인 방법은 관찰점수들의 평균을 구하는 것으로 참점수는 관찰점수의 기대값으로 추정된다.

신뢰성의 종류

검정-재검정

검정-재검정(test-retest)은 동일한 측정도구를 동일한 집단에 일정 시간 간격을 두고 두 번 실시하여 얻은 두 점수 사이의 상관계수에 의하여 신뢰성을 검정하는 방법이다. 일반적으로 검정-재검정은 한 검사의 결과를 다른 시기에도 일반화할 수 있는 정도를 설명해주고 있다. 따라서 검정-재검정의 신뢰성이 높을수록 그 측정의 점수들은 응답자의 조건이나 응답환경의 조건 때문에 일어나는 임의적 변화의 영향을 덜 받게 된다. 검정-재검정법은 측정 간의 시간간격에 따라 측정하고자 하는 특성이 변함없이 얼마나 안정성이 있는지를 나타내는 것이므로 흔히 안정성(stability) 계수라고 부른다.

측정의 시간간격을 어떻게 정하느냐에 따라 신뢰성이 달라질 수 있는데 시간간격을 불과 몇 분 이내로 너무 짧게 잡을 경우 첫 번째 실시한 측정의 기억효과와 연습효과가 두 번째 측정에 영향을 미칠 가능성이 크다. 반대로 시간간격을 너무 길게 잡을 경우 측정하고자 하는 행동특성 자체가 그 기간에 변할 수 있다. 검정-재검정을 위한 측정 간격은 일반적으로 응답자의 기억이 소멸되는 시간으로 2주에서 4주 사이가 적당하나 측정의 목적이나 내용에 따라 달라질 수 있다(성태제, 2000). 이와 같은 문제점으로 인해 계량심리학자인 Kuder와 Richardson(1937) 그리고 Nunnally(1978)는 측정의 신뢰성을 평가하기 위해서 검정-재검정을 사용하지 않을 것을 권고하였다. 검정-재검정을 사용해도 지장이 없는 상황은 측정되는 속성이 측정의 시간간격에 따라 변화하지 않는 성질의 것이고 또 측정과정에 의해 인지적 변화가 생기지 않은 상황에서의 사용만이 그 정당성을 인정받을 수 있다.

평행검정

평행검정(parallel-form test)은 측정도구의 신뢰성을 검정하기 위하여 두 개의 측정도구를 제작한 뒤 동일 집단에 대해 측정을 하여 두 측정점수 사이의 상관계수로 신뢰성을 검정하는 방법으로 세 단계에 걸쳐 시행된다.

첫째, 어떤 구성개념의 측정을 위하여 두 개 이상의 측정방법을 실시한다. 그리고 이들 각기 다른 측정방법에 의한 측정결과는 동일한 점수평균과 동일한 분산이 나타나야 한다. 둘째, 두 개의 측정방법은 측정대상에 적용되어야 한다. 두 개의 측정 간의 시간간격은 연구에 따라 달라진다. 어떤 경우에는 두 개의 측정이 거의 동시에 시행되기도 하고 또 어떤 경우에는 두 개의 측정 사이에 수개월의 시간간격이 발생하기도 한다. 셋째, 두 개의 측정점수 사이의 상관의 정도를 판단한다. 평행검정을 사용하면 기억효과가 검정-재검정을 이용하는 경우보다 더 낮아지게 된다(Stone, 1983). 왜냐하면 두 개 이상의 검정의 내용이 완전히 달라지기 때문이다(Ghiselli, 1964). 평행검정에 의한 측정을 실제 상황에 적용하기 전에 동일집단으로 하여금 두 가지 형태의 검사지(forms)를 완성하게 함으로써 평행검정의 두 가지 방법의 동일성(equivalent of the parallel forms)이 평가되어야 한다. 그리고 거기서 얻어진 두 측정점수 간의 상관을 검토해야 한다. 따라서 평행검정을 위한 측정도구를 개발할 때에는 동일한 내용을 측정해야 하며, 동일한 형태의 문항과 문항 수, 그리고 동일한 문항난이도와 문항변별력이 유지되어야 한다. 평행검정의 한 종류로서 유사검정(alternate-form test)이 있는데 이는 한 측정에 의한 참점수와 다른 측정에 의한 참점수는 동일하나, 두 측정의 오차점수 분산이 동일하지 않은 측정법을 말한다.

내적일관성 검정

검정-재검정과 평행검정에 의한 신뢰성 검정은 동일한 응답자에게 측정을 두 번 실시하는 번거로움이 따르며, 측정 간격과 검사지의 평행성 정도에 따라 신뢰성 계수가 변화되는 문제점을 지니고 있다. 이에 비하여 내적일관성 검정은 측정을 두 번 실시하지 않고 측정의 신뢰성을 검정하는 방법으로 사회과학 실증연구에서 가장 많이 활용되고 있는 신뢰성 검정법이다.

내적일관성(internal consistency) 검정이란 측정 대상개념을 구성하고 있는 문항들 간 일관성의 정도를 의미하며, 문항들이 측정하고자 하는 개념이나 내용을 얼마나 일관성 있게 측정하였느냐 하는 것이다. 즉, 측정도구가 측정하고자 하는 속성을 얼마나 오차 없이 정확하게 측정하였느냐의 문제이다. 내적일관성 검정에는 측정도구를 구성하는 두 부분 간의 유사성으로 측정의 신뢰성을 측정하는 방법인 반분검정(split-half)과 문항 간의 측정의 일관성을 검정하기 위하여 참점수의 분산이 관찰점수 분산 중 차지하는 비율을 측정하는 방법인 문항 내적일관성 검정이 있다. 특히 문항 내적일관성 검정은 Kuder-

Richardson 20, Kuder-Richardson 21, Hoyt 신뢰성, Cronbach's α계수가 있는데 이 책에서는 일반적으로 가장 많이 활용되고 있는 Cronbach's α계수법을 살펴본다.

반분검정

반분검정(split-half test)은 한 번 실시한 측정점수를 두 부분으로 나누어 두 부분 점수의 상관계수를 계산한 후, Spearman-Brown 공식에 의하여 신뢰성을 검정하는 방법이다. 반분검정은 내적일관성 검정의 한 종류로서 측정문항들을 두 부분으로 나누어 두 부분의 측정점수에 대한 측정의 유사성을 추정한다. 측정문항들을 두 부분으로 구분하는 방법으로는 측정문항을 홀수항과 짝수항으로 나누어 한 부분에는 홀수 문항을 다른 한 부분에는 짝수 문항을 배분하는 방법과 측정문항을 무작위로 두 부분에 할당하는 방법이 있다.

반분검정을 이용할 때 문항들을 양분한 두 부분 측정점수의 상관계수를 그대로 사용하면 신뢰성이 과소 추정된다. 예를 들면, 서비스품질 측정도구가 22개의 문항으로 구성되어 있는데, 이들 문항을 11개 문항씩 양분하여 두 부분에서 측정된 점수 간의 상관계수를 추정하였다면 이는 서비스품질 22문항에 대한 내적일관성 검정이 아니므로 22문항으로 제작된 측정도구의 신뢰성을 검정하기 위해서는 상관계수를 그대로 사용하지 않고 Spearman-Brown 공식을 사용한다.

$$\rho_{SB} = \frac{2\rho_{XX'}}{1 + \rho_{XX'}} \qquad \rho_{XX'} : \text{반분된 점수의 상관계수}$$

Spearman-Brown 공식에 의하면 반분검정 신뢰계수 ρ_{SB}는 양분된 점수의 상관계수인 $\rho_{XX'}$보다 크기 때문에 측정도구의 길이인 문항의 수를 감소시키면 신뢰계수는 감소하고 문항 수를 증가시키면 신뢰계수는 증가한다는 것을 알 수 있다.

문항 내적일관성 검정: Cronbach's α계수

측정도구의 내적일관성을 검정하는 또 다른 방법으로 문항 하나하나를 하나의 측정으로 간주하여 문항들 간의 유사성 혹은 측정의 일관성을 검정하는 방법이 있다. 연구자가 측정문항들의 동질성의 정도를 평가하려고 할 때는 대부분 문항 내적일관성 검정을 활용한다. 따라서 문항 내적일관성 검정에 의한 신뢰성 검정의 대상으로 적절한 것은 단일차원의 측정을 의도하는 다문항측정(multiple-item measure)의 경우이다.

문항 내적일관성을 추정하는 방법으로 Cronbach's α계수가 있는데, 신뢰성 검정방법은 참점수의 분산을 관찰점수의 분산으로 나눈 비율에 기초한 개념이다. Cronbach's α계수가 신뢰성 검정을 위하여 흔히 사용되는 이유는 이분문항뿐 아니라 연속적으로 점수가 부여되는 문항들의 신뢰성 추정이 가능하며, 신뢰성 계산 공식의 유도과정과 개념이 보다 간단하기 때문이다. 문항의 내적일관성을 검정하기 위한 Cronbach's α계수 값에 대한 명확한 기준은 없으나, Nunnally(1978)가 제시한 경험적 기준치를 사용한다. 만약 연구자가 측정도구인 문항을 처음으로 개발하여 설문조사를 실시한 예비적 연구(preliminary study)인 경우에는 Cronbach's α계수값이 0.6 이상이면 신뢰성이 있다고 할 수 있으며, 이러한 연구를 제외한 경우에는 0.7 이상이면 측정도구에 대한 신뢰성은 확보되었다고 할 수 있다.

Van de Ven와 Ferry(1980)는 조직분야 연구에서의 Cronbach's α계수값에 대한 기준 범위를 제안하였는데, 그동안의 조직연구들을 검토한 결과 α계수 값의 범위가 0.7~0.9 사이 또는 그 이상이면 측정도구에 대한 신뢰성은 만족된다고 하였다.

사회과학연구자들이 실제 측정문항에 대한 신뢰성 검정을 실시할 경우에 교과서적인 상황과 달리 Cronbach's α계수값이 최소 기준치인 0.6 미만으로 나타나는 경우를 자주 보게 된다. 이럴 경우에는 Nunnally(1978)가 「Psychometric Theory」에서 제안한 문항분석(item analysis)을 실시함으로써 측정하고자 하는 구성개념에 대한 내적일관성을 높일 수 있다.

문항분석은 측정하고자 하는 구성개념을 일관성 있게 측정하지 못하는 문항을 제거함으로써 Cronbach's α계수값을 향상시키는 것으로 수정문항 대 전체문항 간 상관관계(corrected item to total correlation)값이 0.3 미만인 문항을 제거하는 방법이다. 이러한 문항분석에 의한 처리 과정을 실증적 연구논문에서는 '척도정화(scale purification)' 절차 또는 '척도정제(scale refinement)' 과정이라고 한다.

제7장
타당성

7장
타당성

타당성

타당성(validity)은 측정하고자 하는 개념이나 속성을 얼마나 정확히 측정하였는가를 말한다. 즉, 특정한 개념이나 속성을 측정하기 위하여 개발한 측정도구가 그 속성을 정확히 반영할 수 있는가의 문제이다. 간단히 말해 측정하고자 하는 목적에 대한 도구 적합성이라고 할 수 있다. 길이를 측정하기 위해서는 자를 사용해야 하며, 무게를 측정하기 위해서는 저울을 사용하는 것이 타당한 측정도구의 사용 예라고 할 수 있다.

아무리 측정값들의 신뢰성이 높게 나타났다 할지라도 측정된 값 자체가 다른 속성이나 다른 개념을 측정한 것이라면 아무런 쓸모가 없는 것이다. 예를 들어, 소비자들의 심리적인 특성인 제품에 대한 만족을 측정하기 위한 조사에서 흥미측정을 실시하였다면 평가된 점수가 소비자들의 만족을 측정한 결과라고 볼 수 없다. 이 경우에는 제품만족보다는 제품에 대해 느끼는 흥미라는 개념을 측정한 것이 될 수 있다. 따라서 제품만족을 측정하는 설문지를 이용해야 타당성 있는 연구라고 할 수 있다.

타당성은 측정도구 자체가 측정하고자 하는 개념이나 속성을 정확히 반영할 수 있어야 한다는 것이며, 이는 측정하려고 하는 개념을 어떻게 조작적으로 정의하느냐에 영향을 받는다. 즉, 특정 개념을 조작적 정의로 표현하고 이를 측정 가능한 수준인 여러 개의 문항으로 구성함으로써 측정값 사이의 상관관계를 조사하여 측정의 타당성을 평가할 수 있다.

미국심리학회(1985)는 타당성에 대한 개념을 "측정점수로부터 만들어진 추리의 적합성, 의미성, 유용성과 관계된 개념"으로 정의하고 있다. Gronlund와 Linn(1990)에 따르면 타당성은 대상 집단에 사용된 측정도구나 측정에 의하여 얻어진 결과의 해석에 대한 적합성이지 측정 자체와 관련된 것이 아니다. 그러므로 편의상 측정도구의 타당성이라 표현하지만 정확히 말하여 측정 결과로부터 만들어진 해석에 대한 타당성을 말하는 것이다. 또한 타당성은 정도의 문제로 타당성이 '있다' 혹은 '없다'로 말하는 것이 아니라 '낮다', '적절하다', '높다' 등으로 표현해야 한다. 그리고 타당성은 특별한 목적이나 해석에 제한되는데 한 측정도구가 모든 목적에 부합할 수 없듯이 이 측정도구는 무엇을 측정하는 데 타당하다고 표현하여야 한다. 마지막으로 타당성은 다양한 종류의 근거에 기초한 단일한 개념으로 해석되어야 한다.

타당성의 종류

내용타당성

내용타당성(content validity)은 측정도구 자체가 측정하고자 속성이나 개념을 측정할 수 있도록 되어 있는가를 평가하는 것이다. 이는 연구자의 전문적인 지식과 논리적 사고에 근거한 주관적인 판단에 의존한 타당성으로 객관적 자료에 근거하지 않는다. 예를 들어 서비스품질 측정도구를 제작하였을 때 서비스마케팅이나 품질을 전공한 전문가가 문항들의 내용을 분석한 후 주관적인 판단에 의하여 내용타당성이 적절하다고 판정하는 것을 말한다. 그러나 만약 서비스품질의 정의에 대하여 다른 견해를 가지는 전문가가 서비스품질 측정도구에 대하여 내용타당성이 결여되어 있다고 주장할 경우에 내용타당성에 의한 측정도구의 타당성 입증에 논란이 따를 수도 있다.

내용타당성을 검정하는 방법은 전문가의 주관적인 판단에 의존하기 때문에 논리적이고 경험적인 사고 과정에 의해 규명하게 된다. 따라서 내용타당성은 측정도구 개발에 있어서 측정도구가 갖추어야 할 최소한의 타당성으로 개념이나 속성을 측정해주는 문항영역으로부터 추출된 문항인지를 결정하는데 중요한 역할을 한다.

미국심리학회(1985)에서 내용타당성을 측정 문항, 질문, 목적이 측정을 위하여 규정된 내용 영역이나 혹은 전체를 얼마나 잘 대표하느냐의 정도를 나타낸다고 정의하고 있다. 내용타당성이란 용어와 유사하게 안면타당성(face validity)란 용어를 사용하기도 한다.[7] 안면타당성은 측정도구의 문항들이 도구 개발자나 응답자에게 얼마만큼 익숙하게 보이는가를 말한다. 따라서 문항들이 응답자들과 어느 정도의 친숙함과 대중적 관계를 지니고 있느냐의 문제로서 어떤 개념이나 속성을 측정할 때 자주 접해 본 문항들이 있으면 안면 타당성이 적절하다고 말한다.

---

7) 성태제(2000)는 안면타당성과 같은 개념은 학문적으로 과학성을 상실하므로 내용타당성 대신 안면타당성이란 용어를 사용하지 않는다고 하였다.

구성타당성

구성타당성(construct validity)은 측정도구가 실제로 무엇을 측정하는가 또는 연구자가 측정하고자 하는 추상적인 개념이나 속성이 실제로 측정도구에 의해 적절하게 측정되었는가에 관한 문제이다. 즉, 조작적으로 정의되지 아니한 인간의 심리적 특성이나 성질을 심리적 구성개념으로 분석하여 조작적 정의를 부여한 후, 측정점수가 조작적 정의에서 규명한 심리적 구성개념들을 제대한 측정하였는가를 검정하는 방법이다. 구성타당성은 논리적 분석과 이론적인 체계 하에서 개념 간의 관계를 밝히는데 주안점을 두고 평가되며 이론적 연구를 하는 데에 있어서 매우 중요하게 고려되어야 한다. 일반적으로 구성타당성을 구인타당성이라고도 한다.

미국심리학회(1985)는 구성타당성을 관심 있는 심리적 특성에 대한 측정도구로서 측정점수에 주된 초점을 가지는 구성개념과 관련되어 분류된 증거로써 정의하고 있다. 구성개념 또는 구성(construct)이란 심리적 특성이나 행동 양상을 설명하기 위하여 존재를 가정하는 심리적 요인을 말한다. 서비스품질 측정연구에서 Parasuraman et al.(1988)이 제안한 서비스품질 5차원인 유형성(tangibles), 신뢰성(reliability), 대응성(responsiveness), 확신성(assurance) 그리고 공감성(empathy)이 서비스품질의 구성개념이 된다. 따라서 서비스품질을 측정하고자 할 때 서비스품질은 유형성, 신뢰성, 대응성, 확신성 그리고 공감성의 구성개념으로 이루어져 있다는 조작적 정의에 근거하여 측정도구인 SERVQUAL을 제작하여 그 도구가 이 같은 구성개념들을 측정하고 있다면 그 측정도구는 구성타당성을 지니고 있다고 한다. 만약 측정도구가 제대로 측정하고 있지 못하거나 다른 구성개념들을 측정한다면 이는 구성타당성이 결여되어 있는 것이다.

구성타당성은 측정하고자 하는 내용을 구성개념들로 규정하고 이를 제대로 측정하였는지를 검정하기 때문에 측정도구의 타당성을 검정하기 위한 합리적인 방법으로 여겨지고 있어 현재 타당성 검정 중에서 가장 많이 이용되고 있다. 이외에 구성타당성 검정에 관한 자세한 내용은 '구성타당성 검정' 부분(123쪽)에 소개하였다.

속성타당성과 법리타당성

Jessor와 Hamonol(1957)에 따르면 구성타당성은 이론의 측정도구개발에 중요한 역할을 갖고 있으므로 도구개발뿐만 아니라 측정도구의 일반타당화 연구에서도 이 개념과 방법이 적용되어야 한다고 주장하고 있다. 또한 Campbell(1960)은 구성타당성에는 사실상 두 가지 타당성, 즉 속성타당성(trait validity)과 법리타당성(nomological validity)이 있다는 것을 지적하고 있다. 속성타당성이 속성 또는 구인 그 자체의 설정과 규명에 관심이 집중되는 반면에 법리타당성은 한 이론의 논리적 체계 속에서 한 측정도구가 측정하고 있다고 고려되는 하나의 구성개념과 다른 구성개념과의 관계를 밝히는데 관심이 집중된 타당성의 개념을 말한다. Bagozzi(1980)는 법리타당성을 법리적 집합으로 불리는 구성개념들과 관련이 있는 체계 내에 있는 것처럼 행동하는 구성개념 정도로써 정의하고 있다. 국내 대부분의 문헌에서는 'nomological validity'를 '이해타당성' 또는 '체계타당성'으로 번역되어 사용되고 있으나 'nomological'의 실제적 의미를 내포하고 있지 못하고 있다. 따라서 이 책에서는 사전적 또는 어원적 의미를 충분히 고려한 의미로써 '법리타당성'으로 번역하여 사용하였다.

속성타당성과 법리타당성 (계속)

서비스품질 차원을 규명하는 연구를 예로 들어 보면, 서비스품질은 단일차원이라기보다는 다차원으로 구성된 요인모형을 이룬다고 알려져 있다. 대표적인 서비스품질 차원모형으로 유형성, 신뢰성, 대응성, 확인성, 공감성으로 구성된 서비스품질 5차원 모형은 서비스품질이라는 상위단일차원 아래 5개 차원으로 구성된 2차원적 요인모형(second-order factor model)이라 할 수 있다. 여기서 하위차원 5개를 규명하는 작업은 서비스품질의 속성에 대한 타당성 검정이라고 볼 수 있기 때문에 구성타당성에서의 속성타당성이라는 측면에서 해석될 수 있다. 또한 이렇게 규명된 서비스품질 5차원은 서비스품질이라는 개념이 단일개념으로서의 역할보다는 고객만족과 행동의도에 대한 선행변수로서의 역할을 하고 있다는 기존의 이론을 바탕으로 이들 구성개념들과의 인과적이고 논리적인 체계와 법리적인 틀에서 해석되는 것이 어떤 현상을 더 타당성 있게 설명해낼 수 있게 된다. 따라서 서비스품질 차원에 대한 규명은 속성타당성 검정과 관련이 있는 것이고, 결과 변수들인 고객만족 혹은 고객충성도와의 인과관계라는 체계 속에서 유의미한 영향관계를 검정한다면 법리타당성을 충족하였다고 볼 수 있다.

기준관련 타당성

기준관련 타당성(criterion-related validity)은 측정도구에 의한 점수와 어떤 기준과의 상관계수에 의하여 측정도구의 타당성을 검정하는 방법이다. 기준관련 타당성에는 공인타당성과 예측타당성이 있다.

공인타당성

공인타당성(concurrent validity)은 기준관련 타당성의 한 종류로 측정점수와 기존에 타당성을 입증 받고 있는 측정도구로부터 얻은 점수와의 상관관계에 의하여 검정되는 타당성이다. 즉, 새로운 측정도구를 개발하였을 때 이에 대한 타당성을 검정하기 위하여 기존에 타당성을 인정받고 있는 측정도구와의 유사성 또는 연관성에 의하여 타당성을 검정하는 방법이다. 예를 들어, 인사조직 분야의 연구자가 본인의 연구에 부합하는 직무만족도 측정도구를 개발하였을 때, 새롭게 개발된 직무만족도 측정도구의 공인타당성을 검정하기 위해 인사조직 분야에서 타당성을 검증 받은 MSQ(Minnesota Satisfaction Questionnaire)와의 관계를 검정하여 타당성을 판정한다. 또한 교육측정 분야의 연구자가 대학생들을 위한 인성검사 도구를 개발하였을 때, 새롭게 개발된 인성검사 도구의 공인타당성을 검정하기 위해 교육 측정 분야에서 타당성을 검증 받은 MMPI(Minnesota Multiphasic Personality Inventory)와의 관계를 검정함으로써 타당성을 판정한다. 따라서 공인타당성은 새롭게 개발된 측정도구에 의한 점수와 이미 타당성을 인정받은 측정도구의 기준점수와의 상관계수에 의하여 계량적으로 검정된다.

예측타당성

예측타당성(predictive validity)은 기준관련 타당성의 하나로서 개발된 측정도구에서 얻은 점수와 기준으로서 미래의 어떤 행위와의 관계로 추정되는 타당성이다. 즉 측정점수가 미래의 행위를 얼마나 잘 예측하느냐 하는 문제이다. 따라서 예측타당성 역시 측정점수와 미래의 행동과의 관계에 의하여 추정되므로 공인타당성과 마찬가지로 계량적으로 검정되는 특징을 지니고 있다. 예를 들어 철도 기관사들을 대상으로 직무 적성검사를 실시하였을 때, 그 적성검사에서 높은 점수를 받은 기관사의 안전운행 기록이 낮은 점수를 받은 기관사에 비해 높다면 그 적성검사의 예측타당성이 높다고 할 수 있다.

예측타당성을 고려한 검사의 또 다른 예로써 최근 국내 기업들이 신입사원 공채 때 입사점수에 반영하기 위해 실시하는 직무 적성검사 또는 직무능력평가시험을 들 수 있다. 이는 입사 이후에나 확인 할 수 있는 사원의 업무능력을 사전에 예측함으로써 기업에서 필요로 하는 인적자원을 선별하기 위한 검사라고 할 수 있다.

미국심리학회(1985)는 예측타당성을 이미 검사한 자료가 미래에 얻을 기준점수를 추정하는데 사용될 수 있는 경우로 정확성에 대한 정보를 얻을 수 있는 예측으로써 정의하고 있다. 한국의 대학입학 시험제도인 대학수학 능력시험(SAT)에서도 예측타당성은 매우 중요시되는데, 대학수학 능력시험에서 높은 점수를 획득한 고등학생이 대학에서 성공적으로 학업과정을 이수하면서 취득한 학점(GPA)이 높을 때 대학수학 능력시험의 예측타당성은 높다고 할 수 있다. 이와 관련하여 저자가 서울소재 4년제 대학교 2002학년도 정시모집 합격자들에 대해 대학 1~2학년 동안의 학업성취도와 입학 당시의 전형요소인 수학능력시험 성적, 학생 생활기록부에 의한 고등학교 교과 내신 성적, 그리고 면접점수와의 상관관계를 분석해보았는데, 그 결과 내신 성적과 면접점수가 통계적으로 유의한 수준에서 대학의 학업 성취도와 상관관계를 갖는 것으로 나타났다. 이러한 결과를 통해서 보면, 대학 입학시험인 대학수학 능력시험이 대학입학 후의 학생들의 학업 성취도를 미리 예측하여 측정한다는 근본 목적에서 예측타당성이 떨어지는 입학전형 요소임을 짐작해볼 수 있다. 반면에, 고등학교 내신 성적과 면접점수는 대학에서의 학업성취도를 예측하기에 타당성이 충분한 측정도구라고 볼 수 있다.

타당성 적용의 과정

실제 설문조사(survey)를 통한 실증연구논문 작성 시에 가장 중요한 과정이 측정하고자 하는 대상(object)에 대한 구성개념(construct)의 정확한 측정에 있다. 일반적으로 측정변수(observed variable)인 문항들(items)이 모여 하나의 구성개념인 요인(factor)을 형성하게 되는데 과연 이러한 측정문항들이 요인을 정확히 측정하느냐에 관한 검정이 필요한 것이다.

사회과학분야에서는 타당성 검정을 위해 일반적으로 각 구성개념에 대해 다문항(multi-item)을 이용한 측정도구의 타당성을 검정한다. 특히, Nunnally (1978)에 의하면 구성개념을 측정하기 위한 문항을 새롭게 개발할 경우에는 각 요인별로 10개 정도의 문항을 구성할 것을 제안하고 있는데 이럴 경우 측정도구에 대한 내용타당성과 구성타당성 검정 과정을 반드시 거쳐야 한다.

실제로 이 책에 예시된 연구 논문들에서도 이러한 과정을 보여주고 있는데 실증연구(empirical study) 논문에서 서론, 이론적 배경 다음의 실증분석 부분의 '측정도구에 대한 신뢰성 및 타당성 검정' 단계에서 제시되어야 한다. 타당성 검정 과정을 생략하는 경우는 실증연구에서 찾아보기 힘들며, 일반적으로 해당 분야 전문가들에 의해 설문문항에 대한 검토과정을 거쳐 최종적인 문항을 구성한 후 요인분석(factor analysis)을 이용한 단일차원성(unidimensionality) 확인과정에 의해 타당성 검정이 이루어진다.

다시 말해, 내용타당성은 측정도구의 타당성을 검정하는 기본적인 절차로서 개발된 설문문항이 측정하고자 하는 내용을 제대로 측정하는지를 검정하는 것으로 이는 필수적인 검정절차로 간주된다. 내용타당성은 교육학분야에서의 학업 성취도 측정과 평가에만 적용되는 것은 아니며, 경영학을 포함한 사회과학분야의 모든 구성개념의 측정과 평가에서 측정도구의 타당성을 검정하는 방법이다.

구성타당성은 인간의 심리적 속성을 측정하는 도구의 타당성을 검정하기 위하여 주로 사용되는 방법으로 알려져 있으나 경영학, 사회학, 보건학, 교육학, 체육학 등 거의 모든 분야에서 적용되고 있는 타당성이다. 즉, 측정하고자 하는 내용을 구성개념들로 규정하고 그 구성개념들을 제대로 측정하였는지를 검정하므로 여러 타당성 중에서 통계적 방법론을 이용한 가장 객관적인 방법으로 고려되고 있어 측정도구의 타당성 검정에 있어 구성타당성을 사용하는 경향이 일반화되고 있다.

내용타당성, 구성타당성 그리고 기준관련 타당성 모두가 개념적으로 독립되어 있으며, 또한 이러한 타당성들은 측정도구의 각기 다른 측면의 타당성을 검정하기 때문에 측정도구의 타당성을 검정하기 위해서는 여러 방법에 의하여 타당성을 검정하는 것이 바람직하다.

타당성 검정은 측정도구의 측정 목적의 달성 여부를 증명하므로 인간의 행동습성과 심리적 속성에 관한 자료분석의 기본 절차이다. 타당성 검정 없이 얻어진 자료를 가지고 지각된 서비스품질 측정, 소비자 만족도 평가, 직무몰입 및 만족 측정 등은 잘못된 결론에 이르도록 하게 한다. 타당성은 설문 대상 집단의 응답 결과에 의하여 추정되므로 대상 집단이 보다 이질적일 때 공인타당성과 예측타당성이 높아지는 경향을 보이며, 반대로 대상 집단이 동질적이면 타당성은 낮아진다. 예를 들어, 대학수학 능력시험의 예측타당성을 추정할 때 상위권 대학에서는 예측타당성이 낮게 나온다. 이는 상위권 대학에 입학한 학생들은 어느 일정 수준 이상의 점수를 획득한 학생으로서 집단이 동질적이기 때문에 대학수학 능력시험 점수의 분산 폭이 좁아지므로 대학에서 취득한 학점과의 상관 계수값은 낮게 나타난다. 따라서 두 변수 사이의 상관계수를 추정할 때 어떤 변수이든 집단의 동질성에 의해 변수의 속성이 절단될 경우 상관계수가 낮게 추정된다.

구성타당성 검정

요인분석에 의한 구성타당성 검정

요인분석(factor analysis)은 크게 두 가지로 나누어 설명할 수 있는데, 일반적인 실증연구논문에서 가장 광범위하게 이용되는 방법은 탐색적 요인분석(exploratory factor analysis: EFA)이다. 통계적으로 볼 때, 탐색적 요인분석은 회귀분석을 통한 가설 검정이나 선형함수의 추정 또는 종속변수에 대한 독립변수들의 영향요인 분석 시에 독립변수의 다중공선성(multi-collinearity) 문제를 해결하기 위한 방법으로 활용되고 있다. 여기서 다중공선성이란 독립변수와 종속변수 간 인과관계(causal relationship)를 분석하기 위해 회귀분석을 적용할 경우, 회귀분석의 기본적 가정인 '독립변수들 각각은 독립적이며, 서로 상관관계를 갖지 않는다'를 위배하는 문제로서 독립변수들 사이에서 인과관계가 발생되는 것을 말한다. 따라서 이러한 문제를 해결하기 위해서 독립변수들 간 상관관계가 있는 경우 상관관계가 서로 높은 것끼리 묶어서 적은 수의 새로운 독립변수를 추출하는데 적용할 수 있는 방법이 요인분석이다. 사회과학 통계분석 패키지로 가장 많이 활용되고 있는 SPSS(statistical program for social science) 프로그램에 요인분석이 Data Reduction 메뉴에 들어가 있는 것도 '데이터를 축소'하기 위한 방법이기 때문이다.

그러므로 독립변수가 많은 경우, 이 변수들에 동시에 영향을 주고 있는 공통된 구성개념 또는 공통요인인 잠재변수(latent variable)를 추출하기 위해 요인분석을 활용한다. 여기서 주의할 것은 엄밀히 말해 탐색적 요인분석은 독립변수를 포함한 측정변수인 문항들의 공통요인이 이론적으로 구성되어 있지 않을 경우, 즉 측정변수와 잠재변수인 요인들 간의 관계가 가설적 모형으로 설정되어 있지 않은 경우에 실시한다. 이처럼 탐색적 요인분석은 측정변수들 간의 상관관계의 강도에 의한 요인부하량(factor loaing), 고유치(eigen value), 설명된 총분산량(total variance of %) 등과 같은 선별기준에 의해서 문항과 요인 간의 관계에 아무런 제약 없이 자유롭게 요인들을 추출하는 방법이다.

탐색적 요인분석의 가장 주된 목적은 측정변수들의 요인구조(factor structure)를 파악하기 위함이다. 요인구조라는 것은 측정변수들의 상호 간 상관관계에 의해서 어떤 요인과 가장 높은 관련성이 있는지를 보여주며 이는 요인부하량(또는 요인적재량)의 크기로 판단된다. 다시 말해 측정변수와 이들 변수들 사이에 공통적으로 잠재되어 있는 요인들 간의 관련성 내지 관계구조가 형성된 것을 말한다. 여기서 측정변수의 요인부하량의 크기가 어느 특정 요인에서는 기준값 이상이면 이를 해당 요인을 측정하고 있는 변수 또는 요인에 적재된 변수라고 한다. 이와 같이 추출된 각 요인들과 변수들 간의 관계를 공식화된 이름으로 표현해야 하는데 각 요인에 묶여 있는 측정변수들의 특성을 포괄적으로 설명하면서도 상징적으로 나타낼 수 있는 이름을 정해야 한다. 일반적으로 이러한 과정을 요인의 명명(naming)이라고 한다.

구성타당성을 검정하기 위해서는 먼저 상이한 개념들을 각각의 다문항으로 측정을 한 후, 이들 문항들을 요인분석하면 원래의 동일한 요인으로 문항들이 묶이게 되는데, 이때 동일한 요인 내에 포함되어 있는 문항들은 동일한 개념을 측정한다고 할 수 있다. 하지만 반대로 서로 다른 요인으로 묶이는 문항들은 각각 서로 다른 개념을 측정하는 것이라고 볼 수 있다. 따라서 동일한 요인 내 속해 있는 문항들 사이에는 집중타당성이 있고, 서로 다른 요인 간에 속해 있는 문항들 사이에는 판별타당성이 있다고 한다.

예를 들어, 7개의 측정문항으로 구성된 측정도구에 대해 요인분석을 실시한 후 요인구조를 분석하였을 때, 문항1, 문항2, 문항3, 문항4는 요인 1에 묶이고, 문항5, 문항6, 문항7은 요인 2에 묶였다고 하자. 이 때, 요인 1에 속해 있는 문항1, 문항2, 문항3, 문항4 사이와 요인 2에 속해 있는 문항5, 문항6, 문항7 사이에는 집중타당성이 있고, 요인1에 속하는 문항1, 문항2, 문항3, 문항4와 요인 2에 속해 있는 문항5, 문항6, 문항7 사이에는 판별타당성이 있다고 할 수 있다.

그러나 이와는 달리, 만약 기존연구에서 이미 측정변수인 문항과 잠재변수인 요인 간의 관계가 명확히 나타나 있는 경우에는 문항과 요인 간 관계를 미리 설정할 수 있는 경우이며 따라서 가설적으로 제약된 형태의 요인분석을 실시하게 되는데 이를 확증적 요인분석(confirmatory factor analysis: CFA)이라고 한다. 확증적 요인분석은 현재 SPSS에서는 지원이 되지 않고 있으며, SAS(statistical analysis system)의 경우에는 CALIS 프로시저에 의해서 분석할 수 있다. 그러나 확증적 요인분석에서 가장 많이 쓰이고 있는 프로그램이 LISREL과 AMOS로 일반적인 통계분석도 가능하나 확증적 요인분석을 비롯하여 경로분석(path analysis), 공분산 구조분석(covariance structure analysis) 또는 구조 방정식모형(structural equation model: SEM)을 분석할 경우에 주로 이용되고 있다.

확증적 요인분석에 의한 구성타탕성 검정의 예는 이형석(2005a)의 "소비자들의 자국중심주의와 원한이 서비스품질 인식에 미치는 영향에 관한 연구"에서 타당성분석 부분을 인용하여 설명하고자 한다.[8)]

> 척도의 구성(construct)타당성을 검정하기 위해 집중(convergent)타당성과 판별(discriminant)타당성을 검정하였다. 이를 위해 측정모형(measurement model)에 대한 3요인 확증적 요인분석(confirmatory factor analysis)을 실시하였다. 이론모형에 관한 통계적 적합도를 검정하기 위하여, 절대적합지수의 판단기준으로 χ^2값(카이자승값은 적을수록 바람직, p값≥0.05이면 바람직), GFI(Goodness-of-Fit Index: 0.90 이상), RMSEA(Root Mean Square Error of Approximation: 0.05 이하 바람직, 0.05~0.10이면 보통) 등을 이용하였다. 그리고 비교적합지수 CFI(Comparative Fit Index: 0.90 이상), 간명적합지수인 PGFI(Parsimony Goodness-of-Fit Index: 0.5 이상)을 이용하였다(Bentler, 1990).
>
> χ^2값은 유의한 것으로 나타나 귀무가설(H_o: $\Sigma=\Sigma(\theta)$)이 기각되어 이론모형

8) 예시된 논문의 표 번호의 순서는 게재된 논문의 순서에 따른 것으로 이 책의 순서와는 다르다.

이 표본자료에 적합하지 않는 것으로 나타났다. 그러나 모형이 현실을 잘 설명하고 있음에도 불구하고 모형의 검증을 위한 여러 조건들 특히, 표본의 크기가 만족되지 않아서 χ^2값이 매우 큰 값을 가지는 경우가 있으므로, 기타의 적합도 지수들을 살펴보고 이론적 사고를 동원하여 경험적 결론을 내려야 한다(Bagozzi and Yi, 1988; Mulaik et al., 1989). 따라서 기타의 적합도 지수들을 살펴보면 RMSEA는 0.128로 일반적 기준치인 0.05보다는 크나 0.10과 비슷하게 나타나 모형의 근사도(approximation)가 인정할 만한 것으로 나타났다(Steiger and Lind, 1980). 그리고 GFI, CFI값들은 기준치인 0.9에 못 미치는 것으로 나타났으나, 간

표 3 ▌확증적 요인분석 결과

구성개념	측정문항	경로계수	t값	적합도
원한	X1	0.86	10.03	
	X2	0.91	10.57	
	X3	0.43	5.12	
자국중심주의	Y1	0.75	9.22	χ^2 = 256.41
	Y2	0.53	6.39	(p값 = 0.000)
	Y3	0.41	4.79	df = 65
	Y4	0.90	11.20	GFI = 0.79
서비스품질 인식	Y5	0.59	7.61	CFI = 0.73
	Y6	0.49	6.07	PGI = 0.56
	Y7	0.89	13.22	RMSEA = 0.14
	Y8	0.92	14.01	
	Y9	0.46	5.71	
	Y10	0.47	5.85	

명적합지수인 PGFI(Parsimony Goodness-of-Fit Index: 0.5 이상)는 0.56으로 적합 정도가 좋은 것으로 나타났다(Mulaik et al., 1989). 그리고 〈표 3〉에서 보듯이 각 구성개념별 측정문항들에 대한 경로계수가 모두 통계적으로 유의(t>1.96)한 것으로 나타나 제거되는 문항은 없었다.

〈표 3〉에서 측정문항들에 대한 경로계수(표준 부하량)들을 보면 모두 유의(t > 1.96)하고, 〈표 4〉에서 보듯이 구성신뢰성이 역시 높은(CR > 0.7) 점을 감안할 때, 이는 척도의 집중타당성이 존재한다고 볼 수 있다(Anderson and Gerbing, 1988; Bagozzi and Yi, 1988). 판별타당성을 확인하기 위해 구성개념 간 상관관계행렬(Φ matrix)을 검토하였는데, 〈표 4〉와 같이 AVE(Average Variance Extracted) 값이 구성개념 간 상관계수의 제곱 값을 상회하는 것으로 나타나 판별타당성이 존재하여, 각 요인에 대한 구성타당성(construct validity)이 인정된다고 볼 수 있다(Fornell and Larcker, 1981).

표 4 ▌척도의 구성타당성 검정 결과

구성개념	평균	표준편차	구성개념 간 상관관계		
			원한	자국중심주의	서비스품질인식
원한	5.116	1.032	1.000		
자국중심주의	3.304	1.100	0.347***	1.000	
서비스품질인식	3.337	0.854	-0.458***	-0.191**	1.000
구성신뢰성(CR)			0.795	0.755	0.814
평균분산추출값(AVE)			0.584	0.455	0.444

**: $p < 0.05$, ***: $p < 0.01$

최근 경영학분야를 비롯한 사회과학분야에서 확증적 요인분석을 활용하는 경향이 증가하는 추세에 있으며, 국내외의 권위 있는 학술지에 게재된 논문의 경우에는 확증적 요인분석을 이용하지 않은 논문을 찾아보기가 힘들 정도이다. 이러다 보니 실증연구를 하는 많은 연구자들이 자신의 연구의도와는 상관없이 무의식적으로 확증적 요인분석을 사용하는 경향이 있다. 따라서 자신의 실증연구의 방향에 맞추어 적절한 요인분석 방법을 선택하기를 바라며 무조건적인 사용은 후학들에게 요인분석의 사용에 대한 오용을 불러올 수도 있다.

이러한 혼용 또는 오용의 문제에 관해 이 책의 10장에 나와 있는 논문인 "이동전화 서비스에서의 고객만족 및 고객충성도 간 전환비용 조절효과 연구"가 이러한 측면에서 참고할 만한 논문이라고 할 수 있다. 그 논문에서 탐색적 요인분석의 사용에 관한 설명은 다음과 같다.

> 먼저 본 연구에서 요인분석을 한 주요목적은 회귀분석을 시행하기 전 요인구조의 파악 또는 요인추출 여부의 확인차원에서 이루어졌다. 요인분석을 통해 공통요인이 추출되었으며 요인에 대한 명명을 하였다. 이는 요인을 구성하는 문항의 의미를 포괄할 수 있는 요인으로서의 역할을 하기 때문이다.

따라서 탐색적 요인분석은 이처럼 연구자가 그 동안 몰랐던 요인구조를 통계적 방법에 의해서 탐색적으로 찾아주고 이를 새롭게 명명함으로써 자동으로 구성타당성이 검정되는 경우이다. 물론 향후 연구에서도 본 연구에서 밝혀진 문항과 요인 간의 관계가 동일하게 나타나야 한다. 그렇게 될 경우 그 다음 연구자부터는 측정변수인 문항을 그 요인에 제약시킬 수 있게 되고 그때부터 선행연구에 기초한 이론적 요인모형을 확증적 요인분석을 활용하여 분석할 수 있다.

서비스품질 측정도구(SERVQUAL)의 예

사회과학의 실증연구방법론에서 추구하는 이론적 모형에 대한 관측자료의 통계적 검정은 확증적 요인분석을 통해서 이루어질 수 있는데 LISREL이나 AMOS 프로그램을 다룰 수 없는 경우에는 탐색적 요인분석을 활용하여 검정할 수 있다. 서비스품질 차원을 규명한 Parasuraman et al.(1988)의 SERVQUAL 연구에서 연구자들은 서비스품질 측정도구 개발을 위해 탐색적 요인분석을 이용하였다. 먼저 이들은 1985년 연구에서 서비스품질에 대한 구성개념을 10개의 차원으로 정의하였으며, 서비스품질을 고객들의 성과와 기대 간 차이로 정의하였다. 1988년에는 서비스품질 10차원 97개 측정문항을 개발하여 실증연구를 하였는데, 내적일관성(internal consistency)을 저해하는 문항을 제거하고 사각회전(oblique rotation)방식에 의한 탐색적 요인분석을 통해 요인구조를 확인하는 등의 반복적인 과정을 거치면서 초기 10차원 97개 문항에서 10차원 54개 문항으로 그리고 다시 7차원 34개 문항으로 추출하였다. 그리고 최종적으로 22개의 문항으로 구성된 서비스품질 요인 5차원을 규명하였다.

그 후 많은 서비스품질 학자들에 의해 서비스품질 5차원에 대한 반론이 제기되었으며, 저자 또한 Parasuraman et al.(1988)의 SERVQUAL 성과문항 22개를 가지고 탐색적 요인분석을 실시한 바에 따르면 정확히 5개 차원으로 요인이 추출되는 경우는 거의 없었다.[9] 물론 기존 연구가 성과에서

9) 이형석(2003)의 연구에서 Parasuraman et al.(1988)의 서비스품질 측정도구인 SERVQUAL의 성과문항을 가지고 이들이 연구한 대상분야들(은행, 증권, 신용카드, 장거리시외전화, 유지보수) 가운데 하나인 은행서비스 분야에 적용하였는데, 서비스품질 5개 차원인 유형성, 신뢰성, 대응성, 확신성, 공감성 중에서 대응성과 확신성이 한 개의 차원으로 통합되면서 4개의 차원으로 나타났다.

서비스품질 측정도구(SERVQUAL)의 예 (계속)

기대를 차감한 점수를 사용하였기 때문이라고도 할 수 있으나, Cronin과 Taylor(1992)에 의해 성과문항만을 이용한 경우가 더 타당성 있는 결과가 나오며 따라서 서비스품질 측정을 위한 SERVPERF 모형을 제시한 바가 있기 때문에 꼭 그런 이유 때문만은 아닌 것으로 보인다. 그러므로 이와 같이 같이 후속 연구자들이 선행연구에서 밝혀진 측정도구를 가지고 설문지를 작성하여 구성타당성을 검정하기 위해 탐색적 요인분석을 실시할 경우에 선행연구와 같은 결과를 기대할 수 없는 경우가 있다.

대부분의 연구자들은 새롭게 묶여진 문항들에 의한 요인구조에 따라 새로운 요인명을 붙이게 되고 이는 향후 다른 연구자에서도 매번 나타나는 현상이 된다. 여기서 연구자들이 고민해야 할 것은 새롭게 개발된 문항이 포함될 경우를 제외하고는 기존의 측정변수인 문항과 잠재변수인 요인 간의 관계를 제약시켜 요인분석을 실시하는 것이 바람직하다고 하겠다. 기존의 측정문항을 그대로 사용할 경우에는 구성타당성 검정 측면에서 볼 때 기존의 연구에서와 같은 동일한 결과가 나와야 한다. 다시 말해 구성개념을 측정하기 위해서 개발된 문항들이 그 개념을 측정하지 못하거나 다른 구성개념으로 해석되는 문제가 발생한다면 원래의 측정도구가 그 개념을 정확히 구현하지 못하는 경우이거나 아니면 현재 진행하고 있는 연구의 설문지 설계 시 연구자의 실수에 의해 발생한 문제 또는 설문조사 시 응답자들의 이해부족, 표본의 크기와 관련된 문제로 보는 것이 타당할 것이다. 그러므로 연구분야 및 대상이 동일한 경우 단 한번의 설문조사를 통해 동일한 요인구조가 나오지 않았다고 하여 새롭게 문항을 배치하여 새로운 요인명칭을 부여하는 것은 잘못된 것이다. 앞서 언급한 Parasuraman et al.(1988)의 연구

서비스품질 측정도구(SERVQUAL)의 예 (계속)

에서는 처음 1차 연구에서 탐색적 요인분석에 의해 최종적으로 추출된 서비스품질 5차원 22문항을 가지고 다시 2차 설문조사를 실시하여 분석한 결과 문항과 요인 간의 관계가 1차 연구의 결과에서 나타난 요인구조와 동일하게 나타났기 때문에 서비스품질 5차원이 규명되었다고 할 수 있는 것이다.사실, 2차 연구에서는 요인분석 시 추출요인수를 5개로 고정하기는 하였으나, 1차 연구에서 이미 확인된 요인수로 제약하여 탐색적 요인분석을 실시한 것은 당연한 통계처리 과정이라고 하겠다. 이러한 이유로 후속연구들이 1차 연구에서는 탐색적 요인분석을 실시하고 2차 연구에서는 1차 연구에서 추출된 요인수로 제약한 요인분석(restricted factor analysis)으로서 확증적 요인분석(confirmatory factor analysis)을 실시한다. 따라서 서비스품질 5차원의 측정을 위한 22개의 문항으로 구성된 SERVQUAL은 서비스품질 측정에 적합한 구성타당성을 충족한 측정도구라고 할 수 있는 것이다.

다속성다측정법에 의한 구성타당성 검정

Cote와 Bucklely(1987)가 70여 편의 소비자 행동관련 연구자료를 토대로 실시한 조사에 따르면 구성개념은 평균적으로 척도분산의 50%도 설명하지 못하고 있으며, 태도개념의 경우에는 척도분산의 29.8%에 불과한 것으로 나타났다. 이와 같이 측정오차가 큰 경우에는 실증적 연구결과에 혼란을 줄 수가 있을 뿐만 아니라 왜곡된 결론을 도출할 가능성이 있다. 일반적으로 사회과학분야 연구에서 사용되는 개념들은 대부분 추상적이기 때문에 이들을 측정하는 측정도구(이하 척도)는 연구자가 의도하는 속성뿐만이 아니라 측정오차를 포함하게 된다.

일반적으로 측정오차는 척도의 타당성과 관련된 체계적 오차(systematic error)와 신뢰성과 관련된 비체계적 오차인 확률적 오차(random error)로 구분된다. 확률적 오차는 측정대상, 측정과정, 측정수단 등에 일관성 없이 영향을 미침으로써 발생하는 무작위적인 성격을 나타내는 반면, 체계적 오차는 주로 척도분산에 영향을 미칠 수 있는 측정도구 혹은 측정방법에 기인한다. Fiske(1982)에 따르면 측정방법이란 특정문항의 내용, 척도형태, 응답형태 등에 따라 다양하게 발생할 수 있다. 따라서 측정방법은 추상성 정도에 따라 설문문항의 내용과 같은 구체적인 것일 수도 있으며, 후광효과(halo effect), 사회적 바람직성, 너그러운 응답자세 등과 같은 추상적 수준이 될 수도 있다. 이러한 타당성 확인 과정은 척도분산을 요소별, 즉 속성에 기인한 분산, 방법요인에 의한 분산, 그리고 확률적 오차로 세분화함으로써 가능하다. 그리고 척도분산의 세분화는 다수의 척도와 방법을 사용하여야 하는데, 그 이유는 단일척도는 분석 상 측정오차를 감안할 수 없으며 단일한 방법으로는 속성분산과 방법분산을 구분할 수 없기 때문이다.

척도의 타당성을 확인하기 위하여 오차가 왜곡시킬 수 있는 영향요인을 분석해야 할 필요가 있는데 이러한 분석작업은 Campbell과 Fiske(1959)의 지적대로 측정 시 다양한 척도와 방법을 통하여 측정된 자료의 세 가지 효과, 즉 관심대상의 속성에 기인한 속성분산, 방법적 요인에 의하여 발생하는 방법분산 그리고 확률적 오차로 분해할 수 있을 때 가능하다. 그러나 단일척도를 사용할 때는 분석에 있어 측정오차를 제대로 설명할 수 없으며, 마찬가지로 단일한 방법으로는 원하지 않는 방법분산과 구성개념에 근거한 속성분산을 구별할 수 없다. 따라서 다양한 방법에 의하여 측정된 개념이나 속성 간의 상관관계를 나타내는 다속성다측정법(multi-trait multi-method: MTMM)을 사용하게 되면 원인별 변동 정도를 파악할 수 있을 뿐만 아니라 측정오차와 확률적 오차 모두가 존재하는 상황에서도 속성 간의 진정한 관계를 평가할 수 있다.

구성타당성을 검정하기 위해서는 복수의 측정방법과 척도가 필수적인데, 일반적으로 구성타당성은 조작적 정의가 측정하고자 의도했던 속성을 실제로 측정하는 정도로 정의된다(Peter, 1981). 그러나 Campbell과 Fiske(1959)에 따르면 구성개념의 두 가지 측면인 집중타당성(convergent validity)과 판별타당성(discriminant validity)은 복수의 측정방법과 다양한 척도에 의해 구성된 MTMM행렬을 분석함으로써 평가될 수 있다. 여기서 집중타당성은 동일한 개념을 상이한 방법으로 측정한 결과에 대한 유사 정도를 말하는 것이고, 판별타당성은 상이한 방법으로 상이한 개념을 측정한 결과에 대한 상이한 정도를 말하는 것이다(윤만희, 1999).[10)]

Campbell 과 Fiske(1959)는 MTMM 자료로 척도의 집중타당성과 판별타당성을 평가할 때 활용할 수 있는 네 가지 기준을 제시하였다.

첫째, 동일개념 또는 동일속성을 상이한 방법으로 측정할 때 이들 사이의 상관관계인 동질속성-이질방법(monotrait-heteromethod)이 충분할 정도로 큰 값을 지니고 0과는 큰 차이가 있을 때, 집중타당성이 존재한다.

둘째, 동질속성-이질방법의 상관계수가 서로 상이한 속성을 상이한 방법으로 측정하는 이질속성-이질방법(heterotrait-heteromethod)의 상관계수보다

---

10) 저자의 동의를 얻어 논문의 일부를 재인용하였다.

크면 판별타당성이 충족된다.

셋째, 동질속성-이질방법의 상관계수가 상이한 속성을 동일한 방법으로 측정하는 이질속성-동질방법의 상관계수보다 클 때, 판별타당성이 존재한다.

넷째, 이질속성-동질방법과 이질속성-이질방법 각각의 행렬 내에서는 유사한 상관관계 패턴을 보여주어야 한다.

첫째 기준은 집중타당성을 확인하는 것이고 나머지 세 가지 기준들은 판별타당성을 충족하기 위한 필요조건에 해당된다. 이렇게 제시된 상관계수의 비교를 통하여 집중타당성과 판별타당성이 몇 번이나 충족되는지의 여부를 파악하게 되는데, 제시된 기준이 충족되는 비율이 높을수록 척도는 보다 명확한 집중타당성과 판별타당성을 지니게 된다.

Churchill(1979)은 마케팅 분야의 구성개념 척도개발을 위한 논문에서 판매사원의 직무만족을 평가하기 위해 설계된 Likert 척도에 대한 구성타당성을 확인하기 위해 MTMM 행렬을 적용하였다. Churchill은 직무만족, 역할갈등, 역할모호성이라는 상이한 세 가지 속성과 Likert 척도와 Thermometer 척도인 상이한 방법으로 구성된 MTMM행렬을 Campbell과 Fiske(1959)의 네 가지 기준에 따라 다음과 같이 분석하였다.

첫째, 〈표 7-1〉에서 동질속성-이질방법의 상관계수를 나타내는 대각선 ③을 보면 0.450, 0.395, 0.464로 충분할 정도로 큰 값을 지니고 0과는 큰 차이가 있으며 유의수준 0.01에서 유의하기 때문에 집중타당성이 존재한다.

둘째, 동질속성-이질방법의 상관계수값을 나타내는 대각선 ③은 이질속성-이질방법의 상관계수인 ④보다 크기 때문에 판별타당성이 충족된다.

셋째, 동질속성-이질방법의 상관계수 행렬인 ③이 이질속성-동질방법의

표 7-1 ▮ MTMM 행렬

		방법1: Likert Scale			방법2: Thermometer Scale		
		직무만족	역할갈등	역할모호성	직무만족	역할갈등	역할모호성
방법1 Likert Scale	직무만족	① 0.896					
	역할갈등	② -0.236	0.670				
	역할모호성	-0.356	0.075	0.817			
방법2 Thermometer Scale	직무만족	③ 0.450	④ -0.082	-0.054			
	역할갈등	④ -0.244	0.395	0.142	② -0.147		
	역할모호성	-0.252	0.141	0.464	-0.170	0.289	

상관계수 행렬인 ②보다 크기 때문에 판별타당성이 존재한다.

넷째, 이질속성-동질방법의 상관계수 행렬인 ②와 이질속성-이질방법의 상관계수 행렬인 ④가 유사한 상관관계 패턴을 보여주고 있기 때문에 판별타당성이 존재한다고 할 수 있다.

이러한 결과를 종합해볼 때, 집중타당성과 판별타당성을 모두 고려한 구성타당성을 평가하려면 측정결과간의 상관관계가 동일한 방법으로 동일한 개념을 측정한 상관계수 행렬 ①이 가장 크고, 상이한 방법으로 동일한 개념을 측정한 집중타당성을 나타내는 상관계수 행렬 ③이 그 다음으로 크고, 동일하거나 상이한 방법으로 상이한 개념을 측정한 판별타당성을 나타내는 상관계수 행렬 ②와 ④의 값이 가장 작게 나타나야 한다는 것을 알 수 있다.

제8장

요인분석의 이해

Empirical Study Research

8장 요인분석의 이해

요인분석은 변수의 수를 가능한 줄이면서 측정자료의 정보 손실을 최소화하는 방법이다. 즉, 다양한 변수들 간의 상관관계를 통해 변수들 사이에 공통적으로 내재하는 잠재변수(latent variable)인 요인(factor)을 통해 모형을 설명하고자 하는 것이다. 예를 들어 측정문항이 적게는 대여섯 개, 많게는 십수 개로 구성되어 있을 경우에 각 문항들이 서로 독립적이라고 보기 어렵기 때문에 문항들의 저변에 잠재적으로 존재하는 공통된 요인과 상관관계를 가질 것으로 예상할 수 있다.

표 8-1 ▮ 요인분석 핵심용어

핵심용어	내용	기준
요인부하량(factor loading)	측정변수와 잠재변수인 요인 간의 상관관계	|0.4| 이상
공통성(communality)	측정변수의 분산 중에서 요인들에 의해 설명되는 비율	0.4 이상
고유치(eigen value)	한 개의 요인에 의해 설명되는 총 분산량	1 이상
설명된 분산비율(percentage of variance explained)	추출된 요인에 의해 설명되는 총 분산량	50% 이상

연구자는 요인분석을 이용하여 각 측정문항들이 어떤 요인에 귀속되는지에 관한 요인구조(factor structure)를 비롯하여 다문항(multi-item)에 의해 측정된 구성개념(construct)의 단일차원성(unidimensionality)을 규명할 수 있다. 요인분석에서 사용되는 몇 가지 핵심용어에 관한 설명과 그것의 일반적 절삭(cut-off)기준이 〈표 8-1〉에 나타나있다.

요인분석의 전제조건

표본크기. 요인분석을 적용할 때 표본의 크기를 어느 정도로 할 것인지에 관한 의견은 다양하나 일반적으로 표본의 크기가 50개 이하일 때는 요인분석을 고려하지 않으며 100개 이상이어야 가능한 것으로 판단한다. Hair et al.(1998)은 측정변수의 수에 4~5배를 한 것이 적당한 표본의 크기라고 하였다. 또한 Nunnally(1978)은 표본의 크기가 적어도 변수의 10배이어야 하나 실제 이러한 요건을 만족시키기가 어렵기 때문에 일반적으로 최소 5배가 적당하다고 하였다. 그러나 연구자들은 2배 정도의 관찰변수로 요인분석을 해야 할 경우도 있기 때문에 적은 수의 표본으로 요인분석을 할 경우에는 분석결과의 해석에 좀 더 신중해야 할 것이다.

상관관계. 요인분석의 목적은 변수 간의 상호관계를 설명할 수 있는 요인을 추출하는 데 있으므로 변수들끼리 서로 연관성이 있어야 한다. 만약 변수들 간의 상관관계가 낮다면 공통인자를 추출하기는 쉽지 않다. 하지만 변수들이 공통요인을 가지고 있다면 다른 변수들을 통제했을 때 두 변수 간의 편상관계수

(partial correlation coefficient)는 작아야 한다. 일반적으로 Pearson 상관관계 분석을 하였을 때 문항들 간의 상관관계가 모두 너무 높거나 너무 낮게 나타나는 것이 아니라 전반적으로 높은 것과 낮은 것이 골고루 있는 경우에 요인분석이 적합하다고 볼 수 있다(Norusis, 1992). 그리고 상관관계 행렬이 요인분석을 하기 위해 적합한 것인지를 검정하기 위한 절차로 Bartlett 구형성 검정과 KMO 표본적합도 검정이 있다.

Bartlett 구형성 검정. 모집단의 상관행렬이 단위행렬(identity matrix)인지를 검정하기 위해 실시하는 것이 Bartlett 구형성 검정(Bartlett's test of sphericity)이다. 이는 χ^2분포를 기준으로 하여 결과값이 크고 유의수준 내에서 유의확률이 작을 경우에 모상관행렬이 단위행렬이라는 귀무가설은 기각하게 된다. 만약 귀무가설이 기각되지 않으면 요인분석 모형을 적용할 수 없다(Hair et al., 1998).

KMO 표본적합도 검정. 요인분석을 하기에 적합한 표본자료가 추출되었는지를 검정하는 것이 KMO 표본적합도 검정(Kaiser-Meyer-Olkin measure of sampling adequacy)이다. KMO의 MSA값이 0.80 이상이면 상당히 좋은 것(meritorious)이고 0.70 이상 0.80 미만이면 적당한 것(middling)이며 0.60 이상 0.70 미만이면 평범한 것(mediocre)이고 0.50 이상 0.60 미만이면 바람직하지 못한 것(miserable)으로 판단한다. 그리고 0.50 미만이면 받아들일 수 없는 것(unacceptable)으로 판정한다.

요인의 회전방식

요인분석을 통해 추출된 공통요인의 해석을 용이하게 하기 위하여 요인을 회전시키는 경우가 있는데 직각회전(orthogonal rotation)방식과 사각회전(oblique rotation)방식이 있다. 요인 축을 90도로 하여 요인의 해를 구하는 직각회전방식은 각각의 요인이 서로 독립적이라고 가정하기 때문에 요인들 간의 상관관계는 0이 된다. 그리고 사각회전방식은 추출된 요인 간에 상관관계가 있다고 가정하는 것이다. 즉, 요인들 간의 상관관계가 있다고 가정하기 때문에 추출된 요인들은 완전히 독립적이지 않다는 것이다. 따라서 직각회전의 경우는 수학적으로 다루기가 용이한 반면, 사각회전의 경우는 이론적으로 내재된 요인들 간에도 상호 연관되어 있다고 가정한다는 점에서 좀더 현실적이라 할 수 있다. 요인분석을 활용하는 대부분의 실증연구에서는 주로 직각회전방식을 사용하며 그 중에서도 배리맥스(varimax)방식을 가장 선호한다. 그리고 사각회전방식의 경우에는 오블리민(oblimin)방식을 주로 이용한다.

요인의 회전방식은 연구의 목적에 따라 달라질 수 있다. 예컨대 요인분석을 통해 추출된 요인을 독립변수로 하여 회귀분석을 실시할 경우에는 직각회전방식을 이용한다. 이는 회귀분석이 독립변수들 간의 상관관계가 없다는 것을 전제로 하기 때문에 추출된 요인 간의 상관관계가 0인 방식인 직각회전방식이 적합하다고 하겠다. 그러나 측정변수들 사이의 요인구조(factor structure)를 규명하고 동시에 요인 간의 상관관계가 0이라는 것을 가정하기가 어려운 상황에서는 사각회전방식을 추천한다. 이것과 관련된 연구로서 Parasuraman et al.(1988)의 서비스품질차원 규명에 관한 연구를 들 수 있는데 이 연구에서 연구자들이 먼저 직각회전방식인 배리맥스 방식으로 회전을 실시하였을 때 요인 구조가 명확하게 나타나지 않을 뿐만 아니라 요인에 대한 해석 또한 어려워 오블리민 방식의 사각회전을 실시함으로써 서비스품질 5차원을 규명하였다.[11] 이는 서비스품질이 다차원(multi-dimension)으로 구성되어 있기 때문에 하위 차원 간의 상관관계를 가정한 상태에서 요인을 회전하는 사각회전방식이 요인 구조를 더 잘 설명한다고 할 수 있다.

추출 요인수의 결정

추출할 요인의 수를 어떻게 결정할 것인지에 대한 통일된 기준은 아직 정리되지는 않았으나, 현재로선 대체로 다음과 같은 방법들이 활용되고 있다. 따라서 연구자들은 여러 기준들에 의한 종합적 판단과 검토과정을 거쳐 요인의 수를 결정하는 것이 바람직하다.

고유치

일반적으로 고유치(eigen value)에 의한 요인추출은 Kaiser 규칙 혹은 Kaiser-Guttman 규칙을 따르며 이는 'Eigen values-greater-than-one rule'을 말한다. 요

11) 요인추출 방식은 대부분 주성분분석(principal component analysis: PCA)을 선택하지만, Parasuraman et al.(1988)의 서비스품질 차원연구에서는 주축요인화(principal axis factoring: PAF)방식을 적용하였다. 심리척도와 관련된 연구에서는 주축요인화방식을 선택하는 것이 좋다고 판단된다.

인추출의 기준으로 가장 보편적으로 활용되고 있는 방법으로써 사용이 간단하다는 데에 이점이 있다. Kaiser 규칙은 다음의 세 가지 논리에 기반을 두고 있다(이순묵, 2000).

- Guttman은 모집단에서 고유치 1은 공통요인 수의 하한선을 나타낸다고 증명하였다.
- Kaiser는 요인분석에서 고유치가 1보다 작다면 요인을 해석할 수 없다고 주장하였다.
- 한 변수의 설명 분산(1.0)보다도 적은 설명 분산의 양을 가지는 요인은 가치가 없다.

주성분분석에서는 상관행렬의 대각선 항이 1이기 때문에 고유치가 1보다 큰 요인은 의미가 있다고 간주되며, 나머지 고유치가 1보다 작은 요인들은 고려 대상에서 제외된다. 다시 말해 추출되는 고유치를 기준으로 하는 근거로서 요인을 해석하기 위해서는 적어도 한 변수의 변동분인 1 이상을 설명할 수 있어야 한다는 것이다.

지금까지 요인 수의 결정에서 Kaiser 규칙의 사용은 거의 유일하고 절대적 기준으로 사용되어 왔으나, 실증조사자료에 적용될 때 요인이 과대추출된다는 견해가 지배적이다(이순묵, 2000; Zwick and Velicer, 1986). 따라서 추출 요인 수의 결정에 있어서 Kaiser 규칙의 문제점을 보완하기 위해 스크리 검정을 함께 사용하는 것이 바람직하다.

설명된 분산비율

요인들의 총 분산량을 기준으로 하는 것으로 아직 절대적인 기준은 없으며 실제 요인분석에서 각 요인별로 설명된 분산비율(percentage of variance extracted)이 다르기 때문에 추출하고자 하는 해당 요인까지의 설명된 누적(cumulative)분산비율을 보고 판단한다. 요인을 하나씩 추가해서 뽑을 때마다 설명되는 분산의 누적비율이 전체 공통분산의 75~85% 정도가 되면 그 다음에 추가되는 비율이 아주 높지 않는 한 더 이상의 요인을 추가하지 않는다(Gorsuch, 1983; Stevens, 1996). 자연과학이나 공학분야에서는 95%의 분산량을 설명할 수 있을 때까지 또는 마지막 변수의 비율이 5% 미만일 때까지 요인으로 추출한다. 그러나 사회과학분야에서는 연구자에 따라 총분산량의 60% 정도 혹은 50% 정도만 설명해도 만족한 요인으로 판단한다.

누적분산비율은 별로 의미 없는 요인이 추가되더라도 조금씩은 증가하게 되어 있으므로 누적분산비율의 기준에 집착할 경우 요인의 간결성을 저해할 수 있다. 뿐만 아니라 요인구조, 자료의 속성, 분석의 목적 등에 따라 기대될 수 있는 누적분산비율은 크게 달라지므로 이에 대해 고려되지 않은 일률적 기준은 바람직하지 않다.

스크리 검정

주성분분석에서는 나중에 추출되는 요인이 공통분산과 특수분산을 모두 포함하고 있다고 간주한다. 모든 요인이 적어도 어느 정도의 특수분산을 포함하지만 나중에 추출되는 요인은 초기에 추출된 것보다 특수분산의 비율이 높다는 것이다. 스크리 검정(scree test)은 특수분산의 비중이 공통분산보다 높아지는 시점에서 요인추출을 멈춘다. 즉, 고유치와 요인의 수를 양 축으로 하여 그려진 곡선이 팔꿈치(elbow) 모양이 되는 곳에서 요인의 수가 결정된다. 대개의 경우 스크리 검정이 고유치 기준보다 1~2개 정도 더 많은 요인을 추출한다. 스크리 검정은 이해하기 쉬울 뿐만 아니라 요인의 수를 결정하는 매우 효과적인 기준 중의 하나이다.

요인부하량

요인부하량(factor loading)은 측정변수와 이들에 의해 공통적으로 내재된 요인 간의 상관관계라 할 수 있으며, '요인적재치' 혹은 '요인계수'라고도 불린다(이순묵, 1994). 요인을 해석하는 과정에서 연구자는 측정변수의 중요성을 판단하기 위한 경험원칙(rule of thumbs)으로서 요인부하량 기준을 활용할 수 있다. 요인부하량이 변수와 요인 간의 상관관계를 나타내기 때문에 요인부하량의 제곱한 값은 변수의 총분산량 가운데 해당 요인에 의해 설명되는 분산량을 의미한다. 예를 들어 요인부하량이 0.3인 변수는 해당 요인에 의해 총분산량의 약 10%가 설명되고 있음을 의미하며, 요인부하량이 0.5인 변수는 해당 요인에 의해 총분산량의 25%가 설명되고 있음을 의미한다.

연구자들이 관행적으로 사용해오고 있는 경험적 기준에 따라 요인부하량이 |0.3|~|0.5| 이상을 나타내는 변수가 해당 요인과 관련이 있는 변수로 판정한다. 그리고 표본의 크기에 따라 요인부하량의 유의성이 달라지는데, 일반적 유의수준인 0.05에서 살펴보면 요인부하량이 |0.3|일 경우에는 표본의 크기가 350이고, |0.4|일 경우에는 표본의 크기가 200이며, |0.5|일 경우에는 표본의

크기가 120으로 나타나고 있다(이형석, 2008). 그러나 요인분석을 활용한 많은 실증논문들에서는 표본의 크기와 상관없이 요인부하량이 |0.4|~|0.5| 이상이면 요인을 구성하는 중요한 변수로 간주하고 있다. 만약 어떤 변수의 요인부하량이 추출된 어떤 요인에 대해서도 |0.4| 이상이 되지 않는다면 해당 변수를 제거하고 다시 요인분석을 실시한다.

요인의 해석에 있어서 주의해야 할 점은 요인을 회전하기 이전 또는 회전한 이후의 요인행렬에서 특정 변수의 요인부하량이 두 개 이상의 요인에 대해 동시에 |0.4| 이상을 나타내는 경우에 이를 중복적재(cross-loading)라고 하며 해당되는 변수를 제거한 후에 다시 요인분석을 실시한다.

요인분석을 사용하는 연구자들은 대개 몇 가지 기준을 종합하여 요인의 수를 결정하고 있으며 가장 중요한 목표는 변수들의 본질을 가장 잘 설명해주는 요인들을 추출하는 데 있다. 요인분석을 활용한 국내외 실증연구들 대부분이 고유치가 1 이상인 요인들만 추출하고, 이렇게 추출된 요인들의 설명된 총분산량이 50~60% 이상, 요인부하량이 |0.4| 이상인 변수들에 대해서만 요인을 해석하고 있다.

이론적 결정

요인분석은 탐색적 요인분석(exploratory factor analysis: EFA)과 확증적 요인분석(confirmatory factor analysis: CFA) 두 가지로 구분할 수 있는데, 일반적으로 요인분석이라고 할 때 전자인 탐색적 요인분석을 일컫는 경우가 대부분이다.

탐색적 요인분석은 연구자가 주어진 변수들 사이에 몇 개의 잠재변수가 존재하는지 전혀 예상할 수 없는 경우에 이용된다. 즉, 측정하고자 하는 구성개념의 단일차원성 또는 다차원성을 모르는 상태에서 측정문항들 간의 상관관계에 의해 형성되는 요인구조를 탐색적으로 확인하기 위한 방법이다. 따라서 모형의 단순화를 위한 수단으로서 측정된 많은 변수들로부터 최소한의 잠재변수를 추출하는 데에 이용된다.

확증적 요인분석은 연구자가 이미 기존의 연구를 토대로 측정문항과 잠재변수인 요인들 간의 관계에 대한 가설관계를 예상하고 있을 경우에 요인분석은 각각의 변수들이 특정 잠재변수에 귀속되어 있음을 확인하는 과정이라고 할 수 있다. 이때 연구자는 이미 몇 개의 요인들이 추출될지 그리고 어떤 변수가 어떤 요인에 귀속되어 있는지를 이미 알고 있는 상태이기 때문에 추출 요인 수를 미리 지정할 수 있을 뿐만 아니라, 이론적 모형에 대한 측정자료의 적합도를 통계적으로 검정할 수 있다. 물론 일반적인 통계프로그램으로는 확증적 요인분석이 불가능하며 LISREL이나 AMOS 또는 SAS CALIS 프로시저를 이용해야 한다. 따라서 확증적 요인분석은 연구자가 요인의 수와 관련된 이론이나 가설을 검정할 때, 또는 선행연구를 반복 수행하여도 동일한 결과, 즉 요인구조가 재현되는지를 확인할 때 이용된다.

앞서 살펴본 탐색적 요인분석을 실시할 경우에도 추출될 요인의 수를 미리 지정할 수 있는데, 이는 기존의 연구를 통해 타당성이 검정되고 측정상의 신뢰성이 검정된 측정변수들에 대해서 동일한 요인구조와 요인 수가 추출되는지를 확인하게 된다. 그러나 대부분의 향후 연구에서는 기존의 연구와 다른 수의 요인이 추출되는 경우가 자주 있다. 이럴 경우에는 선행연구들의 결과를 기초하여 각 요인별로 요인분석을 실시함으로써 개별적으로 단일한 요인을 추출하기도 하는데 이를 단일요인분석(uni-factor analysis)이라고 한다. 단일요인분석은 각 요인을 구성하는 측정문항들이 단일한 차원을 형성하는지만을 확인하기 위한 방법으로 다른 요인들과의 상관관계는 없다는 가정 하에 실시한다.

요인점수와 총합척도

요인분석을 하는 목적에 따라 연구자는 요인구조의 해석에서 분석을 종결할 것인지 아니면 차후의 통계분석 예컨대 추출된 요인을 독립변수로 하여 회귀분석을 한다거나 이들을 종속변수로 하여 독립표본 T-검정이나 분산분석을 할 경우를 위해 요인들의 점수를 계산할 것인지 결정해야 한다. 만약 요인분석의 목적이 측정변수와 잠재변수 간의 논리적인 관련성을 파악하는 것이라면 요인구조의 해석으로써 요인분석은 끝난다. 그러나 요인분석의 목적이 차후의 통계분석을 위한 적절한 변수를 찾는데 있다면 연구자는 요인행렬(factor matrix 또는 pattern matrix)을 통해 요인부하량이 높은[12] 변수들을 선택해야 할 것이다. 만약 요인분석의 목적이 기존의 변수를 대체할 적은 수의 새로운 변수를 만들어 또 다른 통계분석에 이용하고자 한다면 각각의 요인을 대표하는 요

---

12) 일반적으로 요인부하량이 0.4 이상인 문항의 경우에 해당요인의 측정변수로 판단한다. 만약 어떤 문항이 두 개 이상의 요인에 대해 요인부하량이 0.4 이상으로 나타날 경우 중복적재(cross loading)라 하여 그 문항을 제거한 후 다시 요인분석을 실시한다. 하지만 국내에서 발표된 실증연구논문을 살펴보면 문항이 중복적재 되어 있음에도 불구하고 제거하지 않고 요인부하량값을 비교하여 더 큰 값을 나타내는 요인의 문항으로 설명하는 경우도 있다. 이는 중복적재되는 문항을 제거할 경우 요인구조가 틀어져 제거되어야 할 문항이 증가하게 되고 연구자가 원하는 요인이 나타나지 않기 때문인 것으로 보인다.

인점수(factor score)를 구해야 한다.

SPSS와 같은 통계분석 패키지에서는 요인분석의 메뉴에 요인점수를 계산하여 데이터 창에 요인화된 새로운 변수를 자동으로 생성시켜준다. 그러나 대부분의 사회과학 실증연구에서는 요인부하량이 높은 문항을 선택하여 각 요인별로 귀속시켜 요인을 구성하는 문항들의 총합을 구하거나 평균값을 계산하는 총합척도(summated scale)화방식으로 새로운 변수를 만들어 사용하는 것이 일반적인 방법이다. 이러한 총합척도는 다양한 내용을 단일한 개념으로 나타낼 수 있는 뿐만 아니라, 다변량 모형에서는 다변수에 대한 간결성으로 인해 신뢰성을 향상시키는 효과가 있으며(Calatone et al., 1993; Hair et al., 1998), 개별문항들을 측정변수(indicator)로 사용하는 것에 비해서 모형모수(model parameter)들을 더 안정적으로 유지하도록 한다(Morgan and Hunt, 1994; Netemeyer et al., 1990; Reynolds and Beatty, 1999). 물론 이때에도 SPSS의 변환(transform)메뉴의 계산(count)메뉴에 들어가서 총합(sum)이나 평균(mean)을 구하는 함수를 이용하여 데이터 창에 요인화된 새로운 변수를 생성할 수 있다.

제9장

신뢰성과 타당성 검정 절차

9장
신뢰성과 타당성 검정 절차

측정도구 타당화 과정

앞서 살펴보았던 신뢰성 검정과 타당성 검정은 연구에 대한 가설검정을 하기 전에 실시한다. 하지만 이러한 검정을 실제 사회과학 실증연구에 적용하여 논문을 작성하고자 할 경우에 어떤 절차에 의해서 검정 과정을 진행해야 할지 확신이 서지 않을 때가 많이 있다. 대부분의 실증적 연구에서는 연구대상 개념에 대한 조작적 정의를 바탕으로 측정문항을 개발 또는 구성하여 측정하게 되는데 이때 응답자들이 일관성 있게 응답을 하였는지에 관한 신뢰성 검정을 하고, 다음으로 측정문항이 측정하고자 하는 대상인 개념을 제대로 측정하였는지에 관한 타당성 검정을 하게 된다.

많은 연구자들이 신뢰성과 타당성 검정에 관해 일관된 절차에 의해 연구를 하고 있지 못한 경우를 많이 볼 수 있다. 측정도구에 대한 신뢰성 및 타당성 검정을 위한 연구절차로써 Nunnally(1978)가 제시한 측정도구 타당화 과정이 있다. 측정도구 타당화(measure validation) 과정을 간단히 설명하면 첫 번째 단계로 측정하고자 하는 구성개념을 일관성 있게 측정하지 못하는 문항을 제거함으

표 9-1 ▌ 측정도구 타당화 과정

단계	목적	특징	통계 분석 내용
1단계	정화 절차	문항제거	수정문항 대 전체상관(corrected item to total correlation) → 상관계수 0.3미만인 문항제거
2단계	단일 차원성	문항제거	단일요인분석(주성분/주축요인화, 비회전) → 요인부하량 0.4 미만인 문항제거
3단계	신뢰성	통계검정	신뢰성분석(내적일관성 검정: Cronbach's α계수) → α계수 0.7 이상
4단계	타당성	통계검정	요인분석(추출: 주성분/주축요인화, 직각회전: 배리맥스) → 요인부하량 0.4 이상인 문항만 요인구성

로써 신뢰성을 향상시키기 위한 문항분석(item analysis)을 실시한다. 이러한 처리 과정을 척도정화(scale purification) 절차 또는 척도정제(scale refinement)과정이라고 한다. 다음 단계에서는 단일요인분석(unifactor analysis)에 의한 단일차원성 검정을 통해 구성개념을 측정하고 있지 못하거나 저해하는 문항을 제거한다. 그리고나서 앞 단계에서 제거되지 않고 남은 문항들만을 대상으로 문항내적일관성 검정방법인 Cronbach's α계수에 의한 신뢰성 검정을 실시한다. 마지막 단계로 탐색적 요인분석(exploratory factor analysis)을 통해 집중타당성과 판별타당성으로 요약된 구성타당성을 검정한다.

1단계 정화 절차

표본추출을 통해 수집된 자료는 참값과 오차의 두 부분으로 나눌 수 있다. 이때 신뢰성 있는 척도가 되기 위해서는 오차 영역이 최소화되어야 한다. 측정도구의 신뢰성을 확보하기 위해서 먼저 정화 절차를 시행하였다.

정화 절차는 문항모집단 추출모형(domain sampling model)에 근거하여 이루어지므로, 이에 대한 기본 가정을 충족시키기 위하여 특정 개념을 측정하기 위한 문항과 그 문항을 제외한 나머지 전체 문항들 사이의 상관관계인 수정

표 9-2 ▮ 수정문항 대 전체문항 간 상관관계

요인	측정문항	상관관계	요인	측정문항	상관관계
유형성	은행의 최신장비 사용	0.613	확신성	직원에 대한 신뢰	0.789
	은행의 시각적 분위기	0.678		거래에서의 안도감	0.832
	직원의 옷차림과 용모	0.579		직원의 공손함	0.797
	적합한 시설과 분위기	0.660		은행의 직원지원	0.723
신뢰성	업무처리시간의 준수	0.585	공감성	은행의 고객관심	0.755
	고객문제에 대한 해결	0.510		직원의 고객관심	0.772
	은행을 믿고 의지	0.657		고객필요를 이해	0.488
	약속한 시간에 제공	0.673		고객이익 고려	0.691
	업무기록 정확히 유지	0.600		편리한 영업시간	0.669
대응성	업무처리 예약	0.598	고객 만족	전반적인 서비스만족	0.860
	즉각적인 서비스 제공	0.790		서비스에 대한 만족	0.860
	직원들의 자발성	0.771	재구매	재구매 의도	–
	고객요구의 신속대응	0.761	타인추천	타인추천 의도	–

문항 대 전체상관(corrected item to total correlation)을 확인하였다. 정화 절차에서는 통상 상관계수가 0.3 이상이면 측정문항이 특정 개념을 측정하는 문항들로 구성된 모집단에서 추출된 것으로 간주되며 단일문항으로 측정된 경우에는 정화 절차를 실시하지 않는다.

〈표 9-2〉는 서비스품질 5차원과 고객만족에 관한 수정문항 대 전체문항 간 상관관계의 예를 보여주고 있다. 여기서 서비스품질과 고객만족도 측정문항들의 상관계수는 0.488에서 0.860 사이의 값으로 나타나 제거되는 문항은 없으며, 서비스에 대한 재구매와 타인추천 의도는 단일문항으로 측정되었기 때문에 정화 절차를 실시하지 않았다.

2단계 단일차원성

정화 절차를 수행한 후 제거되지 않은 측정 문항들을 가지고 비회전방식(unrotated)의 단일요인분석(unifactor analysis)을 실시한다. 이때 측정문항들이 구성개념별로 하나의 공통요인으로 묶이는지를 확인하는데 각 변수의 요인부하량(factor loading)의 크기가 0.4 이상인 경우에 요인에 귀속된 문항으로 판정한다. 따라서 단일요인분석결과 한 개의 요인이 추출될 경우에 단일차원성(unidimensionality)을 가진다고 본다(서창적, 김영택, 2001).

〈표 9-3〉은 서비스품질 5차원과 고객만족에 관한 단일요인분석의 예를 보여주고 있다. 여기서 서비스품질 각 차원별 그리고 고객만족 요인을 구성하는 문항들의 비회전 요인부하량이 일반적인 기준인 0.4 이상으로 나타나므로 각 개념들을 구성하는 측정문항들은 모두 단일차원상에 존재한다고 볼 수 있다.

구성개념(construct)을 이루고 있는 측정문항들의 단일차원성 여부에 대해

표 9-3 ▌단일요인분석 결과

요인	측정문항	요인부하량	요인	측정문항	요인부하량
유형성	은행의 최신장비 사용	0.786	확신성	직원에 대한 신뢰	0.883
	은행의 시각적 분위기	0.834		거래에서의 안도감	0.911
	직원의 옷차림과 용모	0.785		직원의 공손함	0.890
	적합한 시설과 분위기	0.822		은행의 직원지원	0.833
신뢰성	업무처리시간의 준수	0.745	공감성	은행의 고객관심	0.863
	고객문제에 대한 해결	0.673		직원의 고객관심	0.875
	은행을 믿고 의지	0.800		고객필요를 이해	0.633
	약속한 시간에 제공	0.813		고객이익 고려	0.815
	업무기록 정확히 유지	0.758		편리한 영업시간	0.798
대응성	업무처리 예약	0.751	고객 만족	전반적인 서비스만족	0.964
	즉각적인 서비스 제공	0.892		서비스에 대한 만족	0.964
	직원들의 자발성	0.883	재구매	재구매 의도	–
	고객요구의 신속대응	0.876	타인추천	타인추천 의도	–

Churchill(1979)은 개별문항 대 전체문항 간 상관관계(item-to-total correlation)와 탐색적 요인분석을 통해 평가할 수 있다고도 하였다. 그러나 Churchill(1979)의 연구에서 실시한 단일차원성 검정은 탐색적 요인분석을 통한 구성타당성 검정 성격이 강하다고 할 수 있으며, 이와는 달리 여기서의 단일차원성 검정의 목적은 앞서 실시한 정화 절차의 연장선상에서 단일차원성을 저해하는 문항을 제거하기 위한 일종의 문항분석 측면이 강하다고 하겠다.

3단계 신뢰성 검정

단일차원성 검정 절차를 통해 제거되지 않은 문항들에 대해 신뢰성을 검정하게 된다. 신뢰성(reliability)이란 넓은 의미에서 측정상의 오류가 발생되지 않을 정도로 연구대상인 응답자에게 반복적인 측정을 했을 경우에 응답결과가 얼마나 일관성 있게 나타났느냐를 판단하는 개념이다. 신뢰성을 측정하기 위한 방법은 다양하나 일반적으로 Cronbach's α계수에 의한 내적일관성(internal consistency) 검정이 가장 많이 이용되고 있다. α계수에 대한 통일된 절삭(cut-off)기준은 없으나, Nunnally(1978)에 의하면 예비적 조사연구(preliminary research)에서는 α계수가 0.5~0.6 정도면 인정할 수 있는 수준이며, 이미 기존의 연구가 진행되어 왔던 경우에는 0.7 이상이면 신뢰성이 인정된다고 할 수 있다.

측정도구에 대한 타당성을 주장하기 위한 필요조건으로 신뢰성의 평가 없이는 어떤 측정도구도 타당성을 논할 수 없다. Gerbing과 Anderson(1988)

표 9-4 ▮ 신뢰성 검정 결과

요인	문항수	Cronbach's α계수
유형성	4	0.813
신뢰성	5	0.815
대응성	4	0.873
확신성	4	0.902
공감성	5	0.854
고객만족	2	0.924

에 의하면 측정도구의 신뢰성 검정에 있어서 단일차원성을 충족시킬 경우에만 Cronbach's α계수는 의미가 있으며, 따라서 신뢰성 검정은 측정도구의 단일차원성을 검정한 후에 할 것을 제안하였다(조광행, 임채운, 1999). 즉, 측정문항과 요인들 간 관계에 관한 가설적 형태를 알 수 없는 경우에는 탐색적 요인분석을 통해 요인구조(factor structure)를 파악한 후에 단일차원성이 확인된 각 요인별로 Cronbach's α계수를 통해 신뢰성을 검정한다.

〈표 9-4〉는 서비스품질 5차원과 고객만족에 관한 Cronbach's α계수에 의한 신뢰성 검정의 예를 보여주고 있다. 분석결과 모든 측정 개념들의 α계수가 0.813에서 0.924 사이로 나타나 일반적 기준치인 0.7 이상으로 나타나 신뢰성이 인정되는 것으로 나타났다.

4단계 타당성 검정

타당성(validity)이란 최대한 상이한 방법(method)을 이용하여 동일한 속성(trait)을 측정한 두 시도의 결과가 일치하는 정도로써 연구자가 측정하고자 하는 개념을 얼마나 정확하게 측정하였는가의 문제라고 할 수 있다. 측정도구 자체가 측정하고자 하는 속성이나 개념을 제대로 측정하고 있는지를 주관적으로 평가하여 타당성을 검정하는 것을 내용타당성(content validity)이라고 한다. 실제 연구조사를 실시하기 전에 서비스관련 실무자 또는 연구자에 의해 수정된 측정문항들에 대한 검토와 설문문항에 대한 실제 고객들의 친숙함의 정도에 관한 의견을 최대한 반영[13]함으로써 이를 검정할 수 있다. 또한 기존의 연구들을

13) 안면타당성(face validity)

통해 이미 검증된 측정도구들을 사용하는 경우에도 내용타당성이 인정된다고 할 수 있다.

타당성 검정에서 가장 흔히 사용되면서도 가장 중요한 구성타당성(construct validity)은 측정하고자 하는 추상적인 개념이 실제로 측정도구에 의해서 제대로 측정되었는가에 관한 것으로 이를 검정하기 위해 일반적으로 탐색적 요인분석[14)]을 실시한다. 구성타당성 검정의 절차는 서로 상이한 개념에 대하여 각각 여러 가지의 측정도구들을 이용하여 측정을 실시한 후, 모든 문항들에 대해 요인분석을 실시하였을 때 추출된 요인들이 원래 의도한 개념을 대표할 수 있는가를 평가하는 것이다. 즉, 측정된 모든 문항들 간에 상관관계가 높은 것끼리 묶여 하나의 요인을 형성함으로써 서로 다른 요인들 간에는 상호 독립적(mutual independent)이 되도록 하는 것이다. 따라서 하나의 요인 내에 묶여진 문항들은 동일한 개념을 측정하는 것으로 간주될 수 있고 요인들 간의 상관관계는 없으므로 각각의 요인들은 서로 상이한 개념이라고 판단할 수 있는 것이다.

이와 같이 동일한 요인 내의 측정문항들은 집중타당성(convergent validity)이 검정된 것이며, 각기 다른 요인에 속한 측정문항들 간에는 판별타당성(discriminant validity)이 검정된다고 볼 수 있다(채서일, 1994). 따라서 실증적 연구 과정에서 구성타당성을 검정하기 위해서는 정보의 손실을 최대한 줄이면서 많은 변수들을 가능한 한 적은 수의 요인으로 축소 또는 추출하는데 그 목적이 있는 주성분분석(principal component analysis)이라고도 하는 주성분요인화(principal component factoring)와 요인들 간의 상호독립성을 유지하여 회전하는 직각회

---

14) 탐색적 요인분석은 흔히들 말하고 있는 요인분석을 지칭하는 것으로 측정문항과 요인간의 어떤 가설적 관계를 설정하지 않은 채 요인부하량에 의존해 탐색적으로 그 관계성을 결정짓는 분석이다.

전(orthogonal rotation)방식인 배리맥스(varimax)를 적용하여 요인분석을 실시한다.[15] 요인추출방식과 회전방식을 연구자가 의도하고자 하는 분석목적에 따라 선택적으로 사용할 수 있으나 일반적으로 요인추출과 요인회전 선택에 있어서 가장 많이 활용되는 방식이 주성분요인화와 배리맥스 회전이다. 하지만 요인추출방식으로서의 주성분요인화는 주성분분석방법이기 때문에 엄격히 말해 요인분석방법으로 보기는 어렵다. 이러한 이유로 주성분요인화 대신 주축요인화(principal axis factoring)방식으로 요인추출을 하는 것이 바람직하다. 주축요인화는 하나의 변수가 공통요인들에 의한 부분으로 구성되어 있어 암묵적으로 내재된 요인구조를 가정하는 방식이다.[16] 또한 요인들 위에 상위요인이 존재하는 고차원요인모형(higher factor model)의 경우 하위요인을 1차 요인(first-order factor)이라 하고, 상위요인을 2차 요인(second-order factor)이라고 한다. 이러한 경우에는 1차 요인인 하위요인들 간에 완전한 독립을 가정하는 배리맥스 회전으로는 요인구조가 불명확하게 나타나 요인의 해석이 어려울 수 있다. 대부분의 사회과학분야의 실증연구에서는 요인들 사이의 관계가 서로 연관되어 있기 때문에 오블리민 회전으로 분석하는 것이 바람직하다.

---

15) 이는 요인들의 관계가 서로 독립적이어야 하거나 서로 독립적이라고 간주할 수 있는 경우로, 특히, 요인점수(factor score)를 이용한 회귀분석이나 판별분석을 추가적으로 실시할 때 다중공선성(multicollinearity)을 피하기 위해 유용하게 사용된다. 뿐만 아니라, 비회전방식에 의해서는 요인구조(factor structure)가 불분명하여 요인에 대한 해석이 어려울 경우에 단일차원을 명확하게 보기 위한 방법으로도 활용된다.

16) 주성분분석을 요인분석에서의 요인추출방식으로 많이들 적용하고 있지만 주성분회귀분석에서와 같이 다중공선성 문제를 해결하기 위해 변수의 수를 축소하고자 하는 목적이 크다.

측정도구 타당화 과정의 변형

지금까지 살펴본 측정도구 타당화 과정 외에도 연구자들의 필요에 따라 검정절차를 구성할 수 있다. 예컨대 신뢰성 검정 단계에서는 내적일관성 검정인 Cronbach's α계수를 이용하고 타당성 검정 단계에서는 탐색적 요인분석을 실시하여 구성타당성을 검정할 수도 있다. 하지만 탐색적 요인분석이 요인에 대한 가설적 관계를 설정하지 않은 상태에서 분석을 실시하기 때문에 기존 연구들을 바탕으로 진행되는 대부분의 연구에서는 연구자가 예상한대로 요인구조가 추출되지 않는 경우가 많이 있다. 이러한 경우에 활용되는 것이 확증적 요인분석으로 탐색적 요인분석에 비해 상당한 수준의 통계적 지식이 요구된다.

그러므로 만약 연구자가 1단계의 정화 절차와 2단계의 단일차원성 검정 과정을 통해 단일차원성을 저해하는 문항들을 제거한 후에 3단계인 신뢰성 검정절차를 마쳤음에도 불구하고 4단계인 탐색적 요인분석에 의한 타당성 검정 결과 이론적으로 예상했던 요인구조가 나타나지 않는다면 추출될 요인의 수를 제약하여 탐색적 요인분석을 실시한다. 이에 대한 이해를 돕기 위한 예로 서비스품질 5차원을 들어 설명해보자. 서비스품질은 SERVQUAL이라는 측정도구에 의해 유형성을 측정하는 4문항, 신뢰성을 측정하는 5문항, 대응성을 측정하는 4문항, 확신성을 측정하는 4문항 그리고 공감성을 측정하는 5문항으로 총 22개의 문항으로 구성되어 있다. 탐색적 요인분석을 통해 타당성 검정을 실시할 경우에 22문항을 투입하여 5개 요인에 각각의 측정문항들이 명확하게 구분되어 추출된다면 집중타당성과 판별타당성이 입증됨으로써 구성타당성이 검정된다. 그러나 많은 서비스품질 연구자들에 의해 연구된 바에 따르면 서비스품질 차원이 5개의 요인으로 추출되는 경우는 매우 드물다. 따라서 여러 차례의 반복적 연구를 통해 이미 검증된 측정도구를 이용하여 연구를 수행할 경우에는 추출될 요인의 개수와 구조가 이미 결정되어 있기 때문에 요인수를 제약한 탐색적 요인분석을 실시해도 된다.

이러한 논의를 바탕으로 측정도구 타당화 과정을 변형하여 나타내 보면 1단계에서는 정화 절차를 통해 단일차원 및 신뢰성을 저해하는 문항들을 제거하고 2단계에서는 신뢰성 검정인 Cronbach's α계수를 확인한다. 그리고 3단계에서는 요인수를 제약한 탐색적 요인분석에 의한 단일차원성을 확인하여 타당성을 검토한다.

추출될 요인을 미리 설정한 탐색적 요인분석에 의한 타당성 검정은 기존의 탐색적 요인분석과는 달리 요인의 구조를 알고 있는 상태에서 의도적으로 분석을 실시하는 것이다. 따라서 엄밀한 의미에서 요인들 간의 관계를 설정하지 않고 자유롭게 분석하는 탐색적 요인분석 모형과는 차이가 있다. 따라서 추가적으로 Pearson 상관분석을 통해 요인들 간의 상관계수가 어느 정도인지를 확인하는

표 9-5 ▮ 측정도구 타당화 과정의 변형

단계	목적	특징	통계 분석 내용
1단계	정화 절차	문항제거	수정문항 대 전체문항 간 상관관계(corrected item to total correlation) → 상관계수 0.3 미만인 문항제거
2단계	신뢰성	통계검정	신뢰성분석(내적일관성 검정: Cronbach's α계수) → α계수 0.7 이상
3단계	타당성	통계검정	탐색적 요인분석(주축요인화/주성분요인화, 사각회전/직각회전) → 요인부하량 0.4 이상인 요인구성

절차가 필요할 수도 있다. 또한 앞서 분석된 요인들을 회귀분석의 독립변수로 투입할 경우에 독립변수들 간의 다중공선성 문제를 검토하기도 한다. 이를 위해 회귀분석 시 통계량(statistics)메뉴에서 공선성 진단(collinearity diagnostics)을 통해 다중공선성 정도를 점검하여야 한다. 일반적인 다중공선성 점검은 분산팽창계수(variance influence factor: VIF)가 10 미만, 허용치(tolerance)가 0.1 이상인 경우에는 독립변수들 간의 다중공선성 침해 정도가 매우 약하다고 할 수 있다. 이보다 더 엄격한 점검 기준으로 최대상태지수(condition index: CI)가 있는데, Belsley et al.(1980)은 최대상태지수(CI)가 5~10일 경우에 독립변수 간의 공선성이 약하여(weak dependency) 그리 문제가 되지 않는 것으로, 30~100일 경우 공선성이 심각한 것(strong relation)으로 보았다. 또한, 허명회(1999)는 최대상태지수가 10 이하일 경우 다중공선성은 심각하지 않은 것으로 판단하여도 좋다고 하였다. 한편, 김두섭과 강남준(2000), 이형석(2006)은 상태지수가 30을 초과할 경우에는 다중공선성이 존재하는 것으로 의심할 수 있다고 하였다.

이외에도 확증적 요인분석을 통해 타당성을 검정할 경우에는 측정모형(measurement model)에 대해서 각 요인별로 측정문항들을 귀속한 상태로 제약된 요인분석을 실시한다. 그리고 다양한 모형적합도 기준들로 제약된 요인분석 모형을 검정한 후 측정문항과 요인 간의 경로계수값과 그것으로부터 계산된 추출된 평균분산값(AVE), 요인들 간의 상관계수를 가지고 집중타당성과 판별타당성을 확인하여 구성타당성을 검정한다. 이러한 과정은 구조방정식모형을 측정모형과 구조모형(structural model)으로 나누어 분석할 때 적용하는 타당성 검정 과정이다. 측정모형에 대한 타당성이 검정되면 구조모형에 대한 가설검정을 하게 되는데, 이를 경로분석이라고도 한다.

제10장

실증연구논문의 구성

Empirical Study Research

10장
실증연구논문의 구성

사회과학분야의 실증연구논문의 구성은 연구자가 활동하는 학회나 소속된 연구단체에 따라서 약간씩의 차이를 보이는 편이다. 구성양식에 대한 절대적인 기준은 없으나 일반적으로 어느 정도의 공통된 양식에 따라 작성되고 있다. 실제로 실증연구이든 사례연구이든 모든 연구논문은 연구자가 어떤 연구주제에 관해 자신의 논리를 타당한 근거에 기초하여 주장하는 일종의 논설문의 형태를 띠고 있다. 따라서 실증연구논문은 크게 서론, 본론 그리고 결론으로 구성된다고 할 수 있다.

서론에는 연구자가 연구하고자 하는 주제를 선택하게 된 배경과 목적을 기술하게 된다. 그리고 연구의 목적을 달성하기 위해 어떤 방법에 의존해 연구를 진행했는지를 나타내야 한다. 마지막으로 이러한 연구를 통해서 얻을 수 있는 기대효과를 기술하는데 연구의 성과가 실제 활용도가 높은 실용적 연구로서 가치가 있는지를 분명히 밝힘으로써 연구의 필요성을 더욱 부각시킨다.

본론은 크게 이론적 배경과 실증분석으로 구성된다. 이 책의 앞부분에 기술한 바와 같이 과학적 연구로서 기본적인 골격을 이루는 부분으로 연역적 논리에 의해 가설을 도출하여 이를 과학적 분석방법에 의해 검정하는 절차가 포함되어야 한다. 연구자가 연구하고자 하는 주제에 관한 수많은 연구논문과 문헌들을 고찰함으로써 논리 연역적인 사고에 기초한 통찰력에 의해 연구모형을 구축하고 이를 가설적 명제인 연구가설로 기술함으로써 연구가 시작된다고 하겠다. 검증성을 내포한 가설의 도출은 연구자가 얼마나 많은 이론적 기초 위에서 가설을 설정하였느냐에 달려있다고 해도 과언이 아니다. 즉, 짜임새 있는 이론적 배경 속에서 효과적인 실증적 연구가 가능하므로 연구자는 이론적 배경의 구성에 심혈을 기울여야 한다.

구체적인 실증분석 과정으로는 앞서 고찰한 이론적 배경 위에서 연구모형 및 가설설정이 이루어지고, 이를 실증적으로 검증하기 위한 자료수집 및 분석방법이 제시된다. 그리고 가설검정에 앞서서 가장 중요한 것은 과학적 연구가설의 검정을 위해 과학적 변수가 선택되었느냐를 확인하는 것으로 측정도구인 문항들에 대한 신뢰성 및 타당성 검정이라고 할 수 있다. 만약 과학적 변수의 선택이 이루어졌다면 통계적 분석방법을 활용하여 연구가설을 검정하게 되고 이로써 연구자의 주장이 기정사실로써 받아질 수 있는 근거가 마련된다.

결론은 앞서 검증된 연구결과에 대한 내용들을 요약하여 제시하면서 연구자의 의견을 종합적으로 기술하는 부분이라고 할 수 있다. 연구결과의 가치에 대한 다양한 의견이 존재하겠지만 연구자는 자신의 연구성과에 대한 정책적 의의를 시사적인 측면에서 부각시킬 필요가 있다. 하지만 모든 연구가 그러하듯이 연구가 종료된 시점에서 사전에 인지하지 못했던 연구의 한계점을 기술함과 동시에 향후에 이와 관련된 연구를 하게 될 연구자들에게 본인이 고려하지 못한 부분에 대한 연구방향을 제시함으로써 지속적인 연구가 가능해진다.

참고문헌에는 본문에 인용된 모든 연구논문과 자료들을 정리하여 기술함으로써 출처에 대한 명확한 근거를 제시하게 된다. 참고문헌 작성에 대한 원칙은 저널이나 연구단체에 따라 조금씩 다르기 때문에 제시된 기준에 따라 작성하게 된다. 일반적으로 대부분의 사회과학 논문의 경우에는 미국심리학회(American Psychology Association: APA)에서 제시한 양식에 따르고 있다.

지금까지 언급한 내용을 목차로 정리하면 다음과 같다.

I. 서론
1.1 연구의 배경 및 목적
1.2 연구의 방법 및 범위
1.3 연구의 기대효과

II. 이론적 배경
2.1 제목1
  2.1.1 소제목1
  2.1.2 소제목2
2.2 제목2
  2.2.1 소제목1
  2.2.2 소제목2

III. 실증분석
3.1 연구모형 및 가설설정
3.2 자료의 수집 및 분석방법
3.3 신뢰성 및 타당성 검정
3.4 가설검정 결과

IV. 결론
4.1 연구결과의 요약 및 시사점
4.2 연구의 한계점 및 향후 연구방향

참고문헌

서론의 예

은행의 서비스품질, 고객만족 및 고객충성도 연구

1. 연구의 배경 및 목적

연구의 배경. 1980년대 중반 이후에 경제에서 차지하는 서비스의 비중이 증대됨에 따라 선진국의 경우 서비스산업이 GNP의 70~80% 이상을 차지하고 있다. 또한 기업환경이 글로벌 체제 하에서 서비스시장의 개방화, 소비자 욕구의 다변화 등으로 기업의 경쟁우위를 유지하기가 더욱 어려워지고 있으며, 서비스품질에 대한 중요성이 날로 증가하고 있다(이형석, 2003).[17)]

그동안 서비스 기업들은 제조부문에서 배운 교훈인 '품질을 향상시키기 위해서는 먼저 품질을 측정해야 한다'는 것을 이해하면서 기업경영에 있어서 가장 이익이 되는 방편이 품질이라는 사실을 깨닫게 되었다(Reichheld & Sasser, 1990). 서비스품질이 탁월한 기업은 대내적으로는 서비스 문화를 정립하고 있으며, 대외적으로는 명성을 확보하고 있는 것으로 알려져 있다.

대다수의 경영자들은 시장의 경쟁 정도가 심할수록 서비스품질과 고객만족의 증대만이 고객충성도에 영향을 주며, 장기적으로는 기업의 재무성과에 영향을 준다는 사실을 인식하고 있다(김계수, 박형권, 2000). 이는 소매금융 서비스 산업에도 적용되는 것으로 국내외의 모든 은행들이 서비스품질 향상을 통해 고객만족과 충성도를 향상시키는 전략을 추진하고 있다(Levesque &

---

17) 연구자 또는 저자의 이름과 연도를 문장의 맨 마지막 괄호 안에 표기함으로써 인용된 부분을 분명히 밝혀야 한다. 외국저자의 경우에는 저자의 성만을 연도와 함께 괄호 안에 표기한다.

McDougall, 1996; Parasuraman et al., 1996).[18] 하지만 은행의 경우에는 서비스 제공에 있어서 차별화의 어려움으로 인해 서비스품질 개선을 위한 전략수립과 지속적인 관리가 필요하다.

연구의 목적. 본 연구에서는 대표적인 소매금융 서비스라고 할 수 있는 은행서비스에서의 고객만족에 영향을 주는 선행요인으로서 서비스품질 결정요인들을 분석한다. 그리고 이들 서비스품질 요인들 중에서 어떤 요인들이 고객만족에 주요하게 영향을 주는지를 파악하고자 한다. 뿐만 아니라, 은행서비스에서 중요하게 고려되고 있는 고객유지와 관련하여 고객만족과 고객충성도 간의 관계를 분석한다.

2. 연구의 방법 및 범위

연구의 방법. 이를 위해 먼저 기존의 소매금융 서비스 관련 연구문헌들을 검토한 후에 연구모형을 설정하고 이를 실증적으로 분석하기 위해 실제로 은행서비스를 이용하고 있는 고객들을 대상으로 설문조사를 실시한다. 분석방법으로는 먼저 표본자료에 대한 인구통계학적 분포를 분석하기 위해 빈도분석을 실시한다. 그리고 측정도구에 대한 신뢰성 검정을 위해 Cronbach's α계수에 의한 내적일관성 검정을 실시한 후에 타당성 검정을 위해서 요인분석을 실시한다. 마지막으로 연구모형에 대한 가설검정을 위해 회귀분석을 실시한다.

연구의 범위. 본 연구는 대표적인 소매금융 서비스인 은행서비스를 이용하는

18) 외국저자가 3인 이상인 경우에는 첫 번째 저자의 성 et al. 과 연도를 괄호 안에 표시하고 국내 저자가 3인 이상인 경우에는 첫 번째 저자명 외 와 연도로 인용된 부분을 표시한다.

일반 고객들을 대상으로 지각된 서비스품질과 고객만족 그리고 고객충성도를 분석한다. 은행서비스를 제공하는 금융서비스업체로 일반 시중은행, 농협, 새마을금고 그리고 우체국에서 제공하는 은행서비스로 한정하여 측정한다.

3. 연구의 기대효과

본 연구를 통해서 은행서비스에서 고객만족 향상을 위한 선행요인으로서 서비스품질 요인들을 파악함과 동시에 고객만족과 고객충성도와의 관련성을 확인한다. 실제로 기존의 연구에서 은행의 고객유지율을 5% 증가시킬 경우 은행의 수익은 85% 증가된다고 보고 있다. 이러한 결과를 통해 은행서비스에서의 서비스품질 향상이 고객만족에 영향을 미치고 이것은 곧 고객유지율을 증가시킴으로써 은행의 수익성 향상을 가져올 것으로 기대할 수 있을 것이다.

실증분석의 예

신뢰성 검정을 먼저 실시하는 일반적 실증분석의 예

은행의 서비스품질, 고객만족 및 고객충성도 연구

1. 연구모형 및 가설설정

본 연구에서는 은행서비스에 대한 고객들의 서비스품질 인식과 고객만족 그리고 고객충성도 간 관계를 분석하고자 한다. 이를 위해 먼저 은행서비스품질관련 기존연구들을 바탕으로 은행의 서비스품질 요인을 구성한다. 그

그림 10-1 ▌ 연구모형[18)]

리고 이러한 서비스품질 요인들 중에서 전반적인 고객만족(overall customer satisfaction)에 유의한 영향을 미치는 요인들을 파악함으로써 최근 외국계 은행과의 경쟁이 더욱 치열해진 국내 은행들의 서비스품질 개선 방향에 관해 논의해보고자 한다. 또한 은행 고객들의 충성도(loyalty) 제고를 위해 고객만족이 타인추천(recommendation) 및 재구매(repurchase) 의도에 영향을 미치는지 살펴본다. 본 연구의 모형을 그림으로 나타내면 〈그림 10-1〉과 같다.

Parasuraman, Zeithaml & Berry(이하 Parasuraman et al., 1988)는 유지보수(appliance repair and maintenance), 은행(retail bank), 장거리전화(long-distance telephone), 증권(securities brokerage), 신용카드(credit cards)와 같은 서로 다른 범주의 서비스에 대한 연구를 통해 서비스품질 5차원인 유형성(tangibles), 신뢰성(reliability), 대응성(responsiveness), 확신성(assurance), 공

---

19) 본 연구모형에서 서비스품질과 고객만족은 원으로 그려진 반면에 타인추천과 재구매는 사각형으로 각각 다르게 그려져 있다. 연구자들이 연구모형을 그릴 때 알아야 할 점은 구성개념을 나타내는 요인은 원이나 타원으로 나타내야 하며, 단일문항으로 측정되는 변수의 경우에는 사각형으로 나타내야 한다는 것이다. 따라서 본 연구모형에서는 서비스품질은 22문항의 측정변수로 구성된 요인이고 고객만족은 2문항의 측정변수로 구성된 요인이기 때문에 타원으로, 타인추천과 재구매는 단일문항의 측정변수이기 때문에 사각형으로 나타내었다. 하지만 모두 원이나 타원으로 나타내어도 무방하다. 왜냐하면 단일한 문항으로 측정되는 타인추천과 재구매는 측정변수이면서 동시에 요인으로 볼 수 있기 때문이다. 이를 요인분석 용어로 단일지시자(single indicator)라고 한다.

감성(empathy)을 규명하였다.

Cronin & Taylor(1992)는 Parasuraman et al.(1988)과 달리 서비스품질이 지각된 서비스품질과 기대된 서비스품질과의 차이로 측정되는 것이 아닌 지각된 서비스품질로만 측정되는 것이 더 우수하다고 주장하였다. 즉, 성과(P: performance)에서 기대(E: expectation)를 뺀 차감점수(difference score)에 의한 것이 아닌 성과품질로만 측정하여야 한다는 것이다. 이들은 또한 서비스품질이 고객만족의 선행변수임을 실증적으로 보여주었으며, 고객만족이 구매의도(purchase intention)에 영향을 미친다는 것을 보였다.

국내에서는 이유재 외(1996)가 서비스품질을 10개의 차원으로 하여 국내 10개의 서비스 업종에 대한 실증적인 연구를 통하여 서비스품질이 고객만족에 영향을 준다고 보고하였다. 따라서 본 연구에서는 앞서 살펴본 기존의 연구들을 바탕으로 다음의 가설을 설정하였다.

H_1 : 서비스품질 요인이 고객만족에 정(+)의 영향을 미칠 것이다.

- H_{1-1} : 유형성이 고객만족에 정(+)의 영향을 미칠 것이다.
- H_{1-2} : 신뢰성이 고객만족에 정(+)의 영향을 미칠 것이다.
- H_{1-3} : 확신성이 고객만족에 정(+)의 영향을 미칠 것이다.
- H_{1-4} : 대응성이 고객만족에 정(+)의 영향을 미칠 것이다.
- H_{1-5} : 공감성이 고객만족에 정(+)의 영향을 미칠 것이다.

H_2 : 고객만족이 재구매 의도에 정(+)의 영향을 미칠 것이다.

H_3 : 고객만족이 타인추천 의도에 정(+)의 영향을 미칠 것이다.

2. 자료의 수집 및 분석방법

본 연구에서는 실증분석을 위해 은행서비스를 이용하고 있는 고객들을 대상으로 설문조사를 실시하였다. 설문조사 지역은 서울특별시와 경기도에 위치해 있는 국민은행, 우리은행, 조흥은행, 외환은행 등을 포함하여 새마을금고, 우체국 등 다수의 소매금융 서비스를 제공하는 금융기관들을 대상으로 하였다. 그리고 현재 은행서비스를 이용하고 있는 직업적 소득이 없지만 향후에는 은행의 주요고객으로 성장할 수 있는 잠재고객인 대학생들을 대상으로도 설문을 실시하였다.

서비스품질을 측정하기 위한 설문문항의 구성은 Parasuraman et al.(1988)이 개발한 SERVQUAL 측정도구인 기대문항과 성과문항들 중에서 성과문항만을 이용한 SERVPERF 측정도구를 이용하였다. 그리고 이들 22개의 문항들 중에서 7개 문항의 경우에는 현재의 국내 은행서비스 상황과 서비스 이용고객들의 이해를 돕기 위해 적절히 수정하여 이용하였다.

설문지의 배포는 시중 일반은행들과 새마을금고, 우체국 등에서 일반고객들에게 100부, 대학생들에게 120부 총 220부를 배포하였다. 설문 조사기간은 2002년 10월 14일부터 22일까지였으며, 조사원에 의한 직접 설문 방법으로 배포 및 수집이 이루어졌다.

수집된 자료는 먼저 표본집단의 응답현황과 인구통계학적 분포를 알아보기 위해 빈도분석을 실시하였다. 그리고 측정도구의 신뢰성 및 타당성 검정을 위해서 Nunnally(1978)가 제안한 측정도구 타당화 과정을 실시하였다. 마지막으로 본 연구의 가설인 서비스품질 요인들이 전반적인 고객만족에 영향을 미치는지, 그리고 고객만족이 서비스 재구매와 타인추천 의도에 영향을 미치는지에

표 10-1 ▮ 표본의 인구통계학적 특성

특성	내용	빈도	백분율(%)
성별	남	81	40.9
	여	117	59.1
연령	10대	1	0.5
	20대	133	67.2
	30대	29	14.6
	40대	22	11.1
	50대 이상	13	6.6
학력	중졸 이하	9	4.5
	고졸	43	21.7
	대재	129	65.2
	대졸	16	8.1
	대학원 이상	1	0.5
직업	주부	26	13.1
	사무직	15	7.6
	전문직	10	5.1
	판매직	5	2.5
	공무원	2	1.0
	자영업	14	7.1
	학생	119	60.1
	기타	7	3.5
월 평균소득	100만원 미만	50	25.3
	100~200만원 미만	31	15.6
	200~500만원 이하	16	8.1
	무응답	101	51.0

관한 가설을 검정하기 위해 다중회귀분석을 실시하였다. 본 연구의 모든 통계 자료의 처리와 필요한 분석을 위해 SPSS 10.0을 활용하였다.

설문자료의 수집은 배포된 총 220부의 설문지 중에서 회수된 설문지는 208부이고, 이 중에서 결측치가 있는 10부를 제외하여 198부를 최종분석에 이용하였다. 표본에 대한 인구통계학적인 특성 및 은행서비스 이용특성은 〈표 10-1〉, 〈표 10-2〉와 같다.

먼저, 〈표 10-1〉의 응답자들의 성별 분포를 살펴보면 여성이 59.1%로 남성 40.9%에 비해 훨씬 많은데, 이는 설문배포 장소가 지역은행이었으며, 설문조사 시간대가 주로 주부들이 이용하는 시간이었기 때문에 여성 응답자가 많이 조사되었다. 그리고 연령 분포에서는 20대가 가장 많았는데, 이는 응답자들 중 대학생이 많았다는 점과 직장인들 중에서도 근무시간에 은행의 출장업무를 담

표 10-2 ▮ 응답자의 주 이용 금융기관

은행	빈도	백분율(%)	은행	빈도	백분율(%)
국민은행	77	20.1	우리은행	86	22.5
기업은행	7	1.8	우체국	6	1.6
농협	29	7.6	외환은행	27	7.0
서울은행	10	2.7	조흥은행	26	6.8
새마을금고	62	16.2	제일은행	7	1.8
신한은행	14	3.7	하나은행	3	0.8
시티뱅크	27	7.0	한미은행	2	0.5

주: 복수응답처리를 하였음

당하는 경리 및 회계직원들 대다수가 20대 여성이기 때문이라고 판단된다.

〈표 10-2〉를 보면 설문 응답자들이 주로 이용하는 금융기관에 대한 빈도가 나타나 있는데, 우리은행이 22.5%로 가장 많았으며, 다음으로 국민은행이 20.1%로 나타났다. 그리고 외국계 은행인 시티뱅크가 7%로 나타나 외국계 은행서비스를 이용하는 고객이 점점 늘어가는 추세에 있다는 것을 알 수 있다.

3. 측정도구의 신뢰성 및 타당성 검정

본 연구에서는 측정도구에 대한 신뢰성 및 타당성 검정을 위해 Nunnally (1978)가 제시한 측정도구 타당화(measure validation) 과정을 적용하였다. 〈표 10-3〉에 나타난 바와 같이 먼저 정화 절차와 단일차원성 검정을 통해 구성개념을 측정하고 있지 못하거나 저해하는 문항을 제거하기 위해 문항분석(item analysis)을 실시하고, 다음으로 제거되지 않고 남은 문항들만을 가지고 내적일관성 검정인 Cronbach's α계수에 의한 신뢰성 검정을 한다. 그리고 마지막으로 탐색적 요인분석을 통해 타당성을 검정한다.

표 10-3 ▮ 측정도구 타당화 과정

단계	목적	통계 분석 내용
1단계	정화 절차	수정문항 대 전체상관
2단계	단일차원성	단일요인분석(주축요인화, 비회전)
3단계	신뢰성 검정	신뢰성분석(내적일관성 검정: Cronbach's α계수)
4단계	타당성 검정	요인분석(주축요인화, 배리맥스 회전)

3.1 정화 절차

표본추출을 통해 수집된 자료는 참값과 오차의 두 부분으로 나눌 수 있다. 이 때 신뢰성 있는 척도가 되기 위해서는 오차 영역이 최소화되어야 한다. 측정도구의 신뢰성을 확보하기 위해서 먼저 정화 절차를 시행하였다. 정화 절차는 문항모집단 추출모형(sampling model)에 근거하여 이루어지므로, 이에 대한 기본 가정을 충족시키기 위하여 특정 개념을 측정하기 위한 문항과 그 문항을 제외한 나머지 전체 문항들 사이의 상관관계인 수정문항 대 전체상관

표 10-4 ▮ 수정문항 대 전체문항 간 상관관계

요인	측정문항	상관관계	요인	측정문항	상관관계
유형성	은행의 최신장비 사용	0.613	확신성	직원에 대한 신뢰	0.789
	은행의 시각적 분위기	0.678		거래에서의 안도감	0.832
	직원의 옷차림과 용모	0.579		직원의 공손함	0.797
	적합한 시설과 분위기	0.660		은행의 직원지원	0.723
신뢰성	업무처리시간의 준수	0.585	공감성	은행의 고객관심	0.755
	고객문제에 대한 해결	0.510		직원의 고객관심	0.772
	은행을 믿고 의지	0.657		고객필요를 이해	0.488
	약속한 시간에 제공	0.673		고객이익 고려	0.691
	업무기록 정확히 유지	0.600		편리한 영업시간	0.669
대응성	업무처리 예약	0.598	고객 만족	전반적인 서비스만족	0.860
	즉각적인 서비스 제공	0.790		서비스에 대한 만족	0.860
	직원들의 자발성	0.771	재구매	재구매 의도	–
	고객요구의 신속대응	0.761	타인추천	타인추천 의도	–

(corrected item to total correlation)을 확인하였다. 정화 절차에서는 통상 상관계수가 0.3 이상이면 측정문항이 특정 개념을 측정하는 문항들로 구성된 모집단에서 추출된 것으로 간주되는데, 〈표 10-4〉에서 보면 서비스품질과 고객만족도 측정문항들의 상관계수는 0.488에서 0.860 사이의 값으로 나타나 제거되는 문항은 없었다. 서비스에 대한 재구매와 타인추천 요인은 단일문항으로 측정하였기 때문에 정화 절차를 실시하지 않았다. 〈표 10-4〉는 측정문항과 그 문항을 제외한 전체 문항들 사이의 상관관계를 보여준다.

3.2 단일차원성

정화 절차를 수행한 후 제거되지 않은 측정 문항들을 가지고 비회전방식의 단일요인분석(unifactor analysis)을 실시하여 측정문항들이 구성개념별로 하나의 공통요인으로 묶이는가를 확인한다. 따라서 요인분석결과가 단일한 요인으로 구성되어 나타날 경우에는 단일차원성(unidimensionality)이 보장되었다고 보며, 그렇지 않을 경우에는 다른 요인으로 묶이는 것을 제거하게 된다. 이를 위해 각 구성개념별로 측정문항들에 대해 비회전(unrotated)방식의 단일요인분석을 실시하여 각 변수의 요인부하량(factor loading)의 크기로 단일차원성을 검정할 수 있다(서창적, 김영택, 2001).

구성개념(construct)을 이루고 있는 측정문항들의 단일차원성 여부에 대해 Churchill(1979)은 개별문항 대 전체문항 간 상관관계(item-to-total correlation)와 탐색적 요인분석을 통해 평가할 수 있다고 하였다.

단일요인분석 결과인 〈표 10-5〉를 보면 전체 문항들에서 나타난 비회전 요인부하량이 일반적인 기준인 0.4 이상으로 나타나 각 개념들을 구성하는 측

표 10-5 ▮ 단일요인분석 결과

요인	측정문항	요인부하량	요인	측정문항	요인부하량
유형성	은행의 최신장비 사용	0.786	확신성	직원에 대한 신뢰	0.883
	은행의 시각적 분위기	0.834		거래에서의 안도감	0.911
	직원의 옷차림과 용모	0.785		직원의 공손함	0.890
	적합한 시설과 분위기	0.822		은행의 직원지원	0.833
신뢰성	업무처리시간의 준수	0.745	공감성	은행의 고객관심	0.863
	고객문제에 대한 해결	0.673		직원의 고객관심	0.875
	은행을 믿고 의지	0.800		고객필요를 이해	0.633
	약속한 시간에 제공	0.813		고객이익 고려	0.815
	업무기록 정확히 유지	0.758		편리한 영업시간	0.798
대응성	업무처리 예약	0.751	고객 만족	전반적인 서비스 만족	0.964
	즉각적인 서비스 제공	0.892		서비스에 대한 만족	0.964
	직원들의 자발성	0.883	재구매	재구매 의도	–
	고객요구의 신속대응	0.876	타인추천	타인추천 의도	–

정문항들의 차원은 모두 단일차원상에 존재한다고 결론지을 수 있다.

3.3 신뢰성 검정

단일차원성 검정 절차를 통해 제거되지 않은 문항들에 대해 신뢰성을 검정하게 된다. 신뢰성(reliability)이란 넓은 의미에서 측정상의 오류가 발생되지 않을 정도로 연구대상인 응답자에게 반복적인 측정을 했을 경우에 응답결과가 얼마나 일관성 있게 나타났느냐를 판단하는 개념이다. 신뢰성을 측정하기 위한 방법은 다양하나 일반적으로 Cronbach's α계수에 의한 내적일관성(internal consistency) 검정이 가장 많이 이용되고 있다. α계수에 대한 통일된 절삭(cut-off)기준은 없으나, Nunnally(1978)에 의하면 예비적 조사연구(preliminary research)에서는 α계수가 0.5~0.6 정도면 인정할 수 있는 수준이며, 이미 기존의 연구가 진행되어 왔던 경우에는 0.7 이상이면 신뢰성이 인정된다고 할 수 있다.

측정도구에 대한 타당성을 주장하기 위한 필요조건으로 신뢰성의 평가 없이는 어떤 측정도구도 타당성을 논할 수 없다. Gerbing & Anderson(1988)에 의하면 측정도구의 신뢰성 검정에 있어서 단일차원성을 충족시킬 경우에만 Cronbach's α계수는 의미가 있기 때문에 신뢰성 검정은 측정도구의 단일차원성을 검정한 후에 실시할 것을 제안하였다(조광행, 임채운, 1999). 즉, 측정문항과 요인들 간 관계에 관한 가설적 형태를 알 수 없는 경우에는 탐색적 요인분석을 통해 요인구조(factor structure)를 파악한 후에 단일차원성이 확인된 각 요인별로 Cronbach's α계수를 통해 신뢰성을 검정한다.

이러한 논의를 바탕으로 본 연구에서는 각 구성개념별 신뢰성 검정을 위해 내적일관성 검정인 Cronbach's α계수를 이용하였으며, 그 결과 모든 측정개념들의 α계수가 0.813에서 0.924 사이로 일반적 기준치인 0.7 이상으로 나타나 신뢰성이 인정되는 것으로 나타났다. 각 요인별 신뢰성 검정 결과 산출된 Cronbach's α계수들이 〈표 10-6〉에 나타나 있다.

3.4 타당성 검정

타당성(validity)이란 최대한 상이한 방법(method)을 이용하여 동일한 속

표 10-6 신뢰성 검정 결과

요인	문항수	Cronbach's α계수
유형성	4	0.813
신뢰성	5	0.815
대응성	4	0.873
확신성	4	0.902
공감성	5	0.854
고객만족	2	0.924

성(trait)을 측정한 두 시도의 결과가 일치하는 정도로써 연구자가 측정하고자 하는 개념을 얼마나 정확하게 측정하였는가의 문제라고 할 수 있다.

측정도구 자체가 측정하고자 하는 속성이나 개념을 제대로 측정하고 있는지를 주관적으로 평가하는 내용타당성(content validity)은 사전에 서비스 관련 실무자 또는 연구자에 의해 수정된 측정문항들에 대한 검토와 설문문항에 대한 실제 고객들의 친숙함의 정도에 관한 의견을 최대한 반영[20)]하였고, Parasuraman et al.(1988)이 유지보수, 은행, 장거리전화, 증권, 신용카드와 같이 서로 다른 범주의 서비스품질 차원 연구를 통해 이미 규명된 측정문항들을 사용하였기 때문에 내용타당성은 충분히 인정된다고 할 수 있다.

측정하고자 하는 추상적인 개념이 실제로 측정도구에 의해서 제대로 측정되었는가에 관한 구성타당성(construct validity)을 검증하기 위해 요인분석을

20) 안면타당성(face validity)

실시하였다. 이는 서로 상이한 개념에 대하여 각각 여러 가지의 측정도구들을 이용하여 측정을 실시한 후, 각 문항들에 대해 요인분석을 하였을 때 추출된 요인들이 원래 의도한 개념을 대표할 수 있는가를 평가하는 것이다. 즉, 문항들 간의 상관관계가 높은 것끼리 묶여 하나의 요인을 형성함으로써 서로 다른 요인들 간에는 상호 독립적(mutual independent; orthogonal)이 되도록 하는 것이다. 따라서 하나의 요인 내에 묶여진 문항들은 동일한 개념을 측정하는 것으로 간주될 수 있고 요인들 간의 상관관계는 없으므로 각각의 요인들은 서로 상이한 개념이라고 판단할 수 있는 것이다.

이와 같이 동일한 요인 내의 측정문항들은 집중타당성(convergent validity)이 검정된 것이며, 각기 다른 요인에 속한 측정문항들 간에는 판별타당성(discriminant validity)이 검정된다고 볼 수 있다(채서일, 1994). 따라서 본 연구에서는 서비스품질에 대한 측정도구의 구성타당성을 검정하기 위하여 하나의 변수가 공통요인들에 의한 부분으로 구성되어 있어 암묵적으로 내재된 요인구조를 가정하여 요인을 추출하는 주축요인화(principal axis factoring)와 요인들 간의 상호독립성을 유지하여 회전하는 직각회전(orthogonal rotation)방식인 배리맥스(varimax)를 적용하여 요인분석을 실시하였다.[21)]

서비스품질 5차원에 대한 측정도구의 타당성 검정을 위한 요인분석 결과, 각기 다른 개념을 측정하는 문항들이 각각의 단일차원으로 묶임으로써 구성타

---

21) 이는 요인들의 관계가 서로 독립적이어야 하거나 서로 독립적이라고 간주할 수 있는 경우로, 특히, 요인점수(factor score)를 이용한 회귀분석이나 판별분석을 추가적으로 실시할 때 다중공선성(multicollinearity)을 피하기 위해 유용하게 사용된다. 뿐만 아니라, 비회전방식에 의해서는 요인구조(factor structure)가 불분명하여 요인에 대한 해석이 어려울 경우에 단일차원을 명확하게 보기 위한 방법으로도 활용된다.

당성이 검정되었다. 이와 같이 Nunnally(1978)가 제시한 측정도구 타당화 과정을 거쳐 신뢰성 및 타당성이 검정된 최종적인 문항들을 가지고 가설검정을 실시하였다. 그리고 가설검정을 위해 다문항(multi-item)으로 측정된 서비스품질과 고객만족은 각 요인을 구성하는 측정문항들을 각 요인별로 평균하여 총합척도(summated scale)화한 변수를 사용하였다.[22]

4. 연구가설의 검정

4.1 가설 1에 대한 검정

은행서비스품질 요인들이 고객만족에 영향을 미치는지에 관한 가설을 검정하기 위해 회귀분석을 실시하였다. 회귀분석을 수행하기 위한 기본적인 잔차(residual)항에 대한 독립성 가정을 검정하기 위해 실시한 더빈-왓슨(Durbin-Watson)값을 〈표 10-7〉에서 살펴보면 값이 2에 수렴하므로 독립성 가정이 충족된다고 할 수 있다.

〈표 10-7〉의 회귀분석결과를 보면 추정된 회귀모형식에 대한 적합도(goodness of fit)[23]를 나타내는 R^2값이 0.536으로 서비스품질 결정요인들이 전반적인 고객만족을 약 54% 설명하고 있음을 알 수 있다(Belsley et al., 1980).

구체적으로 살펴보면, 약속된 서비스를 나타내는 신뢰성의 유의확률이

---

22) 예를 들어, 서비스품질 5차원 22문항 중에서 1번부터 4번까지가 유형성을 측정하는 문항이므로 이들 4개의 문항들을 $(T_1+T_2+T_3+T_4)/4$와 같이 평균하여 사용한다.

23) R^2를 모형적합도 또는 모형설명력이라고도 하는데, 이는 독립변수가 종속변수를 얼마나 설명하는지를 나타낸다. 독립변수의 개수를 증가시키면 R^2값이 증가하는 경향을 갖기 때문에 계량경영, 특히 회귀식을 통한 예측모형 연구에서는 독립변수의 수를 적당히 유지시키면서 R^2값을 증가시키는 것이 주요 과제이다.

표 10-7 ▮ 가설 1에 대한 회귀분석 결과

모형	비표준화 계수		표준화 계수	t	Sig.
	B	표준오차	β		
절편	-0.008	0.311		1.295	0.197
유형성	0.235	0.068	0.212	3.448	0.001***
신뢰성	0.044	0.090	0.036	0.487	0.627
대응성	0.242	0.098	0.241	2.467	0.015**
확신성	0.182	0.094	0.185	1.932	0.055*
공감성	0.206	0.087	0.194	2.370	0.019**
D-W = 2.026, R^2 = 0.536, F = 44.361, Sig. = 0.000***					

***: p < 0.01, **: p < 0.05, *: p < 0.1

0.627로 이는 유의수준 0.1보다 크므로 유의한 요인이 되지 못했다. 반면 은행의 외형적인 모습을 나타내는 유형성은 아주 유의하게 나타났고, 대응성과 확신성 그리고 공감성도 유의한 것으로 나타났다. 따라서 은행의 서비스품질 요인들 중에서 유형성, 대응성, 확신성 그리고 공감성 등이 전반적인 고객만족에 영향을 미치는 것으로 나타났다. 이러한 고객만족 영향 요인들의 상대적 중요도를 파악하기 위해서는 표준화 베타(β)계수를 보면 되는데 대응성, 유형성, 공감성, 그리고 확신성 순으로 중요한 요인이라고 볼 수 있겠다.

4.2 가설 2에 대한 검정

은행서비스에 대한 고객만족이 재구매 의도에 영향을 주는지에 관한 가설을 검정하기 위해 회귀분석을 실시하였다. 회귀분석을 수행하기 위한 기본

표 10-8 ▮ 가설 2에 대한 회귀분석 결과

모형	비표준화 계수		표준화 계수	t	Sig.
	B	표준오차	β		
절편	2.034	0.274		7.419	0.000
고객만족	0.685	0.060	0.634	11.478	0.000***
D-W=2.042, R^2=0.402, F=131.754, Sig.=0.000***					

***: P<0.01

적인 잔차(residual)항에 대한 독립성 가정을 검정하기 위해 실시한 더빈-왓슨(Durbin-Watson)값을 〈표 10-8〉에서 살펴보면 값이 2에 수렴하므로 독립성 가정이 충족된다고 할 수 있다.

〈표 10-8〉의 회귀분석결과를 보면 추정된 회귀모형식에 대한 적합도(goodness of fit)를 나타내는 R^2값이 0.402로 고객만족이 재구매 의도를 약 40% 설명하고 있음을 알 수 있다(Belsley et al., 1980).

가설검정 결과에서 보듯이 은행을 이용하는 고객들의 만족도가 증가할수록 재구매 의도는 증가한다고 볼 수 있다. 따라서 앞서 실시한 가설 1에 대한 검정 결과와 연결해보면 은행서비스품질의 향상은 고객들의 만족도를 향상시키며 만족한 고객들은 현재의 은행과 지속적인 거래를 할 것으로 예상할 수 있으며, 특히 이러한 재구매 의도의 증가를 통해 다른 경쟁은행으로의 고객이탈을 예방할 수 있다. 이러한 결과를 통해서 현재 시중은행들이 경쟁은행으로의 고객이탈을 방지하기 위해서는 고객들의 만족도 향상을 위한 전략적 대응방안이 필요할 것으로 본다.

4.3 가설 3에 대한 검정

은행서비스에 대한 고객만족이 타인추천 의도에 영향을 주는지에 관한 가설을 검정하기 위해 회귀분석을 실시하였다. 회귀분석을 수행하기 위한 기본적인 잔차(residual)항에 대한 독립성 가정을 검정하기 위해 실시한 더빈-왓슨(Durbin-Watson)값을 <표 10-9>에서 살펴보면 값이 2에 수렴하므로 독립성 가정이 충족된다고 할 수 있다.

<표 10-9>의 회귀분석결과를 보면 추정된 회귀모형식에 대한 적합도(goodness of fit)를 나타내는 R^2값이 0.393으로 고객만족이 타인추천 의도를 약 40% 설명하고 있음을 알 수 있다(Belsley et al., 1980).

가설검정 결과에서 보듯이 은행을 이용하는 고객들의 만족도가 증가할수록 재구매 의도는 증가한다고 볼 수 있다. 따라서 앞서 실시한 가설 1에 대한 검정 결과와 연결시켜보면 은행서비스품질의 향상은 고객들의 만족도를 향상시키며 만족한 고객들은 잠재고객인 주변사람들에게 추천을 하게 된다고 볼 수 있다. 이러한 결과를 통해서 그 동안 시중은행들이 시행해왔던 고객만족(CS)운

표 10-9 ▮ 가설 3에 대한 회귀분석 결과

모형	비표준화 계수		표준화 계수	t	Sig.
	B	표준오차	β		
절편	1.324	0.299		4.432	0.000
고객만족	0.732	0.065	0.627	11.268	0.000***
D-W = 1.984, R^2 = 0.393, F = 126.977, Sig. = 0.000***					

***: $p < 0.01$

동은 고객들의 충성도 제고에 유의한 영향을 주었던 것으로 볼 수 있다.

타당성 검정을 먼저 실시하는 실증분석의 예

이동전화 서비스에서의 고객만족 및 고객충성도 간 전환비용 조절효과 연구

1. 연구모형 및 가설설정

국내 이동전화 서비스 시장의 경쟁상황이 치열해지는 가운데 각 서비스 사업자들은 신규고객 창출을 위한 마케팅 프로모션에 의존하기보다는 기존 고객유지를 통한 고객충성도를 향상시키고자 노력하고 있다. 그러나 단말기 보조금 지급, 할부제도 시행, 각종 부가서비스에 대한 고객들의 서비스품질 인식의 차이로 각 서비스 업체들 사이에서 기존 가입자들의 전환이 빈번히 발생하고 있다. 본 연구에서는 이동전화 서비스에 대한 고객만족이 고객충성도에 어떠한 영향을 미치는지, 그리고 고객들이 지각하는 전환비용의 정도에 따라 고객만족과 고객충성도 간의 관계를 분석하고자 한다.

본 연구의 주제와 관련된 선행연구들에 대한 이론적 검토를 바탕으로 고객만족(customer satisfaction)과 충성도(loyalty) 그리고 전환비용(switching cost) 간의 관계에 대한 모형을 〈그림 10-2〉와 같이 설정하였다.

본 연구모형에 대한 가설검정 결과를 통해 이동통신 서비스사업자에게 전환비용의 실질적 효과의 중요성과 고객충성도 향상에 영향을 미치는 고객만족 요인을 제시할 수 있을 것으로 본다.

〈그림 10-2〉에 나타난 가설 1은 이동전화 서비스에 대한 고객만족과 충성도 간의 경로로 Anderson & Sullivan(1993), Reichheld(1993; 1996) 등의 연구

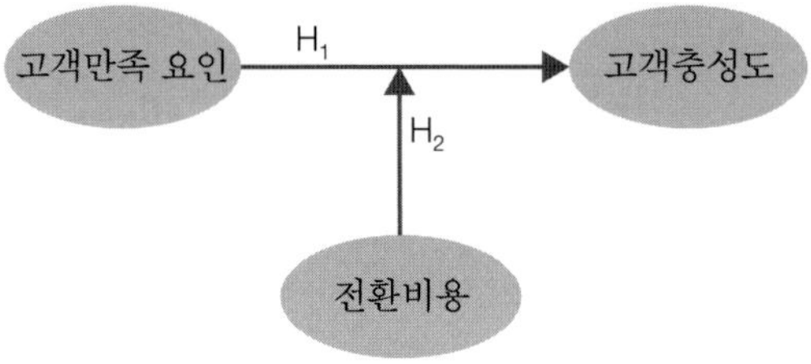

그림 10-2 ▮ 연구모형

결과에서와 같이 이동전화 서비스를 이용하는 사람들은 서비스에 대한 만족이 증가할수록 그 서비스 제공자에 대한 충성도가 증가한다는 효과를 나타낸다.

H_1: 고객만족은 고객충성도에 정(+)의 영향을 미칠 것이다.

가설 2는 Anderson & Sullivan(1993), Hauser et al.(1994), Jones & Sasser (1995), 김희수(2000), Lee et al.(2001) 등의 연구를 바탕으로 이동전화 서비스에 대한 고객만족과 고객충성도 간의 관계에 전환비용이 미치는 조절효과를 나타낸다. 이는 고객들이 가입하고 있는 서비스업체에서 다른 서비스업체로 바꾸려고 할 때 지각되는 어려움을 전환비용으로 생각하여 고객만족과 충성도 간에 미치는 상호작용 효과를 보려고 하는 것이다.

H_2: 전환비용은 고객만족 요인들과 고객충성도 간의 영향 관계에서 조절효과를 가질 것이다.

2. 설문지의 구성

본 연구에서 설정한 연구모형을 검정하기 위한 변수의 조작적 정의는 선행연구에서 제시된 것에 기초하였다.

구체적으로 정종덕과 박철(1997), 정보통신정책연구원 연구보고(1999), Consumer Reports(1998), Lee et al.(2001), Klemperer(1987), Narayandas(1996), Uncles & Laurent(1997) 연구들에서 제시된 문항들을 토대로 측정문항들을 구성하였다. 고객만족, 고객충성도, 전환비용에 대한 측정은 리커트(Likert-type) 5점 척도를 이용하였으며, 고객만족과 고객충성도의 경우 1점은 '전혀 그렇지 않다', 5점은 '매우 그렇다'로 측정되었다.

설문지의 구성은 크게 다음과 같이 다섯 가지 영역으로 나누었다. 첫 번째 영역은 이동전화 서비스이용에 관련한 일반적인 문항으로 구성되어 있으며, 두 번째 영역은 이동전화 서비스에 대한 고객만족을 측정하기 위한 문항, 세 번째 영역은 지각되는 전환비용을 측정하기 위한 문항, 네 번째 영역은 고객충성도를 측정하기 위한 문항 그리고 마지막으로 설문에 응답한 사람들의 인구통계학적 사항과 관련한 문항으로 구성되어 있다.

3. 자료의 수집 및 분석방법

본 연구의 모형 및 가설을 검정하기 위해 현재 서울특별시에 거주하는 이동전화 서비스 가입자들을 대상으로 층화추출(stratified sampling)[24]을 실시하였다. 자료의 수집은 다양한 연령층의 조사를 위해서 도심의 대형서점 2곳에서 오후

24) 통계조사 연구에서는 단순임의(무작위)추출(simple random sampling)에 의해 표본추출이 이루어지는 것이 일반적이나, 본 연구에서와 같이 고객들이 가입하고 있는 이동전화사업자들의 시장점유율이 정해져 있는 경우에는 각 서비스 사업자들의 시장점유율에 맞게 표본의 수를 비율적으로 추출해야 한다. 즉, 실제 서비스사업자들의 시장점유율과 설문응답자들의 가입 서비스업체들의 비율이 비슷하게 나와야 한다.

표 10-10 | 설문지의 구성내용

구분	문항 내용
일반적 질문	• 현재 이용하고 있는 이동전화 서비스 업체 • 월평균 요금 • 하루 평균 통화 시간 • 이동전화 서비스 이용기간 • 전환 경험의 유무
고객만족 요인	CS1. 요금제 CS2. 장소 및 지역에 따라 통화가 되는 정도 CS3. 통화음질 CS4. 요금청구서 및 내역의 정확성 CS5. 상담원(업체) 접촉의 편의성 CS6. 불편상황에 관한 문의 결과 CS7. 서비스 업체 이미지 CS8. 부가서비스
전환비용	SC1. 이동전화 서비스업체 변경시의 불편 정도 SC2. 업체 변경시 해약처리 및 신규가입과정의 불편 정도
고객충성도	CL1. 재이용 의도 CL2. 타사의 요금제 변환에 따른 전환의향 CL3. 타인추천 CL4. 매스컴에서의 부정적 기사 후의 전환 의향 CL5. 프리미엄 요금제에 따른 전환의향
인구통계적변수	• 성별 • 연령 • 학력 • 소득 • 직업

시간대에 조사자가 직접 설문지를 배포하여 설문문항에 대한 설명을 한 후에 응답하도록 하였다. 설문조사 기간은 2002년 12월 10일부터 12월 20일까지 약 10일간 배포 및 수집이 이루어졌다. 수집된 설문지로부터 얻어진 자료는 통계분석 패키지 SPSS 10.0과 LISREL 8.30을 이용하여 필요한 분석을 실시하였다.

본 연구에서는 먼저 설문 응답자들에 대한 인구통계학적 분포를 파악하기 위해 빈도분석을 실시한 후, 이동전화 서비스에 대한 고객만족과 충성도를 구성하는 각 차원별 구성 문항들에 대한 타당성 검정(validity test)을 위해서 요인분석을 실시하였다. 그리고 단일차원성(unidimensionality)이 확보된 문항들에 대해서 내적일관성(internal consistency)을 통한 신뢰성 검정을 실시하였다. 내적일관성 검정으로는 Cronbach's α계수를 사용하였다. 그리고 이동전화 서비스에서의 지각된 전환비용이 고객만족과 충성도 간의 관계에 있어서의 조절효과를 보기 위해 Sharma et al.(1981)이 제시한 조절회귀분석(moderated regression analysis: MRA)을 응용하여 고객만족에 대한 주효과(main effect)와 고객만족과 지각된 전환비용 간의 상호작용효과(interaction effect)를 분석하였다.

일반적인 실증적 연구에 있어서는 측정도구에 대한 신뢰성 검정 후에 타당성을 검정하나, 본 연구에서는 탐색적으로 요인들의 구조를 규명한 후에 각 요인별로 신뢰성을 검정하는 절차로 분석을 진행하였다. 이는 기존의 고객만족 요인들이 개별적으로 명확히 구분되지 않는다는 점과 기존연구에서 하나의 요인으로 구성되기에는 문항의 수가 많다는 점들을 고려하여 세부적 요인들을 규명하기 위한 절차[25]라고 할 수 있다.

25) 이러한 탐색적 방법에 의한 요인구조의 파악은 대다수의 연구자들이 선호하지는 않으나, 연구의 목적에 따라 연구자의 필요에 의해 요인과 측정문항 간의 가설적 관계를 가정하지 않는 탐색적 요인분석이라는 통계방법론에 의존하여 분석할 수 있다.

4. 분석 결과

4.1 표본자료의 특성

설문 응답자의 이동전화 서비스 이용에 관한 일반적인 정보와 인구통계학적 분포 특성을 파악하기 위해 빈도분석을 실시하였다. 총 200부의 설문지를 배포하였으며, 이들 중에서 회수된 설문지는 185부로 회수율은 93%로 높은 편이었으며, 회수된 설문지 중에서 결측치가 있는 4부를 제외한 최종 181부를 분석에 이용하였다. 〈표 10-11〉은 설문 응답자들이 가입하고 있는 이동전화 서비스업체 및 인구통계학적 빈도분석 결과를 나타내고 있다.

응답자들의 성별분포를 살펴보면, 남자와 여자가 38.7%, 61.3%로 여자 응답자가 많았으며, 연령은 이동전화 서비스에 대한 이용이 가장 빈번한 20대가 83.4%로 가장 많았으며, 학력 또한 대학 재학이 93.4%로 가장 많은 것으로 나타났다. 그리고 직업분포는 학생이 74.0%로 가장 많았으나, 대학에 재학 중이면서 직장에 다니는 응답자들로 인해 학력 분포와 차이가 나타났다. 응답자들이 가입하고 있는 이동전화 서비스업체를 살펴보면 SK신세기통신(011/017)이 48.6%로 가장 많았으며, KTF(016/018)가 32.6%, LG텔레콤(019)이 18.8% 순으로 시장점유율이 비슷한 것으로 나타났다.

표 10-11 ▮ 인구통계학적 분석결과

변수	구분	빈도	비율(%)
성별	남	70	38.7
	여	111	61.3
연령	10대	3	1.7
	20대	151	83.4
	30대	9	5.0
	40대	16	8.8
	50대 이상	2	1.1
학력	고졸 이하	2	1.1
	대학 재학	169	93.4
	대졸	8	4.4
	대학원 이상	2	1.1
직업	관리사무직	28	15.6
	서비스직	5	2.8
	생산기능직	1	0.6
	자영업 및 전문직	4	2.2
	학생	134	74.0
	기타	9	5.0
월 평균소득	150만원 미만	30	16.5
	150~300만원 미만	63	34.8
	300~450만원 미만	37	20.4
	450만원 이상	51	28.3
이동전화 서비스업체	011/017-SK신세기	88	48.6
	016/018-KTF	34	18.8
	019-LG	59	32.6
총 합계		181	100.0

4.2 측정도구의 타당성 및 신뢰성 검정(기본형)[26)]

본 연구에서는 기존의 문헌연구를 통해서 개발된 측정문항들에 대한 타당성과 신뢰성을 검정하기 위해서 탐색적 요인분석과 Cronbach's α계수에 의한 신뢰성 검정을 실시하였다.

4.2.1 타당성 검정

타당성(validity)이란 최대한 상이한 방법을 이용하여 동일한 속성(trait)을 측정한 두 가지 결과의 일치하는 정도로 연구자가 측정하고자 하는 대상개념을 얼마나 정확하게 측정하였는가의 문제라고 할 수 있다.

본 연구에서는 측정도구 자체가 측정하고자 하는 대상의 속성이나 개념을 측정할 수 있도록 구성되어 있는가 또는 포함하고 있는가를 평가하는 내용타당성(content validity)을 검정하기 위해 먼저 Consumer Reports(1998)와 Lee et al.(2001) 등의 연구에서 사용된 측정문항들을 채용하여 각 구성개념들에 대한 문항들을 구성하였고, 이를 서비스마케팅 관련 연구자 및 전문가들의 검토과정을 거쳐 설문 대상자들에게 문항에 대한 이해 정도를 물어본 후 의견을 최대한 반영하였기 때문에 내용타당성은 충분히 인정된다고 할 수 있다.

다음으로 측정하고자 하는 추상적인 개념이 실제로 측정도구에 의해서 적절하게 측정되었는가에 관한 문제로서 사회과학분야의 연구를 하는 데 있

---

26) 여기서 측정도구에 대한 타당성 및 신뢰성 검정을 기본형과 중급형 두 가지로 나누어 제시하였다. 기본형은 석사학위논문에 적용할 수 있도록 통계적 분석 과정을 교과서론적으로 빠짐없이 실시하였으며, 분석결과에 대한 설명 또한 상세하게 기술하였다. 그리고 뒤이어 제시한 중급형의 경우에는 박사학위논문 또는 학술지에 투고할 목적의 논문에 적용될 수 있는 통계분석 과정을 제시하였다. 물론 앞의 기본형에 제시된 검정 과정을 학술지 논문에 적용하여도 무방하며, 실제로 국내 많은 학술논문에서도 이러한 검정절차를 따르고 있다.

어 가장 중요한 타당성인 개념타당성 또는 구성타당성(construct validity)[27]을 검정하였다. 구성타당성을 검정하기 위하여 주로 이용되는 방법으로는 다속성 다측정법(multi-trait multi-method: MTMM)에 의한 방법과 요인분석(factor analysis)에 의한 방법이 있다(Campbell & Fiske, 1959).

다속성 다측정법은 서로 상이한 개념들에 대해 서로 상이한 측정방법을 개발해야 하고, 또한 이러한 조건을 충족시키는 개념과 측정방법을 찾기가 어렵다. 요인분석방법에 의해 구성타당성을 검정하는 경우에는 서로 상이한 개념에 대하여 각각 다른 측정문항들을 이용하여 측정을 실시한 후에, 각 측정문항들을 요인분석 한 결과로부터 추출된 요인들이 원래 연구자가 이론적으로 구성한, 또는 의도한 개념을 대표할 수 있는가를 평가하는 것이다. 다시 말해 문항들 간의 상관관계가 높은 것끼리 묶여 추출됨으로써 하나의 구성개념인 요인을 형성하게 하고 형성된 요인들 사이에는 상호 독립(mutual independence)이 되도록 하는 것이다. 따라서 같은 요인 내에 묶여진 문항들은 동일한 개념을 측정하는 것으로 간주될 수 있기 때문에, 이를 집중타당성(convergent validity)이라고 하며, 서로 다른 요인들 간에는 상관관계가 없으므로 각각의 요인들을 구성하는 문항들은 서로 상이한 개념을 측정하는 것이라고 판단할 수 있으며, 이를 판별타당성(discriminant validity)이라고 한다. 따라서 구성타당성을 검정하기 위해서는 이러한 집중타당성과 판별타당성을 모두 만족해야 한다.

본 연구에서는 고객만족 요인들에 대한 구성타당성을 검정하기 위하여 탐색적 요인분석(EFA)을 실시하였다. 요인추출방법으로는 정보의 손실을 최대한 줄이면서 많은 변수들을 가능한 한 적은 수의 요인으로 축소하는데 그 목적이 있는

27) 교육학, 사회학, 심리학 분야에서는 구인타당성이라고도 한다.

주성분분석(principal component analysis: PCA)을 이용하였으며, 요인의 회전은 요인들 간의 상호독립성을 유지하여 회전하는 직각회전(orthogonal rotation)방식인 배리맥스(varimax)를 적용하였다.[28] 그리고 요인부하량(factor loading)이 0.4 이상인 경우에만 문항이 특정 요인에 적재되는 것으로 간주하였다.

고객충성도와 전환비용 요인에 대한 측정도구의 타당성 검정을 위해서는 단일요인분석(unifactor analysis)을 실시하였다. 단일요인분석은 추출되는 요인들이 측정문항과 어떤 관계를 가지는지에 관한 요인구조를 파악하기 위해 실시하는 탐색적 요인분석과는 달리 요인을 구성하는 측정문항들을 요인별로 귀속시켜서 따로따로 요인분석을 실시함으로써 단일한 요인으로 추출되는지를 확인하는 요인분석방법[29]이다. 따라서 각 구성개념을 측정하는 문항들이 단일차원(unidimension)상에 존재할 경우에 분석결과 단일한 요인으로 묶임으로써 동일한 개념 내의 측정문항들 간의 상관관계는 높아야 한다는 집중타당성을 검정할 수가 있다.

요인분석을 실시할 경우에 적합한 표본의 크기는 Hair et al.(1998)가 제시한 기준에 의하면 적어도 변수 개수의 4~5배가 적당하다. 또한 Nunnally(1978)은 표본의 크기가 적어도 변수의 10배이어야 하나 실제 이러한 요건을 만족시

---

28) 이는 요인들의 관계가 서로 독립적이어야 하거나 서로 독립적이라고 간주할 수 있는 경우 또는 요인점수를 이용하여 회귀분석이나 판별분석을 추가적으로 실시할 때 다중공선성(multicollinearity)을 피하기 위한 경우 등에 유용하게 사용된다. 본 연구에서는 묶인 요인들의 요인점수를 가지고 회귀분석을 실시하기 때문에 배리맥스 회전을 실시하였다.

29) 이러한 단일요인분석의 경우에는 각 요인별 단일차원성을 검정하는 것이 주된 목적이므로 요인추출과 회전방식을 지정하지 않은 채 분석을 실시한다. 사실, 요인추출은 분석자가 지정하지 않더라도 이미 디폴트로 주성분분석이 지정되어 있기 때문에 요인을 구성하는 측정문항을 투입하여 각 문항들의 요인부하량이 0.4 이상인 한 개 요인이 추출되는지를 확인하면 된다.

키기가 어렵기 때문에 일반적으로 최소 5배가 적당하다고 하였다. 그리고 등간 척도(interval scale)나 비율척도(ratio scale)로 측정된 것이어야 하는데, 본 연구의 분석에 이용된 표본자료의 수[30)]나 척도의 유형 또한 이의 조건에 맞는다고 볼 수 있다.

그리고 수집된 표본자료가 요인분석을 하기에 적절한지를 확인하기 위해서 상관관계행렬의 상관계수를 살펴보았다. 만일 모든 변수 간의 상관계수가 전체적으로 낮으면 요인분석에 부적합하다고 본다. 그러나 일부 변수들 사이에서는 비교적 높은 상관관계를 보이고, 다른 변수들 사이에는 낮은 상관관계를 보일 경우에 그 자료는 요인분석에 적합하다고 할 수 있다(Norusis, 1992).

본 연구의 다중상관분석 결과인 〈표 10-12〉와 〈표 10-13〉을 보면 특정변수들 간에 상관관계가 높거나 낮게 나타나므로 요인분석을 하기에 적절한 것으로 판단된다. 〈표 10-12〉를 구체적으로 살펴보면 CS2는 CS3, CS7 과는 상관관계가 높게 나타났고, CS4, CS5, CS6, CS8 과는 상대적으로 상관관계가 낮거나 없는 것으로 나타났다(성태제, 2000).[31)]

또한 요인분석을 위한 기본가정으로 동일 요인 내의 각 문항들이 적정 수준의 개별 상관관계를 가지고 있어야 한다. 이러한 가정을 검정하기 위하여 KMO의 MSA(Kaiser-Meyer-Olkin measure of sampling adequacy) 값과 Bartlett 구형성 검정(sphericity)값을 보았다. KMO의 MSA는 변수 쌍들 간의 상

---

30) {고객만족문항(9)+전환비용문항(2)+고객충성도문항(5)}×(4~5)=64~80으로 본 연구의 표본자료의 수는 181로 Hair et al.(1998)의 기준에 의해 계산된 최대 표본크기 80보다 충분히 크다고 볼 수 있다.

31) 상관계수의 범위 정도는 다음과 같다. 0.00~0.20; 상관이 거의 없다, 0.20~0.40; 상관이 낮다, 0.40~0.60; 상관이 있다, 0.60~0.80; 상관이 높다, 0.80~1.00; 상관이 매우 높다.

표 10-12 ▌고객만족도 문항들의 상관분석결과

	CS1	CS2	CS3	CS4	CS5	CS6	CS7	CS8
CS1	1.000	0.263***	0.313***	0.225***	0.270***	0.262***	0.291***	0.234***
CS2	—	1.000	0.736***	0.204***	0.221***	0.199***	0.504***	0.326***
CS3	—	—	1.000	0.193***	0.189**	0.171**	0.476***	0.377***
CS4	—	—	—	1.000	0.397***	0.362***	0.389***	0.204***
CS5	—	—	—	—	1.000	0.664***	0.401***	0.270***
CS6	—	—	—	—	—	1.000	0.483***	0.248***
CS7	—	—	—	—	—	—	1.000	0.435***
CS8	—	—	—	—	—	—	—	1.000

** $p<0.05$, *** $p<0.01$

표 10-13 ▌고객충성도 문항들의 상관분석결과

	CL1	CL2	CL3	CL4	CL5
CL1	1.000	0.141**	0.564***	0.383***	0.233***
CL2	—	1.000	0.178***	0.200***	0.298***
CL3	—	—	1.000	0.391***	0.337***
CL4	—	—	—	1.000	0.337***
CL5	—	—	—	—	1.000

** $p<0.05$, *** $p<0.01$

관관계가 다른 변수에 의해서 잘 설명되는 정도를 나타내는 것이므로 측정값이 기준에 못 미칠 경우에는 요인분석을 위한 변수들의 선정이 좋지 못함을 나타낸다. KMO의 MSA값이 0.80 이상이면 상당히 좋은 것(meritorious)이며 0.70 이상 0.80 미만이면 적당한 것(middling)이며 0.60 이상 0.70 미만이면 평범한 것(mediocre)이며 0.50 이상 0.60 미만이면 바람직하지 못한 것(miserable)으로 판단한다. 그리고 0.50 미만이면 받아들일 수 없는 것(unacceptable)으로 판정한다. 그리고 요인분석 모형의 적합성 여부를 나타내는 Bartlett의 구형성 검정은 '모상관행렬이 단위행렬이다' 라는 귀무가설을 검정하기 위한 것으로 귀무가설이 기각되지 않으면 요인분석모형을 사용할 수 없다(Hair et al., 1998).

〈표 10-14〉를 보면 고객만족도의 경우 KMO의 MSA값이 0.772로 요인분석을 위한 변수들의 선정이 적당한 것으로 나타났고, Bartlett 구형성 검정결과 유의한 것으로 나타나 모상관행렬이 단위행렬이 아님을 나타내고 있다. 고객충성도의 경우에도 KMO값 0.713로 요인분석을 위한 변수들의 선정이 적당한 것으로 나타났고, Bartlett 구형성 검정결과 유의한 것으로 나타났다.

요인분석을 위한 기본가정을 만족하는지에 관한 분석을 실시한 다음, 다문항(multi-item)을 이용한 각 차원들에 대한 단일차원성과 요인구조(factor structure)를 확인하기 위해서 요인분석을 실시하였다. 이렇게 단일한 차원으

표 10-14 ▮ KMO와 Bartlett 검정결과

차원	KMO	Bartlett' Test		
		χ^2	df	Sig.
고객만족도	0.772	474.140	28	0.000***
고객충성도	0.713	156.548	10	0.000***

*** $p < 0.01$

표 10-15 ▌고객만족 요인분석결과

문항	요인부하량(factor loading)				제거기준
	회전 전		회전 후		
	요인1	요인2	요인1	요인2	
CS1	0.523	-0.020	0.399	0.339	0.4 미만
CS2	0.686	-0.544	0.873	0.063	
CS3	0.682	-0.585	0.898	0.031	
CS4	0.557	0.351	0.172	0.636	
CS5	0.658	0.539	0.120	0.842	
CS6	0.659	0.550	0.113	0.850	
CS7	0.794	-0.037	0.610	0.509	중복적재
CS8	0.593	-0.170	0.551	0.276	
고유치	3.368	1.385	2.460	2.293	
누적설명분산(%)	42.097	59.408	30.751	59.408	

로 묶여진 각각의 요인들에 대해서 신뢰성 검정을 실시하였는데, 내적일관성(internal consistency)을 검정하는 Cronbach's α계수를 이용하였다.

〈표 10-15〉의 고객만족요인에 대한 탐색적 요인분석 결과를 보면 고유치가 1 이상인 요인이 두 개의 추출되었으며, 회전 전에는 요인1과 요인2 간의 구분이 명확하지 않아 직각회전인 배리맥스(varimax)를 실시하였다. 직각회전을 실시한 후를 살펴보면 CS1 문항은 요인1과 요인2 어느 것에도 적재되지 않는 것으로 나타났으며, CS7 문항은 요인1과 요인2에 중복적재(cross-loading)되는

표 10-16 ▮ 최종 요인분석결과

구성개념(요인)		문항	요인부하량	고유치	누적설명분산
고객만족	부가서비스	CS4	0.646	2.598	43.302
		CS5	0.864		
		CS6	0.855		
	핵심서비스	CS2	0.889	1.383	66.351
		CS3	0.912		
		CS8	0.555		
고객충성도		CL1	0.769	2.137	53.421
		CL3	0.810		
		CL4	0.719		
		CL5	0.611		
전환비용		SC1	0.926	1.713	85.663
		SC2	0.926		

것으로 나타나, 향후 이들 두 개의 문항을 제거한 후 다시 요인분석을 실시한 최종 분석결과가 〈표 10-16〉에 나와 있다.

추출된 두 개의 요인을 각각 '부가서비스에 대한 고객만족요인'과 '핵심서비스에 대한 고객만족요인'으로 명명(naming)[32]하였다. 그리고 고객충성도에 대한 요인분석 결과 CL2 문항의 요인부하량이 기준치에 미달하여 이를 제거한 후 다시 요인분석을 실시한 결과 단일한 요인으로 추출되었으며, 전환비용의

32) 추출된 요인들에 대한 명명은 각 요인들을 구성하는 최종적인 문항들의 내용을 모두 의미하면서 포괄적으로 대표할 수 있는 요인의 이름을 정하는 것이다.

경우에도 단일한 요인으로 나타났다. 이러한 요인분석을 통해 추출된 요인들에 대한 신뢰성을 검정하기 위해 각 요인별 측정문항들에 대한 신뢰성 분석을 실시하였다.

4.2.2 신뢰성 검정

신뢰성(reliability)이란 비교 가능한 독립된 측정방법에 의해 대상을 측정했을 때 비슷한 결과를 나타내는 것을 의미하는 것으로 안정성(stability), 일관성(consistency), 예측성(predictability) 등과 관련이 있는 개념으로서 동일한 사람에 대해 다른 환경에서 똑같은 설문지를 반복하여 측정하거나, 동등한 문항들로 구성된 서로 다른 설문지에 의해 대상을 측정하는 경우에 결과가 비슷하게 나타나야 함을 의미한다(채서일, 1994). 뿐만 아니라, 신뢰성은 측정 결과에 오차가 들어 있지 않은 정도를 의미하며, 측정도구의 타당성을 주장하기 위한 필요조건으로 신뢰성의 평가 없이는 어떤 측정도구들도 타당성을 논할 수 없다.[33)]

본 연구에서는 Cronbach's α계수를 이용한 내적일관성(internal consistency) 검정방법에 의하여 각 구성개념을 측정하는 문항들의 신뢰성을 검정하였다. α계수에 대한 통일된 절삭기준(cut-off criteria)은 없으나, Nunnally(1978)에 따르면 예비적 연구(preliminary research)에서는 α계수값이 0.5~0.6 정도면 적당

---

33) 측정도구에 대한 검정절차에 있어서 신뢰성 검정을 먼저 실시한 후에 타당성을 검정해야 하나 본 연구에서는 이동전화 서비스에 대한 고객만족 요인들의 구조가 사전에 설정되지 않은 상태에서 각 요인별로 실시하는 내적일관성에 의한 신뢰성 검정을 실시할 수 없기 때문에 탐색적 요인분석에 의해 먼저 요인들의 구조를 파악한 후에 신뢰성을 검정하는 절차를 적용하였다. 이때, 탐색적 요인분석에 의해 형성된 요인들은 당연히 구성타당성이 검정된 것이라고 할 수 있다.

표 10-17 ▮ 신뢰성 검정 결과

구성개념(요인)		Cronbach's α계수
고객만족	부가서비스	0.729
	핵심서비스	0.738
고객충성도		0.705
전환비용		0.832

하다고 할 수 있으며, 이미 기존 연구가 있을 경우에는 0.7 이상이면 신뢰성이 인정된다고 할 수 있다.

또한 Van de Ven & Ferry(1980)에 의하면 조직분야의 연구에서는 전반적인 α계수값의 범위가 0.7~0.9를 갖는다고 하였다.

본 연구의 신뢰성 검정 결과 α계수값이 최저 0.705, 최고 0.832로 모두 0.7 이상을 유지하고 있어 측정도구의 신뢰성이 인정된다고 할 수 있다. 각 구성개념별 Cronbach's α계수값이 〈표 10-17〉에 나타나 있다.

4.2 측정도구의 타당성 및 신뢰성 검정(중급편)

본 연구에서는 기존의 문헌 연구를 바탕으로 구성된 측정문항들에 대한 타당성과 신뢰성을 검정하기 위해서 1차·2차에 걸쳐 분석을 실시하였다. 먼저 1차 분석으로는 다문항(multi-item)을 이용한 각 차원들에 대한 단일차원성(unidimensionality)과 요인구조(factor structure)를 확인하기 위해서 탐색적 요인분석(EFA)을 실시한 다음 묶여진 각 차원에 대해서 신뢰성 검정을 하였다.

신뢰성 검정을 위해서 일반적으로 이용하는 문항 간 내적일관성을 검정하는 Cronbach's α계수값을 이용하였다. 이러한 과정을 거쳐 걸러진 문항들을 가지고 2차 분석인 확증적 요인분석(CFA)을 통해서 각 차원별 통계적 검정을 실시하였다.

1차 분석을 실시하기 위해서 수집된 자료를 가지고 고객만족, 충성도 그리고 전환비용 등의 각 구성개념에 대하여 직각회전(orthogonal rotation)방식에 의한 배리맥스(varimax)법을 이용한 탐색적 요인분석을 실시하였다. 직각회전의 목적은 추출된 요인들 간의 관계가 서로 독립적이어야 할 경우에 사용할 수 있으며, 이를 통해서 추출된 요인들의 해석이 용이해지며 구성타당성을 확인할 수 있다(김계수, 박형권, 2000; 채서일, 1994). 요인추출은 주성분분석(principal component analysis)방법을 이용하였고, 요인부하량(factor loading)은 0.4 이상을 기준으로 하였다. 그리고 추출되는 요인 수는 일반적 기준인 고유값(eigen value) 1 이상인 요인만을 추출하도록 하였다.

배리맥스 회전 결과 고객만족의 경우 CS1 문항은 요인부하량이 0.4 미만으로 나타났으며, CS7 문항은 중복적재(cross-loading)되는 것으로 나타나 이를 제거한 후 다시 분석하여 최종 두 개의 요인이 추출되었다. 각 요인을 부가서비스에 대한 고객만족요인과 핵심서비스에 대한 고객만족요인으로 명명하였다. 그리고 고객충성도에서 CL2가 제거되었으며, 전환비용 개념은 단일한 요인으로 나타났다.

이러한 탐색적 요인분석을 통해 추출된 요인들에 대한 신뢰성을 검정하기 위해 각 요인별 측정문항들에 대한 내적일관성 검정을 실시하였다. 내적일관성 검정은 측정도구의 문항 간에 얼마나 일관성을 보이는지를 살펴보는 과정

표 10-18 ▮ 고객만족 요인분석결과

문항	요인부하량(factor loading)				제거기준
	회전 전		회전 후		
	요인1	요인2	요인1	요인2	
CS1	0.523	-0.020	0.399	0.339	0.4 미만
CS2	0.686	-0.544	0.873	0.063	
CS3	0.682	-0.585	0.898	0.031	
CS4	0.557	0.351	0.172	0.636	
CS5	0.658	0.539	0.120	0.842	
CS6	0.659	0.550	0.113	0.850	
CS7	0.794	-0.037	0.610	0.509	중복적재
CS8	0.593	-0.170	0.551	0.276	
고유치	3.368	1.385	2.460	2.293	
누적설명분산(%)	42.097	59.408	30.751	59.408	

으로 여기서는 Cronbach's α계수를 계산하였다. 일반적으로 α값이 0.7 이상이 되어야 측정도구의 신뢰성이 보장되지만, 새로이 개발된 설문문항의 경우에는 0.6을 최저 허용치로 사용하기도 한다(Nunnally, 1978). 신뢰성 검정 결과 α계수값이 최저 0.705, 최고 0.832로 모두 0.7 이상으로 나타나고 있어 측정도구의 신뢰성이 인정되었다고 볼 수 있다. 1차 분석인 탐색적 요인분석과 신뢰성 검정 결과가 〈표 10-19〉에 나타나 있다.

1차 분석을 거친 측정문항들에 대하여 각 구성개념별로 확증적 요인분석

표 10-19 ▮ 1차 탐색적 요인분석결과

구성개념(요인)		문항	요인부하량	고유치	누적설명분산	Cronbach's α
고객만족	부가서비스	CS4	0.646	2.598	43.302	0.729
		CS5	0.864			
		CS6	0.855			
	핵심서비스	CS2	0.889	1.383	66.351	0.738
		CS3	0.912			
		CS8	0.555			
고객충성도		CL1	0.769	2.137	53.421	0.705
		CL3	0.810			
		CL4	0.719			
		CL5	0.611			
전환비용		SC1	0.926	1.713	85.663	0.832
		SC2	0.926			

(confirmatory factor analysis)을 실시하는데, 이는 신뢰성 검정이 내적일관성을 가정하나 통계적 검정을 하지 못하기 때문에 각 요인에서 단일차원성을 저해하는 문항을 제거하기 위하여 실시하였다(강병서, 2000; 김계수, 박형권, 2000; 유동근 외, 1998).

확증적 요인분석은 특정가설을 설정하고 수집된 자료에서 관찰되는 관계를 어느 정도 잘 설명하고 있는지의 정도를 파악하는 기법으로 분석 과정에서 연구자는 사전지식이나 이론적인 결과를 가지고 가설형식으로 모형화하고 행렬의 일부 원소의 값을 제약할 수 있어 탐색적 요인과 차이가 있다. 각 구성개념별 모형적합도를 검정하기 위하여, 절대적합지수의 판단기준으로 χ^2값(카이자승값은 적을수록 바람직, p값≥0.05이면 바람직), GFI(Goodness-of-Fit Index: 0.90 이상), RMR(Root Mean Square Residual: 0.05 이하) 등을 이용하였다. 그리고 증분적합지수 판단기준으로 AGFI(Adjusted Goodness-of-Fit Index: 0.90 이상), CFI(Comparative Fit Index: 0.90 이상), NFI(Normed Fit Index: 0.90 이상)을 이용하였다. 각 구성개념에 대한 확증적 요인분석 결과는 〈표 10-20〉과 같다.

LISREL을 이용한 확증적 요인분석 결과, 각 구성개념이 대부분 기준치를 만족하는 것으로 나타났다. 먼저 고객만족 요인인 부가서비스와 핵심서비스에 대한 각 모형적합도에 대한 분석결과 χ^2값은 유의하지 않아 귀무가설(H_o: $\Sigma=\Sigma(\theta)$)이 채택되었으며, 포화(saturated)모형으로 이론모형이 표본자료에 완전히 적합하는 것으로 나타났다. RMR도 0.000으로 일반적 기준치인 0.05 이하에 훨씬 못 미치는 것으로 나타났다.

표 10-20 ▮ 2차 확증적 요인분석 결과

구성개념		초기	최종	GFI	AGFI	RMR	CFI	NFI	χ^2	p
고객만족	부가서비스	3	3	–	–	0.00	–	–	0.00	1.00
	핵심서비스	3	3	–	–	0.00	–	–	0.00	1.00
고객충성도		4	4	0.98	0.92	0.041	0.97	0.90	6.22	0.045
전환비용*		2	2	–	–	–	–	–	–	–

* 앞서 실시한 탐색적 요인분석 및 신뢰성분석을 통해서 단일차원성이 확보되었으며, 두 개의 유사문항으로 구성되었으므로 확증적 요인분석을 실시하지 않았다.

고객충성도의 경우에 χ^2값은 유의한 것으로 나타나 귀무가설이 기각되었다. 그러나 Bagozzi & Yi(1988), Mulaik et al.(1989), 이순묵(1990)에 따르면 모형이 현실을 잘 설명하고 있음에도 불구하고 모형검정을 위한 여러 조건들, 예컨대 표본의 크기(sample size)가 만족되지 않아서 χ^2값이 매우 큰 값을 가지는 경우가 있으므로, 다양한 다른 적합도 지수들을 살펴보고 이론적 사고를 동원하여 경험적 결론을 내려야 한다고 지적하였다. 따라서 기타의 적합도 지수들을 살펴보면 RMR($0.041 < 0.05$)을 비롯한 GFI, AGFI, CFI, NFI값들도 기준치를 만족하는 것으로 나타났다. 그리고 2차 분석의 초기 문항들에 대한 경로계수가 모두 유의[34]한 것으로 나타나 집중타당성이 인정된다고 볼 수 있다.

〈그림 10-3〉과 〈그림 10-4〉는 확증적 요인분석을 위한 LISREL 실행결과를 보여주고 있다. 〈그림 10-3〉의 고객만족 구성요인인 핵심서비스와 부가서비스를 구성하는 각 측정문항들의 경로계수가 대부분 크고 t 값도 1.96(유의수준 0.05에서 유의함을 의미)보다 훨씬 크게 나타나 집중타당성이 있는 것으로 나타났다. 또한 〈그림 10-4〉의 고객충성도의 경우에도 이를 구성하는 측정문항과의 경로계수가 거의 0.5 이상이고 t 값도 1.96보다 훨씬 크게 나타나 집중타당성이 있는 것으로 나타났다.

집중타당성은 앞서 실시한 경로계수(표준 부하량)의 유의성($t > 1.96$)을 살펴보는 것 이외에도 구성신뢰성(construct reliability 또는 composite reliability: $CR > 0.7$)을 계산하여 확인[35]할 수 있다.

---

34) 측정변수들의 경로계수값(t값)이 핵심서비스 요인의 경우 0.80(9.43), 0.92(10.51), 0.41(5.28), 부가서비스 요인의 경우 0.47(5.94), 0.85(9.84), 0.78(9.18)이었다.

35) 구성신뢰성(CR) = $\frac{(\sum \text{표준부하량})^2}{(\sum \text{표준부하량})^2 + \sum \text{오차}}$

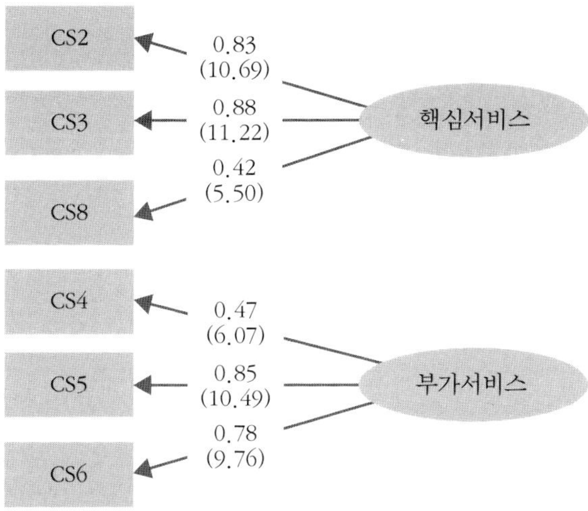

그림 10-3 ▮ 고객만족 요인의 확증적 요인분석

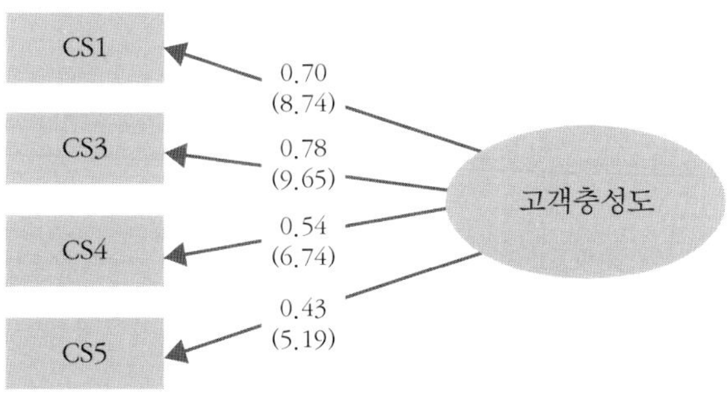

그림 10-4 ▮ 고객충성도의 확증적 요인분석[36]

핵심서비스의 구성신뢰성을 계산한 결과[37] 비교 기준치를 충족(0.769 >0.7) 하는 것으로 나타나 집중타당성이 인정된다고 하겠다(Anderson & Gerbing,

---

36) 모든 경로계수(path coefficient)가 유의수준 5%에서 유의하다(괄호안의 값은 t값).

37) $\frac{(0.83+0.88+0.42)^2}{(0.83+0.88+0.42)^2+[(1-0.83^2)+(1-0.88^2)+(1-0.42^2)]}=0.769$

1988; Bagozzi & Yi, 1988).

판별타당성을 확인하기 위해 평균분산추출(average variance extracted: AVE)[38]값을 계산하여 구성개념 간 상관계수의 제곱값을 상회할 경우(Fornell & Larcker, 1981)나 0.5 이상일 경우(Hair et al., 1998)에는 판별타당성이 존재한다고 볼 수 있다. 핵심서비스의 평균분산 추출값을 계산한 결과[39] 비교 기준치를 충족(0.547>0.5)하는 것으로 나타났으며, 또한 구성개념 간 상관계수의 제곱 값들을 상회(0.547>0.322=0.104)하는 것으로 나타나 판별타당성이 인정된다고 하겠다. 나머지 요인이 부가서비스와 고객충성도에 대한 값들도 계산한 결과가 비교 기준치를 만족하는 것으로 나타났다. 이로써 고객만족 요인에 대한 구성타당성(construct validity)이 인정된다고 볼 수 있다(Fornell & Larcker, 1981).

판별타당성(discriminant validity)을 검토하기 위한 또 다른 방법으로는 요인들 간의 상관계수를 이용하여 같은 구성개념 간의 상관계수(intra-construct correlations)값이 서로 다른 구성개념 간의 상관계수(inter-construct correlations)값보다 일관적으로 큰 경향을 보일 경우에 집중타당성과 판별타당성에 관한 기본적인 요건을 만족한다고 볼 수 있다(Bagozzi, 1981). 따라서 〈표 10-21〉에 나타나 있는 바와 같이 구성개념인 요인들에 대한 상관관계를 분석한 결과 각 상관관계행렬을 통해 집중타당성과 판별타당성을 위한 기본적인 요건을 만족하는 것으로 나타났다.

---

38) $\text{평균분산추출(AVE)} = \dfrac{\Sigma(\text{표준부하량})^2}{\Sigma(\text{표준부하량})^2 + \Sigma\text{오차}}$

39) $\dfrac{(0.83^2 + 0.88^2 + 0.42^2)}{(0.83^2+0.88^2+0.83^2) + [(1-0.83^2) + (1-0.88^2) + (1-0.42^2)]} = 0.547$

표 10-21 ▮ 구성개념 간의 상관관계 행렬

요인	핵심서비스	부가서비스	고객충성도	전환비용
핵심서비스	1.000			
부가서비스	0.322***	1.000		
고객충성도	0.646***	0.333***	1.000	
전환비용	0.003**	-0.240***	0.005**	1.000
평균	3.053	3.166	2.818	3.541
표준편차	0.949	0.905	0.875	1.144

**: $p<0.05$, ***: $p<0.01$

지금까지 살펴본 확증적 요인분석 결과와 상관관계행렬을 통해 각 요인에 대한 구성타당성(construct validity)이 인정된다고 할 수 있다.

이상에서의 분석한 결과를 바탕으로 측정도구에 대한 타당성 및 신뢰성 검정에 있어서 문제가 없다는 것을 확인한 후에 앞서 설정한 연구모형에 대한 가설검정을 실시한다. 본 연구에서의 가설검정을 하기 위해서 각 요인들에 대한 요인점수(factor score)[40]를 사용하여 회귀분석을 실시한다. 회귀분석을 위한 척도는 등간척도(interval scale) 이상을 요구하기 때문에 리커트(Likert-type)척도의 평균점수를 이용하는 것보다는 요인점수를 이용하는 것이 회귀분석을 위한 기본척도인 비율척도(ratio scale)에 더 근접하기 때문이다.

40) 문항 대 요인간의 상관관계라고 할 수 있는 요인부하량을 각 문항들에 대한 실제 응답치인 문항점수와 곱함으로써 산출된다. 즉, 요인행렬과 응답점수행렬을 곱한 값이다.

총합척도

요인분석 후에 추출된 요인들을 가지고 회귀분석을 하고자 할 경우나 상관분석을 통해 상관행렬을 산출하고자 할 때, 각 요인들은 다문항(multi-item)으로 구성되어 있기 때문에 각 구성개념 또는 요인을 하나의 대표적인 점수로 나타내야만 한다. 이럴 경우에 각 구성개념들을 이루고 있는 측정문항들을 구성개념별로 산술 평균한 점수를 이용하는데, 이를 총합척도(summated scale)라고 한다.

이러한 총합척도는 다양한 내용을 단일한 개념으로 나타낼 수 있을 뿐만 아니라, 다변량 모형에서는 다변수에 대한 간결성으로 인해 신뢰성을 향상시키는 효과가 있으며(Calantone et al., 1993; Hair et al., 1995), 개별문항들을 측정변수(indicator)로 사용하는 것에 비해서 모형모수(model parameter)들을 더 안정적으로 유지하도록 한다(Morgan & Hunt, 1994; Netemeyer et al., 1990; Reynolds & Beatty, 1999; Yoon et al., 2004).

4.3 가설 검정

4.3.1 가설 1의 검정

전환비용의 조절효과를 고려하지 않은 고객만족과 고객충성도 간의 인과관계에 대한 가설 1을 검정하기 위해 앞서 탐색적 요인분석에 의해 밝혀진 고객만족 요인인 핵심서비스와 부가서비스를 독립변수로 고객충성도를 종속변수로 하여 다중 회귀분석을 실시하였다.

〈표 10-22〉의 회귀분석 결과를 살펴보면 먼저 회귀모형의 기본가정인 잔차항(residual)에 대한 독립성 검정을 위한 더빈-왓슨(Durbin-Watson)값이 2에 수렴하므로 독립성 가정이 충족된다 하겠다(Belsley et al., 1980). 그리고 F값

표 10-22 ▮ 고객충성도에 대한 고객만족 요인의 회귀분석 결과

모 형	비표준화 계수	표준오차	표준화 계수	t값
상수	0.000	0.406		0.000
핵심서비스	0.609	0.056	0.609	10.789***
부가서비스	0.250	0.056	0.250	4.422***
R^2 = 0.433, F값 = 67.982***, D-W = 1.798				

***: $p < 0.01$

이 67.982로 유의수준 0.01에서 추정된 회귀모형이 통계적으로 유의하며,[41] 모형적합도를 나타내는 R^2값은 0.433으로 두 개의 고객만족 요인이 고객충성도를 약 43% 설명하는 것으로 나타났다. 고객충성도에 영향을 주는 고객만족 요인으로 핵심서비스와 부가서비스 요인 모두가 유의한 것으로 나타나 가설 1은 지지되었다.

표준화 계수를 통해서 중요도를 살펴보면 통화관련 핵심서비스에 대한 만족요인이 더 중요한 요인으로 나타났다. 이는 이동전화 서비스 도입 초기부터 지속적으로 강조되어 왔던 통화품질과 같은 핵심서비스가 여전히 고객들을 유지하는 데에 큰 영향을 미치고 있음을 보여주고 있다. 그리고 최근 들어 다양하게 제공되고 있는 각종 부가서비스가 고객충성도에 영향을 주고 있다는 사실을

41) 유의확률(Sig.)을 유의수준(0.1=10%, 0.05=5%, 0.01=1%)과 비교하여 통계적으로 유의한지를 검정하는 경우에 F값과 그것에 대한 유의확률(Sig.), t값과 그것에 대한 유의확률(Sig.)을 모두 나타낼 수도 있지만, 여기서와 같이 F값과 t값만을 나타내고 그것에 대한 유의성을 위첨자 별표(*, **, ***)로 나타내어도 무방하다. 실제로 국내외 대부분의 학술논문에서는 유의확률을 표시하는 대신 유의할 경우에 F값과 t값에 위첨자로 표시하는 경향이 있다.

통해서 향후 이동전화 서비스 업체에서는 고객들을 유지하기 위한 전략으로써 고객들의 욕구를 충족시킬 수 있는 차별화된 부가서비스의 개발이 중요하다는 것을 알 수 있다. 그리고 본 연구의 응답자들 대부분이 20대라는 점을 고려한다면 현재와 같은 10~20대를 겨냥한 부가서비스 개발은 앞으로 이 연령대의 고객유지에 있어서 중요한 요인으로 작용할 것이다.

4.3.2 가설 2의 검정

고객만족과 고객충성도 간의 전환비용 조절효과에 대한 가설 2를 검정하기 위해서 Sharma et al.(1981)이 제안한 조절회귀분석(moderated regression analysis: MRA) 방법을 응용하였다. 조절변수인 전환비용의 경우 이를 측정하는 문항이 두 개이므로 이들을 산술평균한 점수를 이용하였다.

〈표 10-23〉의 조절회귀분석 결과를 보면 회귀모형의 기본가정인 잔차항에 대한 독립성 가정을 만족하고 있으며, F값도 유의수준 0.01에서 추정된 회귀모형식이 유의한 것으로 나타났다. 그리고 모형적합도를 나타내는 R^2값은 0.45로 고객충성도를 45% 설명하는 것으로 나타났다. 회귀계수들을 구체적으로 살펴보면 고객만족 요인인 핵심서비스, 부가서비스는 가설 1에서와 마찬가지로 고객충성도에 유의한 영향을 주는 것으로 나타났다.

전환비용의 조절효과를 알아보기 위해서 투입한 전환비용 요인의 경우는 고객충성도에 직접적으로 혼자서는 영향을 주지 않는 것으로 나타났으나, 고객만족 요인인 부가서비스와의 상호작용을 통해서 충성도에 영향을 주는 것으로 나타났다. Sharma et al.(1981)의 연구에 따르면 단독으로는 유의한 영향을 주지 않으나 다른 독립변수와의 상호작용을 통해서만 영향을 주는 변수를 순수조

표 10-23 ‖ 전환비용의 조절회귀분석 결과

모형	비표준화 계수	표준오차	표준화 계수	t값
상수	0.028	0.057		0.489
핵심서비스	0.587	0.057	0.587	10.311***
부가서비스	0.242	0.059	0.242	4.110***
전환비용	0.007	0.060	0.007	0.117
핵심*전환비용	0.023	0.052	0.026	0.444
부가*전환비용	0.115	0.051	0.132	2.251**
$R^2=0.450$, F값=28.687***, D-W=1.806				

**: $p<0.05$, ***: $p<0.01$

절변수(pure moderator)라고 하는데 본 연구의 경우에는 전환비용이 순수조절변수에 해당된다고 할 수 있다. 이를 통해 전환비용의 조절효과에 관한 가설 2는 지지되는 것으로 나타났다.

또한 본 연구의 결과를 통해 발견된 중요한 사실은 핵심서비스에 대한 만족은 고객충성도에 단독으로 영향을 주고 있지 전환비용에 의한 조절효과의 영향을 받고 있지 않다는 것이다. 이에 반해 부가서비스에 대한 만족은 전환비용의 조절효과의 영향을 받는 것으로 이는 부가서비스에 대한 만족이 고객들의 충성도에 영향을 주는 과정에서 전환비용에 대한 고객들의 지각된 비용이 영향을 줌으로써 진실된 충성고객과 거짓된 충성고객으로 구분된다는 것이다. 예를 들어, 고객만족과 충성도 간의 일대일 대응관계에서 부가서비스에 대해 둘 다 똑같은 만족도를 보이고 있는 고객 A와 고객 B가 있을 때, 이들은 외형상으로는 똑같은 충성도를 보이고는 있지만, 전환비용을 고려할 경우에 전환비용에 대해 높게 지각한 고객 A와 낮게 지각한 고객 B는 각기 다른 충성도의 양상을 보인다는 것이다.

4.3 신뢰성 및 타당성 검정 절차가 없는 가설 검정

4.3.1 가설 1의 검정

전환비용효과를 고려하지 않은 고객만족과 고객충성도 간의 인과관계에 대한 가설 1을 검정하기 위해 고객만족 변수들을 독립변수로 고객충성도 변수를 종속변수로 하여 다중 회귀분석을 실시하였다. 그러나 종속변수인 고객충성도의 경우 이를 측정하는 문항이 5개이므로 이들 각 문항을 산술 평균한 점수를 이용한다.

〈표 10-24〉의 회귀분석결과를 살펴보면 먼저 회귀모형의 기본가정인 잔차항(residual)에 대한 독립성 검정을 위한 더빈-왓슨(Durbin-Watson)값이 2에 수렴하므로 독립성 가정이 충족된다 하겠다(Belsley et al., 1980). 그리고 추정된 회귀식에 대한 통계적 유의성 여부를 나타내는 분산분석 결과, F값이 15.647로 유의수준 0.01에서 유의하며, 모형적합도를 나타내는 R^2값은 0.421로 고객만족에 관한 8개 요인이 고객충성도를 약 42% 설명하는 것으로 나타났다.

고객충성도에 유의한 영향을 주는 고객만족 변수로는 CS2, CS7, CS8로 이들은 설문문항에서 '장소 및 지역에 따라 통화가 되는 정도', '서비스업체 이미지', '부가서비스' 로 고객들의 충성도를 유지하기 위해서는 이러한 3개의 영향 요인들을 중심으로 고객만족 개선 프로그램을 전개해야 할 것이다.

표준화 계수를 통해서 요인 간 상대적 중요도를 살펴보면 CS7(0.257) >

표 10-24 ▮ 회귀분석결과

모형	비표준화 계수	표준오차	표준화 계수	t값
상수	0.740	0.214		3.454
CS1	0.073	0.048	0.097	1.532
CS2	0.134	0.057	0.210	2.367**
CS3	0.084	0.064	0.118	1.315
CS4	-0.001	0.049	-0.001	-0.022
CS5	-0.035	0.054	-0.052	-0.646
CS6	0.045	0.065	0.058	0.702
CS7	0.193	0.061	0.257	3.186***
CS8	0.143	0.050	0.189	2.844***
R^2=0.421, F=15.647***, D-W=1.797				

**: $p<0.05$, ***: $p<0.01$

CS2(0.210) > CS8(0.189)로 '서비스업체의 이미지'가 상대적으로 가장 중요한 것으로 나타나 이동전화 서비스업체의 이미지가 고객충성도에 영향을 주는 중요한 요인인 것으로 나타났다. 다음으로는 이동전화 서비스 도입 초기부터 지속적으로 강조되어 왔던 통화품질이 상대적으로 중요한 것으로 나타나 이동전화 서비스의 핵심인 통화품질이 여전히 고객유지에 중요한 요인으로 작용하고 있음을 보여 주고 있다.

그리고 다양하게 제공되고 있는 각종 부가서비스 또한 고객충성도에 유의한 영향을 주고 있다는 사실을 통해서 앞으로 이동전화 서비스 업체에서의 고객유지를 위한 마케팅전략으로 고객들의 니즈에 적합하는 차별화된 부가서비스 개발이 중요하다는 것을 시사해주고 있다. 본 연구의 응답자 대다수가 20대 이하라는 점을 감안한다면 현재와 같은 10~20대를 겨냥한 부가서비스 개발은 향후 이 연령대의 고객유지에 중요 요인으로 작용할 것으로 본다.

4.3.2 가설 2의 검정

고객만족과 고객충성도 간 전환비용의 조절효과에 대한 가설 2를 검정하기 위해서 Sharma et al.(1981)이 제안한 조절회귀분석(moderated regression analysis: MRA) 방법을 응용하였다. 조절변수인 전환비용의 경우 이를 측정하는 문항이 두 개이므로 이들을 산술평균한 점수를 이용하였다.

〈표 10-25〉의 조절회귀분석 결과를 살펴보면 먼저 회귀모형의 잔차항에 대한 독립성 가정을 만족하고 있으며, 분산분석표의 F값을 보면 유의수준 1%에서 모형식이 유의한 것으로 나타났다. 그리고 모형적합도를 나타내는 R^2값은 0.463으로 17개의 독립변수가 종속변수를 약 46%를 설명하는 것으로 나타났다.[42)]

회귀계수들을 구체적으로 살펴보면 CS2, SC, CS2×SC가 각 유의수준에서 고객충성도에 유의한 영향을 주는 것으로 나타났다.

전환비용의 조절효과를 알아보기 위해 투입한 전환비용은 고객충성도에

42) 독립변수의 수가 증가함에 따라 그 값이 증가하는 성질을 가지고 있는 R^2값을 비교해보면, 앞의 가설 1에서는 독립변수가 8개일 때 R^2값이 0.421인데 반해 독립변수가 17개로 늘어났음에도 불구하고 R^2값은 0.463로 변수의 증가에 비해 그 증가 폭이 미미한 것으로 나타났다. 이는 독립변수들 사이에서 다중공선성(multicollinearity) 문제가 발생하였기 때문인 것으로 볼 수 있다. 다중공선성 체크는 Tolerance, VIF, Condition Index로 자세한 설명은 '4.2.3 다중공선성에 대한 점검' 부분에 나와 있다.

표 10-25 ▮ 전환비용의 조절회귀분석 결과

모형	비표준화 계수	표준오차	표준화 계수	t값
상수	1.976	0.738		2.678***
CS1	-0.039	0.152	-0.052	-0.261
CS2	0.552	0.196	0.863	2.816***
CS3	-0.173	0.223	-0.240	-0.775
CS4	-0.173	0.166	-0.235	-1.044
CS5	-0.035	0.186	0.053	0.193
CS6	0.007	0.217	0.009	0.034
CS7	-0.044	0.191	-0.059	-0.233
CS8	0.089	0.180	0.119	0.501
SC	-0.326	0.183	-0.455	-1.783*
CS1×SC	0.033	0.042	0.187	0.813
CS2×SC	-0.119	0.052	-0.840	-2.287**
CS3×SC	0.064	0.056	0.440	1.148
CS4×SC	0.045	0.044	0.285	1.047
CS5×SC	-0.018	0.051	-0.122	-0.370
CS6×SC	0.008	0.056	0.056	0.156
CS7×SC	0.075	0.052	0.533	1.471
CS8×SC	0.010	0.048	0.068	0.221
R^2=0.463, F=8.259***, D-W=1.738				

*: $p<0.1$, **: $p<0.05$, ***: $p<0.01$

직접적으로 혼자서 영향을 주는 것으로 나타났으며, 또한 고객만족 요인인 '통화품질'과의 상호작용(CS2×SC)을 통해서도 고객충성도에 유의한 영향을 주는 것으로 나타났다. Sharma et al.(1981)의 연구에 따르면 단독으로 유의한 영향을 주면서 동시에 다른 변수와의 상호작용을 통해서도 영향을 주는 변수를 유사조절변수(quasi-moderator)라고 하는데 본 연구에서의 전환비용은 유사조절변수에 해당되는 것으로 나타났다. 따라서 본 연구에서 전환비용의 조절효과에 관한 가설 2에 대한 검정 결과, 가설이 지지되는 것으로 나타났다.

이러한 연구결과를 통해서 발견된 하나의 중요한 사실은 '통화품질'에 대한 고객만족은 고객충성도에 유의한 영향을 주면서 동시에 전환비용에 의한 조절효과 영향을 받고 있다는 것이다. 이는 '통화품질'의 경우에는 고객충성도와의 관계에서 단독 혹은 고객들이 지각하는 전환비용에 의해서 그 관계가 조절되는 것으로, 현재는 외형상으로 충성스런 고객으로 보이지만 향후 산업 내의 경쟁이 치열해지거나 정부정책의 변화로 인해 전환비용이 낮아질 경우 통화품질에 불만을 느낀 고객들 중 일부가 이탈할 것으로 예상할 수 있다.

4.2.3 다중공선성(multicollinearity)에 대한 점검

회귀분석에 적용되는 중요한 전제 조건들 중의 하나가 바로 독립변수들이 밀접히 상호 연관되어 있지 않고 독립적이어야 한다는 것이다. 그러나 만약 독립변수들 간에 매우 강한 선형적 관계가 존재하는 경우에는 회귀계수의 해석에 있어 상당한 주의를 기울여야 한다. 즉, 특정 독립변수가 다른 독립변수와 매우 강한 상관관계를 가지거나, 어느 한 독립변수가 나머지 변수들의 종속변수가 되는 경우에는 다중공선성(multicollinearity)의 문제가 제기된다. 특히 심각한 다중공선성[43)]은 회귀분석 결과를 왜곡시켜 특정 독립변수의 종속변수에 대한 독자적인 효과를 측정하는 것이 불가능해진다.

일반적으로 다중공선성의 확인은 허용치(tolerance)가 0.1 미만이거나 분산팽창계수[44)](variance inflation factor: VIF)가 10 이상이면 다중공선성이 존재

표 10-26 ▮ 회귀분석결과

모형	비표준화 계수	표준오차	표준화 계수	t값	Tolerance	VIF	CI
상수	0.740	0.214	—	3.454	—	—	1.000
CS1	0.073	0.048	0.097	1.532	0.834	1.198	6.944
CS2	0.134	0.057	0.210	2.367***	0.426	2.345	8.230
CS3	0.084	0.064	0.118	1.315	0.419	2.385	9.817
CS4	-0.001	0.049	-0.001	-0.022	0.772	1.296	10.141
CS5	-0.035	0.054	-0.052	-0.646	0.517	1.933	12.901
CS6	0.045	0.065	0.058	0.702	0.493	2.027	14.053
CS7	0.193	0.061	0.257	3.186***	0.516	1.939	16.067
CS8	0.143	0.050	0.189	2.844***	0.759	1.317	17.070
R^2=0.421, F=15.647***, D-W=1.797							

**: $p<0.05$, ***: $p<0.01$

43) 3개 이상의 독립변수들 간의 강한 선형관계를 다중공선성(multicollinearity)이라고 한다.

44) 분산팽창계수(VIF)에 의한 다중공선성 체크는 여러 변수 사이에 얽혀 있는 다중공선성에 대해서는 정확한 정보를 주지 못한다는 단점을 지닌다. 여러 개의 공선성이 복잡하게 연관되어 있을 때는 고유치(eigen value)를 이용한 상태지수(CI)값을 통해 체크하는 것이 보다 효과적이다(김두섭, 강남준, 2000).

한다고 보며 특히, 최대상태지수(condition index: CI)[45]가 30을 초과할 경우에 다중공선성이 심각한 것으로 간주할 수 있다. 〈표 10-26〉을 보면 허용치와 분산팽창계수값이 각각 0.1 이상, 10 미만으로 다중공선성이 존재하지 않은 것으로 나타났으며, 상태지수 또는 최대상태지수가 17.070으로 다중공선성이 심각하지 않는 것으로 나타났다.

〈표 10-27〉의 경우에는 허용치와 분산팽창계수값이 각각 0.1 미만, 10 이상으로 다중공선성이 심각한 것으로 나타났으며, 최대상태지수 또한 111.395로 다중공선성이 매우 심각한 것으로 나타났다.

이렇게 독립변수들 간의 다중공선성이 존재할 경우에 연구자들이 회귀계수의 값이 통계적으로 유의하지 않게 나타난 변수들을 회귀모형에서 제거하는데, 이는 옳은 방법이라고 할 수 없다. 왜냐하면 이 독립변수들이 종속변수에 미치는 영향력이 거의 없어 회귀계수가 0에 근접하는 것이 아니라, 다른 독립변수들과의 다중공선성으로 인하여 주어진 자료를 가지고는 영향력을 제대로 측정하지 못한 결과이기 때문이다. 따라서 다중공선성 문제를 해결하기 위해서는 연구모형이 타당한지를 다시 한번 확인하는 것이 필요하며, 모든 변수들이 반드시 필요한 상황이 아니라면 다중공선성을 일으키는 독립변수를 회귀모형에서 제거시키는 것도 대처방안이 될 수 있다.

그러나 다중공선성을 야기하는 변수가 회귀모형에서 중요한 변수로서 제

---

45) Belsley et al.(1980)는 최대상태지수(CI)가 5~10일 경우에 독립변수 간의 공선성이 약하여(weak dependency) 그리 문제가 되지 않는 것으로, 30~100일 경우 공선성이 심각한 것(strong relation)으로 보았다. 또한, 허명회(1999)는 최대상태지수가 10 이하일 경우 다중공선성은 심각하지 않은 것으로 판단하여도 좋다고 하였다. 한편, 김두섭과 강남준(2000), 이형석(2008)은 상태지수가 30을 초과할 경우 다중공선성이 존재하는 것으로 의심할 수 있다고 하였다.

표 10-27 ▮ 전환비용의 조절회귀분석결과

모형	비표준화 계수	표준오차	표준화 계수	t값	Tolerance	VIF	CI
상수	1.976	0.738		2.678***			1.000
CS1	-0.039	0.152	-0.052	-0.261	0.082	12.180	5.990
CS2	0.552	0.196	0.863	2.816***	0.035	28.490	7.321
CS3	-0.173	0.223	-0.240	-0.775	0.034	29.134	8.338
CS4	-0.173	0.166	-0.235	-1.044	0.065	15.405	9.634
CS5	-0.035	0.186	0.053	0.193	0.043	23.204	10.092
CS6	0.007	0.217	0.009	0.034	0.044	22.771	12.594
CS7	-0.044	0.191	-0.059	-0.233	0.051	19.605	13.804
CS8	0.089	0.180	0.119	0.501	0.058	17.232	15.868
SC	-0.326	0.183	-0.455	-1.783*	0.051	19.746	16.735
CS1×SC	0.033	0.042	0.187	0.813	0.062	16.074	37.933
CS2×SC	-0.119	0.052	-0.840	-2.287**	0.024	40.910	49.532
CS3×SC	0.064	0.056	0.440	1.148	0.022	44.522	56.665
CS4×SC	0.045	0.044	0.285	1.047	0.044	22.545	73.622
CS5×SC	-0.018	0.051	-0.122	-0.370	0.030	33.108	85.573
CS6×SC	0.008	0.056	0.056	0.156	0.025	39.583	91.030
CS7×SC	0.075	0.052	0.533	1.471	0.025	39.886	109.133
CS8×SC	0.010	0.048	0.068	0.221	0.034	29.067	111.395
R^2=0.463, F=8.259***, D-W=1.738							

*: $p<0.1$, **: $p<0.05$, ***: $p<0.01$

거할 수 없는 경우에는 문제가 되는 변수를 Z점수의 형태로 표준화(standardization)하여 분석한다. 이는 변수 간의 다중상관을 변화시키지 않은 채 다중공선성으로 인한 부정확한 계산의 문제를 상당히 완화시켜 준다는 장점이 있다(Kim, 1983; 1987).

본 연구에서는 이동전화 서비스에 대한 만족을 측정하기 위한 문항들 간에 유의한 상관관계가 존재하므로 상관관계가 높은 변수들끼리 묶이게 하고 서로 묶이지 않은 변수들 간에는 완전한 직교성(orthogonality)을 유지하면서 회전하는 직각회전방식인 배리맥스(varimax)에 의한 요인분석을 실시한다. 이를 통해 독립변수를 8개에서 두 개로 축소할 수 있으며, 최종적으로 추출된 두 개의 요인을 가지고 회귀분석을 실시한다면 다중공선성의 문제를 피해갈 수 있다. 추출된 두 개의 요인은 8개의 측정변수에서 제거되고 남은 6개의 측정변수에 영향을 주는 구성개념(construct)으로서 이를 잠재변수(latent variable)라고도 한다.

결론의 예

은행의 서비스품질, 고객만족 및 고객충성도 연구

1. 연구결과의 요약 및 시사점

연구결과의 요약. 기업들은 서비스품질 개선과 고객만족 달성을 위해 부단히 노력하고 있다. 대다수의 경영자들은 시장경쟁의 정도가 심할수록 서비스품질과 고객만족의 증대만이 기업에 대한 고객충성도와 장기적 재무성과에 영향을 준다는 사실을 인식하고 있다. 따라서 서비스품질 향상을 추구하는 경영자는 고객들이 지각하는 서비스품질을 지속적으로 평가하는 시스템을 개발하여 운영하여야 한다.

본 연구에서 대표적인 소매금융 서비스인 은행에 대한 고객만족 및 고객충성도 향상 방안으로써 은행서비스품질 결정요인들을 분석하고 고객만족에 영향을 주는 서비스품질 요인들을 파악하였으며 고객만족이 타인추천 의도와 재구매 의도에 미치는 영향을 분석하였다. 이를 위해 Parasuraman et al.(1988)의 서비스품질 5차원을 활용하였으며 서비스품질의 측정에 있어서는 성과에서 기대를 빼는 SERVQUAL 모델이 아닌 성과만을 측정하는 Cronin & Taylor(1992)의 SERVPERF 모델을 적용하였다.

서비스품질과 고객만족 간의 관계를 설정한 가설 1에 대한 검정 결과, 약속된 서비스를 나타내는 신뢰성은 유의한 영향을 미치지 않는 것으로 나타났다. 반면 은행의 외형적인 모습을 나타내는 유형성은 아주 유의하게 나타났고, 대응성과 확신성 그리고 공감성도 유의한 것으로 나타났다. 따라서 은행의 서비스품질 요인들 중에서 유형성, 대응성, 확신성 그리고 공감성 등이 전반적인 고객만족에 영향을 미치는 것으로 나타났다. 이러한 고객만족 영향 요인들의 상대적 중요도를 파악하기 위해서는 표준화 베타계수를 보면 되는데 대응성, 유형성, 공감성, 그리고 확신성 순으로 중요한 요인이라고 볼 수 있다.

고객만족과 타인추천 의도 간의 관계에 관한 가설 2에 대한 검정 결과, 은행을 이용하는 고객들의 만족도가 증가할수록 타인추천 의도도 증가한다고 볼 수 있다. 따라서 앞서 실시한 가설 1에 대한 검정 결과와 연결해보면 은행서비스품질의 향상은 고객들의 만족도를 향상시키며 만족한 고객들은 잠재고객인 주변 사람들에게 추천을 하게 된다고 볼 수 있다.

마지막으로 고객만족과 재구매 의도 간의 관계에 관한 가설 3에 대한 검정 결과, 은행을 이용하는 고객들의 만족도가 증가할수록 재구매 의도도 증가한다고 볼 수 있다. 따라서 앞서 실시한 가설 1에 대한 검정 결과와 연결해보면 은행서비스품질의 향상은 고객들의 만족도를 향상시키며 만족한 고객들은 현재의 은행과 지속적인 거래를 할 것으로 예상할 수 있으며, 특히 이러한 재구매 의도의 증가를 통해 다른 경쟁은행으로의 고객이탈을 예방할 수 있다.

연구의 시사점. 서비스품질과 고객만족 간의 관계에 대한 연구결과를 통해서 국내 은행서비스에 대한 고객만족 향상을 위해서는 약속된 서비스를 나타내는 신뢰성보다는 유형성을 비롯하여 대응성과 확신성 그리고 공감성에 대한 개선이 중요하다는 사실을 알 수 있다. 특히, 중요도 순위인 대응성, 유형성, 공감성, 그리고 확신성 순으로 서비스품질을 관리함으로써 고객만족 향상을 위한 우선순위에 따라 효율적인 서비스품질 관리가 가능하다. 특히, 각 시중은행들이 지점에 대한 리모델링에 의한 환경 개선작업을 실시하는 것도 본 연구의 결과와 같이 유형성이 고객만족에 미치는 영향이 크기 때문인 것으로 이해할 수 있다.

고객만족과 타인추천 그리고 재구매 의도 간의 관계에 관한 가설에 대한 검정을 통해서 현재 시중은행들이 경쟁은행으로의 고객이탈을 방지하기 위해서는 고객들의 만족도 향상을 위한 전략적 대응방안의 필요성을 제기하였다. 실제로 기존의 연구에서는 은행의 고객유지율을 5% 증가시킬 경우 은행의 수익은 85% 증가된다고 보고 있다. 따라서 본 연구결과를 통해 은행서비스에서의 서비스품질 향상이 고객만족에 영향을 미치고 이것은 곧 고객유지율을 증가시킴으로써 은행의 수익성 향상을 가져올 것으로 기대할 수 있다.

따라서 현재의 고객들을 타인추천 의도와 재구매 의도를 가지는 충성고객으로 유지하기 위해서는 고객만족 프로그램의 활성화와 고객만족에 영향을 주는 서비스품질 결정요인들의 개선에 초점을 둔 서비스경영이 필요하다고 하겠다.

2. 연구의 한계점 및 향후 연구방향

연구의 한계점. 본 연구의 한계점으로는 먼저 실증분석을 위한 자료수집 대상이 서울지역의 은행들의 지점으로 한정하였다는 점이다. 그리고 성별 분포에 있어서 특정 시간대에 지점방문을 통한 설문조사였기 때문에 응답자들이 대부분 가정주부나 20대 직장여성이 높게 나타났으며, 다양한 연령대를 대상으로 설문조사가 이루어지지 못하였다. 이러한 설문대상자 및 조사지역에 대한 편의로 인해 연구결과에 대한 일반성이 약화될 우려가 있다.

향후 연구방향. 따라서 향후 연구에서는 설문조사 지역을 서울을 포함하여 전국의 은행지점을 대상으로 하거나 또는 광역시까지 확대할 필요가 있다. 뿐만 아니라 은행서비스는 거의 대부분의 사람들이 이용하기 때문에 은행의 각 지점을 방문하는 조사 외에도 유동인구가 밀집된 곳에서 고객들을 대상으로 설문조사를 실시함으로써 연령대에 대한 고른 분포를 얻을 수 있어 연구결과에 대한 충분한 일반화가 이루어질 수 있을 것으로 본다. 본 연구에서는 Parasuraman et al.(1988)의 서비스품질 5차원을 측정하였으나 향후에는 국내 은행서비스의 상황을 고려한 서비스품질 차원의 보강이 필요할 것으로 본다.

제11장

실증연구논문 예시

Empirical Study Research

11장
실증연구논문 예시

논문1
은행서비스에서의 종업원만족과 서비스품질 인식 및 만족도 간 관계에 관한 연구*

초록

본 연구는 종업원만족과 고객만족 간의 관계를 나타내는 만족거울효과를 분석하였다. 그리고 종업원만족이 고객들이 서비스품질 인식에 어떠한 영향을 미치는지도 살펴보았다. 이러한 만족거울모형은 본 연구의 대상인 은행서비스에서 고객만족도 향상을 위해 종업원 역할의 중요성을 잘 표현하고 있다. 연구모형에 대한 분석결과 종업원만족은 고객만족과 서비스품질 인식에 긍정적인 영향을 미치는 것으로 나타났다. 즉, 종업원들의 직무만족도가 높은 지점의 고객들의 만족도 및 서비스품질 인식이 직무만족도가 낮은 지점의 고객들에 비해 높은 것으로 나타났다.

키워드 : 종업원만족, 고객만족, 서비스품질, 만족거울효과

---

* 이형석(2005), "은행서비스에서의 종업원만족과 서비스품질 인식 및 만족도 간 관계에 관한 연구," 「POSRI경영연구」, 제5권 제2호, pp.230-250.

ABSTRACT

This study analyzed what is called the satisfaction mirror effect that expresses the relationship between employee satisfaction and customer satisfaction. In addition, this author analyzed the relationship between employee satisfaction and the perception of service quality. This satisfaction mirror model explains very well employee's role to improve the customer satisfaction in retail banking service. The result of analysis shows that employee satisfaction has the positive effect on the customer satisfaction. That is, the branch of bank has the higher employee satisfaction has the higher customer satisfaction as well as the higher the perception of service quality.

Keywords : Employee Satisfaction, Customer Satisfaction, Service Quality

Ⅰ. 서론

선진국의 경우 서비스산업이 국민총생산의 70~80% 이상으로 경제에서 차지하는 비중이 급격히 증가하고 있다. 기업 환경의 글로벌화에 따른 서비스시장의 개방화, 소비자 욕구의 변화 및 다양화로 인해 기업들이 경쟁우위를 유지하기가 점차 어려워지고 있으며, 제품 및 서비스에 대한 고객만족의 중요성 인식으로 인해 기업들은 서비스품질 개선과 고객만족 달성을 위해 부단히 노력하고 있다(이형석, 2003a).

대다수의 경영자들은 시장의 경쟁 정도가 심할수록 서비스품질과 고객만족의 증대만이 고객충성도에 영향을 주며, 장기적으로는 기업의 재무성과에 영향을 준다는 사실을 인식하고 있다(김계수, 박형권, 2000). 이는 소매금융 서비스 산업에도 적용되는 것으로서 국내외의 모든 은행들이 서비스품질 향상을 통해 고객만족과 고객충성도를 향상시키는 전략을 추진하고 있다(Levesque & McDougall, 1996).

또한 서비스 제공 차원에서의 차별화 어려움 때문에 부분적으로는 더욱 더 서비스품질 개선을 위한 전략수립과 지속적인 추구를 시도하고 있다(이형석, 2003b). 기존 고객들에 대한 서비스품질을 향상시켜 장기적인 거래를 통해 수익을 유지하는 것은 매우 중요하다. 은행의 경우에 고객 유지율을 5% 증가시킬 경우 수익은 85% 증가하게 되는데, 이는 고객만족도를 향상시키고 그것에 의한 고객유지율 증가는 서비스 기업들이 적용할 수 있는 다양한 활동에 의한 결과라고 볼 수 있다(Levesque & McDougall, 1996; Reichheld & Sasser, 1990).

은행과 같은 서비스 조직에서는 종업원과 고객 사이의 빈번한 상호작용으로 인해 종업원들이 느끼고 경험하는 것들이 서비스접점에서 고객들에게 그대로 전달되므로 종업원들에게 긍정적인 경험을 심어줌으로서 고객들의 시각에서 고품질의 서비스를 지각하도록 한다. 또한, 직무만족도가 낮은 직원일수록 이직 희망률이 높으므로 이직에 따른 상당한 손실을 가져오게 되며 특히, 서비스업의 경우 종업원 이직으로 인한 생산성 저하와 고객만족 감소를 들 수 있다. 따라서 종업원의 이직률을 낮추는 것은 숙련된 기술을 갖춘 종업원을 지속적으로 유지함으로써 서비스품질을 유지하여 생산성을 높일 수 있다. 그러므로 서비스 기업에서는 회사를 보다 가족같은 분위기로 이끌어감으로서 종업원들의 만족도를 높이고 이직률을 줄이는 시도를 하고 있다(Heskett et al., 2000). 따라서 종업원의 직무환경과 같은 내적 서비스품질은 종업원 만족의 중요한 원인이 되며, 만족도가 높은 종업원일수록 고객에 대한 외적 서비스품질을 증대시켜 고객들을 만족시킬 가능성이 상대적으로 높을 것이다.

본 연구의 주요 목적은 대표적 소매금융인 은행서비스에서의 종업원만족과 고객만족 간의 만족거울효과(satisfaction mirror effect)와 서비스품질 인식과의 관계를 분석한다. 기존연구와 관련 문헌고찰을 토대로 이론적 모형을 구성하고 이것이 실제로 국내 은행서비스에도 적용되는지를 살펴보고자 한다. 종업원만족도 측정을 위해서 기존의 직무만족도(job satisfaction) 측정에 많이 이용되는 MSQ(미네소타대학 직무만족도 측정도구)를 이용하였고, 고객만족도와 서비스품질 측정을 위해서는 SERVQUAL의 성과문항과 전반적인 만족도를 묻는 문항을 사용하였다. 만족거울효과 분석을 위해 조사대상 전체 은행 종업원들의 직무만족도 평균값을 기준으로 높은 지점과 낮은 지점으로 구분한 다음 직무만족도가 높은 지점과 낮은 지점을 방문하는 고객들 사이의 만족도 및 서비스품질 인식에 대한 차이를 분석하였다.

본 연구를 통해 얻을 수 있는 기대효과로는 지금까지 국내 은행을 비롯한 금융서비스 산업에서 고객만족 중심의 경영을 시도해왔으나, 그것에 앞서 내부고객으로서의 종업원만족도 향상을 통한 외부 고객만족도 제고를 위한 내부마케팅의 필요성, 그리고 높은 종업원 만족에 의한 개선된 서비스품질 인식과 높은 고객만족이라는 만족거울효과를 실증적 연구를 통해 확인함으로써 점점 종업원의 역할이 중요한 다른 서비스산업에도 적용할 수 있을 것으로 기대한다.

II. 이론적 배경

1. 종업원만족

종업원만족에 대한 연구는 대부분의 품질지향적인 기업전략에 있어서 핵심적인 사항이다(Fosam et al., 1998). 특히 종업원이 고객과 직접적으로 접촉

하는 경우에 그러한데, 종업원만족을 달성하게 되면 고객만족을 확보할 수 있다(Rust et al., 1998). 기본적으로 서비스조직에서는 종업원과 고객은 매우 빈번하게 상호작용을 한다. 따라서 종업원들이 느끼고 경험하는 것들은 서비스접점(service encounter)에서 고객에게 그대로 전달될 수밖에 없다. Schneider & Bowen(1993)은 종업원들이 자신들의 직무에 대해 경험한 것을 제대로 파악하고 있는지의 여부는 고객들이 서비스품질을 어떻게 지각하는가에 달려 있으며, 통계적으로 유의한 영향을 미친다고 하였다. Edvardsson et al.(1997)은 종업원들에게 긍정적인 경험을 심어줌으로써 외부고객의 입장에서 고품질의 서비스를 지각할 수 있도록 하는 것이 매우 중요하다고 지적하였다.

전통적으로 인사관리 영역에서는 종업원들의 만족도 제고를 위해서 공정성(justice)이라는 개념을 도입해 이를 설명하고 있다. 즉 기업이 종업원들을 공정하게 대우하거나 혹은 종업원들이 공정하게 대우를 받는다는 생각을 갖게 되면 이는 조직에 대한 몰입(commitment)을 높여준다는 것이다. 또한 외부고객의 관점에서도 종업원들이 공정하게 대우를 받게 되면 그것이 서비스경험, 예컨대 서비스전달과정(service delivery)과 서비스회복(service recovery)을 통해서 느낄 수 있게 된다고 하였다(Bowen et al., 1999).

종업원만족을 위해서는 이들의 욕구를 충족시켜 주어야 하는데, 기존연구(Atkins et al., 1996; Hallowell et al., 1996)에 따르면 종업원의 욕구는 직무와 관련된 과업과 같은 내적(content)요인과 임금, 신분안정, 감독, 역할갈등, 조직구조, 직무분위기와 같은 직무의 외적(context)요인으로 구분한다. 그리고 외적요인은 다시 경제적 요인과 비경제적인 요인으로 구분한다. 이러한 종업원만족에 영향을 미치는 제 요인들 간의 상대적 영향력에 대해서는 우선 내적요인보다는 외적요인이 종업원만족과 높은 상관관계를 가진 것으로 나타났고, 외적요인 중에서도 비경제적 요인이 경제적 요인보다 종업원만족에 상대적으로 큰 영향을 미치는 것으로 나타났다.

2. 고객만족

고객만족이 가지는 가치는 반복구매, 재구매 의도 및 우호적인 구전에 직접적인 영향을 미침으로써 마케팅활동에서 가장 핵심적인 변수의 역할을 하게 된다는 데 있다. 다시 말해서 고객만족은 고객의 욕구나 기대에 대한 서비스 제공능력의 평가치와 구매 후 행동에 대한 효과적인 예측치로서의 성격을 가지기 때문에 그 중요성이 매우 크다(곽동성, 강기두, 1999).

고객만족에 대한 정의는 결과에 강조를 두느냐 혹은 과정에 강조를 두느냐에 따라 두 가지 유형이 존재한다. 결과에 강조를 두는 개념으로는 '소비자가 치른 대가에 대해 적절히 혹은 부적절히 보상되었다고 느끼는 소비자의 인지적 상태'(Howard & Sheth, 1969), '구매한 특정 제품이나 서비스, 소매상, 혹은 쇼핑이나 구매행동과 같은 형태와 관련된, 또는 이들에 의해 야기되는 경험에 대한 감정적 반응'(Westbrook & Reilly, 1983), '불일치된 기대와 소비자가 소비경험에 대해 사전적으로 가지고 있던 감정이 복합적으로 결합하여 발생된 종합적 심리상태'(Oliver, 1981)가 있다. 그리고 과정에 강조를 두는 개념으로는 '소비경험이 최소한 기대되었던 것보다는 좋았다는 평가'(Hunt, 1977), '선택된 대안이 그 대안에 대한 사전적 신념과 일치되었다는 평가'(Engel & Blackwell, 1982), 혹은 '사전적 기대와 소비 후 지각된 제품성과 사이의 차이에 대해 보이는 소비자의 반응'(Tse & Wilton, 1988) 등으로 정의될 수 있다. 이러한 정의는 모두 고객만족의 근저에는 평가 과정이 중요한 요소로 존재한다는 점을 강조하고 있다(이유재, 이준엽, 1997).

3. 만족거울효과

서비스 기업에서 고객과 종업원 간의 만족도 측정치들은 일반적으로 서로 밀접하게 관련되어 있으나, 구체적으로 서로 간의 인과관계가 분명하지 않다. 그러나, 외부고객에게 양질의 서비스를 제공하려는 기업은 반드시 기업내부의 고객인 종업원들의 욕구에 부합하는 활동을 전개해야 한다(Fitzsimmons & Fitzsimmons, 2004; Heskett et al., 1997).

Pfau et al.(1991)은 외부 고객만족은 내부 고객만족의 산출물이라고 지적하면서 직장상사, 종업원 요구를 파악할 수 있는 능력과 전달할 수 있는 능력 등이 종업원만족의 중요한 요소임을 제시하였다.

Schneider(1980)은 23개 은행지점에 대한 연구를 통하여, 〈그림 1〉[1]과 같이 각 은행지점별로 방문한 고객과 직원이 지닌 서비스품질에 대한 인식 사이에 높은 상관관계가 있음을 밝혔다.

그는 이 연구에서 직원에게는 고객들이 지점에서 제공받은 서비스의 품질에 대한 자신의 생각과 의견을 평가하도록 하였으며, 고객에게는 지점에서 받은 서비스품질에 관해 직원과 마찬가지로 동일한 6점 척도로 평가하도록 하였다. 그리고 심층분석을 통하여 지점의 관리자가 서비스를 강조하는 지점인 경우에 고객이 다른 지점의 서비스보다 더 훌륭하다고 인식하고 있음을 발견하였다. 또

1) 11장의 예시논문들은 1장~10장에서 표시된 그림 및 표의 번호와 다르게 표시하였다.

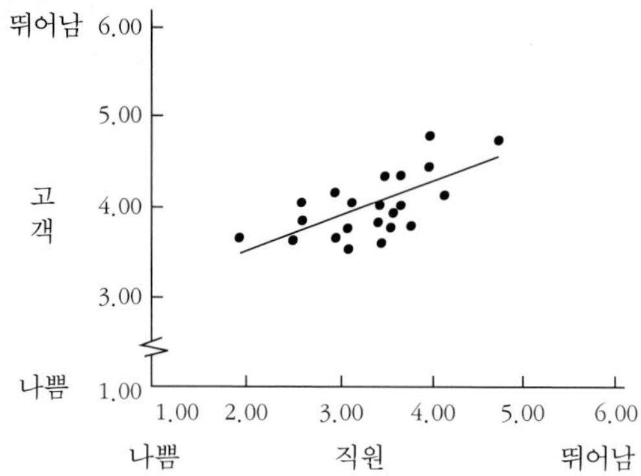

〈그림 1〉 고객과 직원의 서비스 인지도 간의 관계

자료: Schneider, B. "The Service Organization: Climate Is Crucial," *Organizational Dynamics*, Autumn, 1980, pp.62.

한 직원들이 매우 강력하게 고객지향적인 서비스를 추구할 때 고객들은 그 지점의 서비스가 우수하다고 평가하였다. 이는 고객 중심적인 서비스를 실행하게 되면 고객들에 의해 관측될 수 있으며, 더 나아가 고객을 다루는데 적합한 스타일에 관하여 직원들의 견해와 일치하는 탁월한 서비스 실무 및 절차를 이끌어 낼 수 있다. 따라서 직원과 고객이 서비스를 다른 각도에서 바라본다 할지라도 조직 효과성에 대한 그들의 인식에는 긍정적인 관계가 있음을 알 수 있다.

고객과 직원 간의 이러한 관계는 〈그림 2〉와 같은 만족거울로 나타낼 수 있는데, 만족거울이라는 용어는 Schneider & Bowen(1985)의 논문에서 처음 소개되었으며, 거울을 중심으로 복잡하게 연결된 요인들로 이루어져 있다.

서비스접점에서 일관되고 긍정적인 종업원 충성도를 촉진하는 만족 수준을 이끌어내면, 작업의 효율성과 고객만족이 균형을 이룰 수 있는 가능성은 의

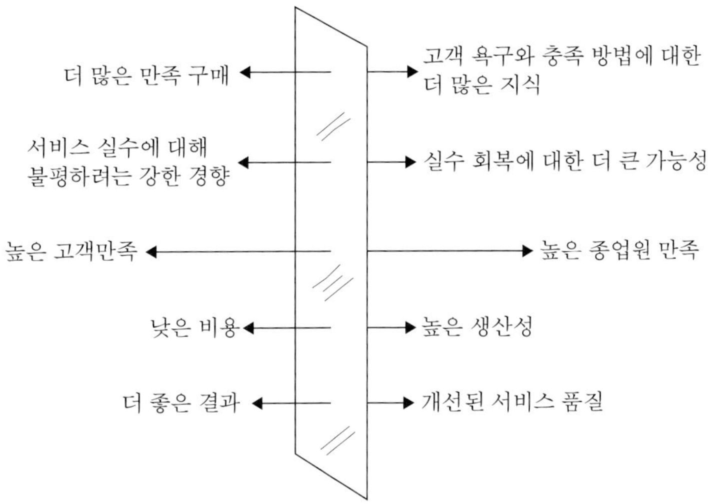

〈그림 2〉 만족거울

자료: Heskett, James L W., Earl Sasser Jr., & Leonard A. Schlesinger, *The Service-Profit Chain*, Samsung Economic Research Institute, Korean Edition, 2000, pp.163.

미있게 된다. 한 업무에 장기 근속한 종업원은 업무의 요구조건과 업무를 제대로 수행하는 법을 배울 수 있을 뿐 아니라, 고객과의 긍정적인 관계가 형성되고 고객의 관심 분야와 요구사항을 알게 된다. 이럴 경우 서비스접점에서 잘못이나 오해가 발생하더라도 서로 이해할 수 있는 고객 대 종업원 관계로 발전하게 된다. 또한 만족거울은 경영진에게 교훈을 제시하는데, 경영진과 접점 종업원을 관련짓는 방법은 종업원이 외부고객을 어떻게 대응하는냐를 반영하는 것이 된다.

또한, Schneider & Bowen(1985, 1993)은 고객과 종업원만족 수준 간의 밀접한 관계를 은행지점들을 대상으로 한 연구에서 그들은 '종업원들이 자신의 업무를 지원받는다고 믿는 정도에 따라 고객만족에 대한 일관된 정보가 촉진된다'고 결론지었다. 이러한 효과는 대부분의 서비스기업에서 발견되었으며, 몇몇 유명한 기업의 고객과 종업원만족의 예는 〈표 1〉과 같다.

고객과 종업원만족의 관계는 통계적으로 분석이 가능한 모든 경우에 통계적으로 의미가 있으며, 데이터 분석이 명확치 않은 경우인 미국 내 대기업에 대한 연구에서도 종업원만족이 고객만족과 상당히 유의한 관계에 있음을 발견하였다(Heskett et al., 2000).

〈표 1〉 고객만족과 종업원만족 간의 관계

조직	업무	종업원 유형	발견사항
MCI 통신회사	전화 통신	서비스 센터 종업원	종업원만족과 고객만족 그리고 서비스를 계속 이용하려는 의도 간의 유의한 관계
칙필라	음식 서비스	식당 종업원	평균 이상의 고객만족을 나타내는 음식점의 78%가 평균 이상의 종업원만족을 나타냄
서유럽화폐 중앙은행	은행 업무	은행지점의 종업원	종업원만족과 고객만족 간의 유의한 관계
Magor U.S. 여행서비스	여행 서비스	서비스지점의 종업원	종업원만족과 고객만족 간의 유의한 관계
서비스 마스터	청소 서비스	청소 서비스 제공자	종업원만족 1% 증가 = 종업원몰입 5% 증가 = 고객만족 22% 증가
제록스	사무용 기계	서비스 센터 종업원	종업원만족과 고객만족 간의 유의한 관계

자료: Heskett, James L W., Earl Sasser Jr., & Leonard A. Schlesinger, *The Service-Profit Chain*, Samsung Economic Research Institute, Korean Edition, 2000, pp.161.

Ⅲ. 실증분석

1. 연구모형 및 측정문항의 구성

본 연구모형은 앞서 살펴본 이론적 고찰을 통해 구성되었는데, 먼저 Heskett et al.(2000)의 연구에서 제시된 종업원만족과 고객만족 간의 만족거울효과를 알아보기 위해 가설 1과 Schneider(1980)의 은행지점의 연구에서 밝혀진 고객과 직원이 지닌 서비스품질에 대한 인식 사이의 관계를 발전시켜 종업원의 만족도와 고객의 서비스품질 인식 간의 차이를 알아보기 위한 가설 2를 설정하였다.

본 연구에서의 종업원만족도와 고객만족도 그리고 서비스품질을 측정하기 위한 문항은 〈표 2〉와 같다. 종업원만족도를 측정하기 위해 본 연구에서는 일반적으로 조직행동연구에서 직무만족도 측정에 사용되는 MSQ(Minnesota satisfaction Questionnaire)문항을 이용하였다. MSQ는 직무와 관련된 다양한상

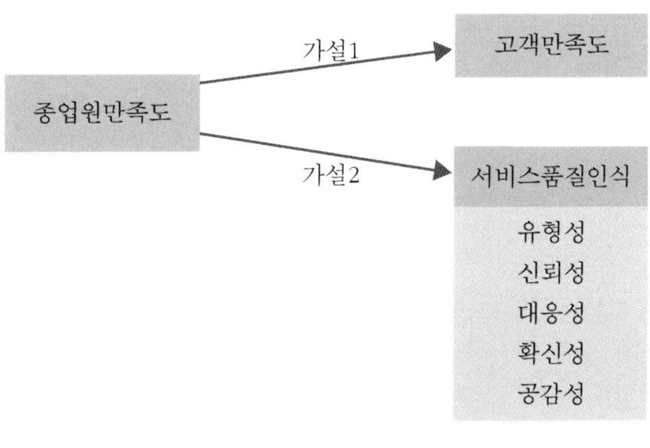

〈그림 3〉 연구모형

〈표 2〉 측정문항의 구성

요인	문항내용	
종업원 만족도	자신의 능력 활용 정도 자유재량권 회사정책 및 실행과정 개인적 독립성 보장 관리감독에서의 인간적 관계	
고객 만족도	모든 것을 고려한 전반적 서비스에 대한 만족	
서비스품질	유형성	은행의 최신장비 사용 신간서적 및 정수기 구비 은행의 주차시설 은행의 물적시설 직원의 옷차림과 용모 적합한 시설과 분위기
	신뢰성	업무처리시간 준수 고객문제에 대한 해결 본 은행에 믿고 의지 약속한 시간에 제공 업무기록 정확히 유지
	대응성	업무처리 예약 신속한 서비스 제공 직원들의 자발성 고객요구의 신속대응
	확신성	직원에 대한 신뢰 거래에서의 안도감 직원의 공손함 은행의 직원지원
	공감성	은행의 개별고객 관심 직원의 개별고객 관심 고객 필요를 이해 고객이익 고려 편리한 영업시간

황에서 종업원이 직무에 대하여 만족하는 범위를 나타내는 척도로서 직무만족도 평가를 위해 가장 많이 사용되는 측정도구이다(Greenberg & Baron, 1997).

고객만족도는 은행서비스를 이용하면서 느끼는 서비스 전반에 대한 만족을 묻는 문항으로 측정하였다. 서비스품질 측정을 위해서는 현재 가장 많이 이용되고 있는 서비스품질 측정도구인 SERVQUAL의 성과품질(perceived quality)을 측정하기 위한 22문항을 기본으로 하여 국내 은행지점의 상황을 고려하여 유형성에 두 개의 문항을 추가하여 총 24개 문항으로 구성된 설문을 사용하였다(Parasuraman et al., 1988).

2. 자료수집과 분석방법

본 연구의 모형을 분석하기 위한 자료를 수집하기 위해 서울 시내에 있는 주요 금융기관들을 대상으로 방문설문조사를 실시하였다. 일반적으로 은행을 비롯한 대부분의 금융기관들이 오전 9:00부터 오후 5:00까지만 서비스 업무를 제공하기 때문에 임의로 선택한 은행들을 영업시간대에 방문하여 직원 및 방문 고객들에게 조사원들이 직접 설문지를 배포하였다. 업무가 바쁜 시간대에는 고객들을 위주로 설문을 하였고, 고객들이 드문 시간에는 직원들을 대상으로 설문을 실시하였다.

설문조사는 2004년 4월 28일부터 5월 20일까지 평일에 3주간에 걸쳐 이루어졌으며, 은행서비스를 이용하는 고객 400명에게 설문지가 배포되었다. 그 중에서 무응답 문항이 있거나 문항의 내용과 상관없이 일렬로 점수를 부여한 것과 같이 불성실한 응답을 한 5부를 제외한 총 395부를 최종분석에 이용하였다. 종업원들에 대한 직무만족도 조사를 위해서 금융기관 지점별로 2~3명의 직원

〈표 3〉 신뢰성 검정결과

구성개념		문항수	Cronbach's α계수값
서비스품질요인	유형성	6	0.769
	신뢰성	5	0.873
	대응성	4	0.874
	확신성	4	0.880
	공감성	5	0.808
직무만족도		5	0.868

들을 대상으로 설문을 하여 일반은행 22개 지점, 새마을금고 3개 지점, 우체국 7개 지점을 포함한 총 34개 지점에서 총 77명의 종업원 자료를 수집하여 분석하였다.

수집된 자료는 먼저 설문 대상자들의 표본특성을 파악하기 위해 빈도분석을 실시하였다. 그리고 종업원만족도 평균점수를 기준으로 하여 만족도가 높은 지점과 낮은 지점으로 나누어 고객만족도 및 서비스품질 평균점수의 차이를 비교 분석하였다. 측정문항에 대한 신뢰성 검정을 위해 Cronbach's α계수에 의한 내적일관성 검정을 실시하였으며, 일반적 기준치인 0.7을 상회하는 것으로 나타나 신뢰성에는 문제가 없는 것으로 나타났다.

타당성 검정의 경우에는 이미 많은 연구자들에 의해 타당성이 입증된 도구인 MSQ와 SERVQUAL을 사용하였기 때문에 내용타당성(content validity)은 인정된다고 할 수 있다. 그리고 단일차원성(unidimensionality) 검정을 위해 요

〈표 4〉 단일차원성 검정결과

요인	문항	부하량	요인	문항	부하량
유형성	sq1	0.605	확신성	sq16	0.849
	sq2	0.714		sq17	0.880
	sq3	0.541		sq18	0.881
	sq4	0.753		sq19	0.820
	sq5	0.723	공감성	sq20	0.871
	sq6	0.783		sq21	0.858
신뢰성	sq7	0.799		sq22	0.859
	sq8	0.799		sq23	0.840
	sq9	0.842		sq24	0.495
	sq10	0.840	직무만족도	msq1	0.726
	sq11	0.794		msq2	0.795
대응성	sq12	0.779		msq3	0.826
	sq13	0.885		msq4	0.881
	sq14	0.891		msq5	0.812
	sq15	0.856			

인분석을 실시하였으며, 그 결과 각 요인을 구성하는 문항들이 단일차원상에 존재하는 것으로 나타났다. 본 연구의 실증분석을 위해 사회과학 통계분석을 위한 SPSS 11.5를 활용하였다.

3. 표본자료의 특성

은행서비스를 이용하는 고객들 가운데 본 연구의 설문에 응답한 고객들과 직원들에 대한 표본자료 특성을 분석한 결과가 〈표 5〉와 같다. 고객들의 성별을 살펴보면 남성이 37.0%이고 여성이 63.0%로 남성에 비해 여성이 은행을 더 많이 방문하는 것으로 조사되었다. 이는 대부분의 가정에서도 주부인 여성이 남성보다 은행서비스를 더 많이 이용하기 때문이고, 또한 직장인의 경우에도 회계 및 경리관련 업무를 하는 것도 여성이 더 많기 때문인 것으로 볼 수 있다. 또한 설문조사 시에도 직장 여성이 회사업무로 은행을 더 많이 방문하고 있었다.

고객 연령의 경우 20대가 34.2%, 30대가 25.1%, 40대 이상이 38.5%로 전체 응답자들 대부분이 20~30대의 젊은 고객으로 나타났다. 그리고 직업별로 보면 가정주부가 24.6%로 가장 많았고, 학생이 19.5%, 전문직이 14.9%, 영업판매직이 13.9%, 사무직이 12.9%로 나타났다. 가정주부와 학생을 제외하고는 직업별 방문분포가 비슷한 것으로 나타났다.

4. 연구모형에 대한 가설검정 결과

4.1 가설 1의 검정

Heskett et al.(2000)의 만족거울효과 모델에서 제시된 것처럼 직무에 만족한 종업원일수록 고객들을 더 잘 만족시킬 수 있다는 상호적인 관계를 분석하기 위해 은행의 각 지점들을 직무만족도가 높은 지점과 낮은 지점으로 나누고 각 지점을 방문하는 고객들의 만족도에 차이가 있는지를 검정하였다.

두 독립표본에 대한 평균값의 차이검정을 위해 먼저 Levene의 등분산

〈표 5〉 빈도분석 결과

응답대상	인구통계학적 특성	세부항목	빈도	백분율
고객	성별	남	146	37.0
		여	249	63.0
	연령	10대	9	2.3
		20대	135	34.2
		30대	99	25.1
		40대	98	24.8
		50대 이상	54	13.7
	학력	중졸 이하	31	7.8
		고졸	138	34.9
		전문대졸	60	15.2
		대학재학	69	17.5
		대졸	86	21.8
		대학원 이상	11	2.8
	직업	가정주부	97	24.6
		학생	77	19.5
		영업판매직	55	13.9
		생산기술직	8	2.0
		전문직	59	14.9
		공무원	11	2.8
		사무직	51	12.9
		무직	4	1.0
		기타	33	8.4
	합계		395	100.0
직원	은행종류	일반은행	42	54.5
		농협 · 수협	10	13.0
		새마을금고	11	14.3
		우체국	14	18.2
	합계		77	100.0
	성별	남	21	27.3
		여	56	72.7
	학력	고졸	27	35.1
		전문대졸	16	20.8
		대졸	33	42.9
		대학원졸	1	1.3
	연령	20대	30	39.0
		30대	36	46.8
		40대	10	13.0
		50대 이상	1	1.3
	근무연수	3년 미만	25	32.5
		3년 이상 5년 미만	10	13.0
		5년 이상 10년 미만	22	28.6
		10년 이상	20	26.0
	합계		77	100.0

〈표 6〉 직무만족도 차이에 따른 고객만족도 차이분석 결과

요인	직무만족도 낮은 지점			직무만족도 높은 지점			평균 차이	t값	유의 확률
	N	평균	표준편차	N	평균	표준편차			
고객 만족도	144	4.099	1.011	251	4.666	1.048	-0.567	-5.243	0.000***

*** : p< 0.01

(equality of variance) 검정을 실시하였으며, 그 결과 유의수준 0.01에서 등분산가정을 만족(F값=3.684, 유의확률=0.056)하는 것으로 나타났다. 그리고 직무만족도에 따른 고객만족도의 차이를 분석한 결과 〈표 6〉과 같이 유의수준 0.01에서 통계적으로 유의한 차이를 보이는 것으로 나타났다.

본 연구의 첫 번째 가설 검정결과 직무만족도가 높은 지점에서의 고객만족도 평균점수가 직무만족도가 낮은 지점에 비해 더 높은 것으로 나타났으며, 이는 종업원들의 만족도 향상이 곧 고객만족도 향상을 가져온다는 사실을 확인할 수 있다. 따라서 종업원의 만족도를 향상시키기 위해서는 구성원 간 인간적인 관계, 독립성 보장, 정책 및 실행과정의 투명성, 자유재량권, 개인능력의 활용도를 높일 수 있도록 해야 한다. 또한 Atkins et al.(1996)의 연구에서 밝혀진 것과 같이 종업원의 만족도는 임금, 신분안정, 감독, 역할갈등, 조직구조, 직무분위기와 같은 직무의 외적요인에 의해 영향을 받으므로 이를 조절하는 것도 중요하다. 이미 만족거울모형에서 설명하였듯이 서비스 기업에서의 고객과 종업원 간의 만족도 측정치들은 서로 밀접한 관련이 있으며, 직무관련 내부품질은 종업원만족도를 좌우한다고 볼 수 있다.

4.2 가설 2의 검정

앞서 분석한 직무만족도가 높은 지점을 방문하는 고객들의 만족도가 직무만족도가 낮은 지점의 고객들에 비해 높게 나타난다는 결과를 통해 실제로 종업원만족도가 직접 고객만족도에 영향을 미친다고 볼 수도 있으나, Heskett et al.(1994, 2000)과 Schneider(1980)의 연구에서 밝혀진 것처럼 고객들의 서비스품질 인식을 거쳐서 영향을 미친다고 할 수 있다. 따라서 본 가설에서는 종업원들의 직무만족도의 높고 낮음에 따라 고객들의 서비스품질 인식에 어떠한 차이가 있는지를 검정하였다.

가설 검정에 앞서 독립된 두 표본에 대한 평균값의 차이를 검정해야 하는데 Levene의 등분산(equality of variance) 검정을 실시한 결과 유의수준 0.01에서 모든 서비스품질요인이 등분산가정을 만족($F값_{유형성}$=0.264, 유의확률=0.607; $F값_{신뢰성}$=0.327, 유의확률=0.568; $F값_{대응성}$=0.868, 유의확률=0.352; $F값_{확신성}$=0.813, 유의확률=0.368; $F값_{공감성}$=3.704, 유의확률=0.055)하는 것으로 나타났다. 그리고 직무만족도에 따른 서비스품질 요인별 평균값의 차이를 분석한 결과 유의수준 0.01에서 통계적으로 모두 유의한 차이를 보이는 것으로 나타났다.

〈표 7〉의 분석결과에서 보듯이 직무만족도가 낮은 지점보다 높은 지점에서의 고객들이 인식하는 서비스품질 평균점수가 높게 나타났다. 서비스품질 요인별로 살펴보면, 확신성에서 가장 큰 차이를 보였는데, 확신성은 은행거래에서 안도감을 느끼며, 직원을 신뢰할 수 있고, 직원이 공손하고, 은행으로부터 적절한 지원을 받고 있는지에 대한 것으로 직무에 만족한 직원일수록 고객들에게 공손하며 신뢰감을 줄 수 있는 확신에 찬 서비스를 제공하여, 고객들의 눈에

〈표 7〉 직무만족도 차이에 따른 서비스품질 차이분석 결과

서비스 품질요인	직무만족도 낮은 지점			직무만족도 높은 지점			평균 차이	t값	유의 확률
	N	평균	표준편차	N	평균	표준편차			
유형성	144	4.114	0.881	251	4.682	0.905	-0.568	-6.062	0.000***
신뢰성	144	4.474	1.073	251	4.983	1.046	-0.509	-4.611	0.000***
대응성	144	4.295	1.213	251	4.844	4.086	-0.549	-4.632	0.000***
확신성	144	4.104	1.215	251	4.966	1.082	-0.862	-7.283	0.000***
공감성	144	3.655	1.022	251	4.232	1.249	-0.577	-4.711	0.000***

*** : $p<0.01$

은행이 직원들에게 적절한 지원을 하고 있다는 인상을 줄 수 있기 때문이다.

다음은 공감성으로 이는 고객들에게 더 관심을 보이며, 고객을 진심으로 생각하며, 고객의 기대를 충족시키고자 노력하는 것으로 은행 서비스의 경우 직원이 서비스접점(encounter)에서 직접 고객들에게 서비스를 제공하기 때문에 직무에 만족하는 직원일수록 고객들에게 더 많은 배려를 위해 노력하기 때문이라고 할 수 있다. 뿐만 아니라, 만족한 직원일수록 고객에게 대한 태도와 말투 그리고 고객에 대한 개별적인 관심을 보일 수 있다. 물리적 시설과 종업원의 용모에 해당되는 유형성 품질이 유의한 차이를 보였는데, 이는 은행서비스의 특성상 고객들이 방문하는 은행의 지점이 곧 직원들이 근무하는 환경이 되기 때문에 작업환경이 좋은 지점의 직원들은 다른 지점에 비해서 직무만족도가 상대적으로 높으며 동시에 환경에 맞는 복장과 외모에도 각별한 신경을 쓰기 때문이다. 그리고 대응성과 신뢰성 품질은 은행이 고객들에게 약속한 서비

스를 제대로 전달하고 믿음을 주는 것으로써 고객의 입장에서 볼 때, 그리고 직원들의 업무처리 모습을 통해서 신뢰감이 전달된다는 점을 볼 때, 직무에 만족한 직원이 상대적으로 적극적인 서비스 제공능력을 보여줄 수 있다. 이러한 결과를 통해서 은행서비스에서 고객만족은 곧 종업원의 만족에 의한 서비스품질 인식의 향상에서 시작됨을 알 수 있다.

Ⅳ. 결론

금융서비스시장의 개방화와 국내 경제에서 차지하는 비중의 증가, 그리고 소비자들의 금융서비스에 대한 욕구의 변화로 인해 많은 은행들은 경쟁우위의 확보를 위해 끊임없이 노력하고 있다. 이를 위해 각 은행들은 대 고객 서비스품질 개선을 통한 고객만족 달성에 총력을 기울이고 있으며, 충성고객 증가에 따른 재무적 성과 향상에 집중하고 있다.

은행과 같은 서비스 조직에서는 종업원과 고객 간의 빈번한 상호작용으로 인해 종업원들이 인지하는 것들이 서비스접점에서 고객들에게 그대로 전달되므로 종업원들에게 긍정적인 경험을 심어줌으로써 고객들의 시각에서 서비스 품질을 지각할 수 있도록 하는 것은 중요하다. 또한 종업원의 직무환경과 같은 내적 서비스품질은 종업원만족의 중요한 원인이 되며, 만족도가 높은 종업원일수록 고객에 대한 외적 서비스품질 및 가치를 증대시킴으로써 고객들을 만족시킬 가능성이 상대적으로 높아진다.

그러므로 본 연구에서는 소매금융 서비스 기관인 은행을 대상으로 앞서 살펴본 종업원만족도와 고객만족도 간에 일어나는 관계성을 Heskett et al. (2000)이 제안한 만족거울모형을 통해 분석하였다. 즉, 고객과 직원이 지닌 서비스품질에 대한 인식 사이의 관계를 발전시켜 종업원의 만족도와 고객의 서비스품질 인식에 대한 모형을 설정하고 그 차이를 분석하였다.

종업원만족과 고객만족 간의 만족거울효과 분석을 실시한 결과 직무만족도가 높은 지점에서의 고객만족도 평균점수가 직무만족도가 낮은 지점에 비해 더 높은 것으로 나타나 종업원들의 만족도 향상이 곧 고객만족도 향상을 가져온다는 사실을 확인할 수 있었다. 그리고 종업원만족도의 차이가 고객들의 서비스품질 인식의 차이를 유발하는지를 분석한 결과 직무만족도가 낮은 지점보다는 높은 지점에서의 고객들이 인식하는 서비스품질 점수가 높게 나타났으며, 통계적으로도 유의한 차이를 보였다. 가장 큰 차이를 보인 확신성과 공감성 품질차원의 경우에는 은행서비스의 특성상 고객과의 거래에서 안도감을 느끼며, 직원을 신뢰할 수 있고, 고객들에게 공손하게 대해주는 직원들을 통해 은행이 직원들에게 적절한 지원을 해주고 있다는 느낌을 받을 수 있게 해준다. 또한 고객들에게 관심을 보이며, 진심으로 생각하며, 고객의 기대를 충족시키고자 노력하는 것으로 직무에 만족하는 직원일수록 고객들에게 더 많은 배려를 위해 노력하기 때문이라고 할 수 있다.

유형성 품질의 경우에 고객들이 방문하는 은행의 지점이 곧 직원들이 근무하는 환경이 되기 때문에 작업환경이 좋은 지점의 직원들은 다른 지점에 비해서 직무만족도가 상대적으로 높으며 동시에 환경에 맞는 복장과 외모에도 각별한 신경을 쓰기 때문이라고 할 수 있다. 그리고 신뢰성 및 대응성 품질은 은행이 고객들에게 약속한 서비스를 제대로 전달하고 믿음을 주는 것으로 고객의 입장에서 볼 때, 그리고 직원들의 업무처리 모습을 통해서 신뢰감이 전달된다는 점을 볼 때, 직무에 만족한 직원이 상대적으로 적극적인 서비스 제공능력을 보여줄 수 있다.

본 연구의 결과는 Schneider & Bowen(1985, 1993, 1995), Heskett et al.(2000)의 연구에서처럼 높은 종업원만족은 이직률 감소와 높은 생산성을 유발하게 되고 이는 숙련된 노동력에 의한 서비스품질 개선과 비용절감 그리고 높은 고객만족을 가져오게 된다. 이러한 상호적 관련성이 궁극적으로 은행 고객들의 이탈감소와 충성고객의 증가로 인한 매출액 및 기업 이익의 증가를 야기하는 것이다. 또한 내부 마케팅의 대상 고객인 종업원들의 직무관련 만족도 예컨대, 임금, 신분안정, 감독, 역할갈등, 사내분위기와 같은 직무 외적 요인을 조절하는 것은 매우 중요하다고 볼 수 있다.

본 연구의 의의로는 지금까지 국내 은행서비스 산업에서 고객만족 중심의 경영을 시도해왔으나, 그것에 앞서 내부 고객으로서의 종업원만족도 향상을 통한 외부 고객만족도 제고의 필요성, 그리고 높은 종업원만족에 의한 개선된 서비스품질 인식과 높은 고객만족이라는 만족거울모형을 실증적 연구를 통해 확인하였다는 점이다. 따라서 서비스접점 종업원의 역할이 다른 서비스산업에 비해 중요한 은행서비스의 경우 서비스접점에서 일관되고 긍정적인 종업원들의 충성도를 촉진하는 만족 수준을 이끌어냄으로써 작업의 효율성과 고객만족의 균형을 이룰 수 있는 가능성이 증가할 것으로 예상된다. 또한, 인적자원의 관리 측면에서 종업원에 대한 교육 및 훈련, 인센티브, 복지, 근무환경 등에 대한 전사적인 관리가 필요할 것으로 본다.

▣ 참고문헌

- 김계수, 박형권, "서비스품질요인이 고객만족에 미치는 영향에 관한 연구,"「품질경영학회지」, 제28권 제3호, 2000, pp.31-43.
- 곽동성, 강기두, "내부서비스품질이 종업원만족과 고객만족에 미치는 영향에 관한 연구,"「한국마케팅저널」, 제1권 제4호, 1999, pp.32-33.
- 이유재, 이준엽, "서비스품질에 관한 종합적 고찰: 개념 및 측정을 중심으로,"「서울대 경영연구소 경영논집」, 제31권, 1997, pp.254-255.
- 이형석a, "소매금융 서비스품질 결정요인과 만족도 및 충성도간 관계연구,"「전략경영 · 정보시스템연구」, 제9권, 2003, pp.154-180.
- ______b, "소매금융 서비스의 고객만족에 미치는 서비스품질요인에 관한 연구,"「서비스경영학회지」, 제4권 제2호, 2003, pp.73-92.
- Atkins, P. M., B. S. Marshall and R. G. Javalgi, "Happy Emplyees Lead to Loyal Patients," *Journal of Health Care Marketing*, Vol.16 No.4, 1996, pp.15-23.
- Bowen, D. E., S. W. Gilliland and R. Folger, "HRM and Service Fairness: How Being Fair with Employees Spills Over to Customer," *Organizational Dynamics*, Winter, 1999, pp.7-23.
- Edvardsson, B., G. Larsson and S. Setterlind, "Internal Service Quality and the Psychological Work Environment: An Empirical Analysis of Conceptual Interrelations," *The Service Industries Journal*, Vol.17 No.20, April, 1997, pp.252-263.
- Fitzsimmons, James A. and Mona J. Fitzsimmons, *Service Management*, McGraw-Hill, 2004, pp.107-108.
- Fosam, E. B., M. F. J. Grimsley and S. J. Wisher, "Exploring Model for Employee Satisfaction with Particular Reference to a Police Force," *Total Quality Management*, Vol.9 No.2-3, 1998, pp.235-247.
- Greenberg, J. and R. A. Baron, *Behavior in Organizations*, 6th Ed., Prentice-Hall, 1997, pp.180-181.
- Hallowell, R., L. A. Schlesinger and J. Zornitsky, "Internal Service Quality, Customer and Job Satisfaction: Linkages and Implications for Management," *Human Resource Planning*, Vol.19 No.2, 1996, pp.20-31.
- Heskett, J. L., T. O. Jones., G. W. Loveman., W. E. Sasser Jr. and L. A. Schlesinger, "Putting the Service Profit Chain to Work," *Harvard Business Review*, March-April, 1994, pp.164-174.
- Heskett, J. L., W. Earl Sasser Jr. and Leonard A. Schlesinger, *The Service-Profit Chain*, Samsung Economic Research Institute, Korean Edition, 2000, pp.54-57, 160-163.
- Levesque, T. and G. H. G. McDougall, "Determinants of Customer Satisfaction in Retail Banking," *International Journal of Banking Marketing*, Vol.14 No.7, 1996, pp.12-20.
- Nunnally, J. C. *Psycometric Theory*, New York: McGraw-Hill, 1978.
- Parasuraman, A., V. A. Zeithaml and L. L. Berry, "SERVQUAL: A Multiple-item Scale for Measuring Consumer Perceptions of Service Quality," *Journal of Retailing*, Spring, 1988, pp.12-40.
- Pfau, B., D. Detzel and A. Geller, "Satisfy Your Internal Customers," *Journal of Business Strategy*, November-December, 1991, pp.9-13.
- Reichheld, F. F. and W. E. Sasser, "Zero Defections: Quality Comes to Services," *Harvard Business Review*, September-October, 1990.
- Rust, R. T., G. L. Stewart., H. Miller and D. Pielack, "The Satisfaction and Retention of Frontline Employees," *International Journal of Service Industry Management*, Vol.7, 1996, pp.62-80.
- Schneider, B. "The Service Organization: Climate Is Crucial," *Organizational Dynamics*, Autumn, 1980, pp.52-65.
- Schneider, B. and D. E. Bowen, "Employee and Customer Perceptions of Service in Banks: Replication and Extension," *Journal of Applied Psychology*, Vol.70 No.3, 1985, pp.423-433.
- ______________, "The Service Organization: Human Resources Management Is Crucial," *Organizational Dynamics*, Spring, Vol.21 No.4, 1993, pp.39-52.
- ______________, "New Services Design, Development and Implementation and the Employee," *Managing Services Marketing, Text and Readings*, J. E. G. Bateson, Orlando, The Dry Press, 1995, pp.325-333.

논문2
KTX 서비스품질 결정 요인에 관한 연구*

초록

본 연구에서는 개통 초기부터 지속적으로 제기되고 있는 고속철도 서비스품질 문제에 대하여 서비스품질 차원의 규명과 이들 요인과 고객만족 간의 관계에 대하여 연구하였다. 고속철도 서비스품질 차원을 규명하기 위해서 기존연구를 바탕으로 구성된 초기의 서비스품질 8차원에 대해 32개의 문항을 구성하였으며, 고속철도 이용객 226명의 자료를 가지고 통계절차에 의한 검정을 실시하였다. 통계분석 절차로는 Cronbach's α계수, 수정문항 대 전체문항 간 상관관계 그리고 요인분석을 반복적으로 시행하였다. 그 결과 최종적으로 고속철도에 대한 서비스품질 결정요인이 26문항 6개 차원인 유형성, 정시대응성, 공감성, 안락함, 정보접근성, 안전성으로 나타났다. 그리고 이용객들의 만족도에 영향을 주는 서비스품질 요인들을 파악하기 위해 다중회귀분석을 실시하였다. 분석 결과 고객만족도에 유의한 영향을 주는 서비스품질요인으로는 유형성, 정시대응성, 안락함, 정보접근성 등으로 나타났다.

키워드 : 서비스품질, KTX 서비스요인, 이용객 만족도

ABSTRACT

This study verified the dimensions of service quality for KTX and analyzed the relationship between those dimensions and passenger satisfaction as a way to cope with passengers' complains occurred from the beginning of KTX operation. The researcher consisted of initial 32 items representing eight-dimension to verify the dimensions of KTX service quality. The data of passengers of 226 was analyzed by statistical procedures such as the iterative sequence of computing Conbach's α alpha, corrected item-to-total correlations and factor analyses. Through the repeated statistical process to purify the items, a final set of 26 items representing six district dimension; tanibles, timely responsiveness, empathy, comfort, information access and safety. Result of the multiple regression analysis showed that the significant service quality factors affecting the passenger satisfaction were appeared tangibles, timely responsiveness, comfort, and information access.

Keywords : Service Quality, KTX Service Factors, Passenger Satisfaction

---

* 이형석(2006), "KTX 서비스품질 결정 요인에 관한 연구," POSRI경영연구, 제6권 제1호, pp.161-189.

Ⅰ. 서론

최대 국책사업이라고 일컬어지는 고속철도 사업이 12년간의 건설 일정을 마무리하고 지난 2004년 4월 1일 개통됨으로써 본격적인 상업 운행을 시작하였다. 일본, 프랑스, 독일 등 고속철도 선진국에 비해서는 도입이 늦었지만, 우리나라처럼 인구밀도가 높고 효율적인 국토 이용이 필요한 국가에서는 고속철도가 대단히 유용한 대중교통 수단이 되고 있다.

고속철도의 개통 이후 고속철도가 사회 · 경제적으로 커다란 변혁을 가져올 것으로 기대되었지만 초기 운영과정에서 나타난 출발지연, 역주행 좌석, 잦은 고장에 의한 서비스품질 문제가 제기되고 있다(http://news.naver.com, http://service.joins.com.). 철도공사 홈페이지(www.korail.go.kr)와 통합민원실로 접수되는 고속철도 이용객들의 불만건수를 보면 개통 이전인 2004년 1월 1,067건, 2월 1,159건, 3월 2,660건이던 것이 개통 이후인 4월에는 4,320건으로 고객들의 불만이 급속히 증가하였으며, 현재에도 이용자들의 불만건수가 하루평균 150여건에 이르고 있다. 뿐만 아니라 각종 인터넷 포털 사이트를 중심으로 고속철도에 대한 불만을 제기하는 등 서비스에 대한 고객들의 불평이 지속되고 있다(매일경제, 2004; 부산일보, 2004). 정부에서는 고속철도 개통 초기부터 이용에 따른 불편을 개선하기 위한 대책을 마련하고 있으나 단시일 내에 고개들의 불만 사항들을 해소하기는 힘들 것으로 보인다(건설교통부 보고서, 2004). 이러한 고속철도에 대한 고객들의 불만에 효과적으로 대처하기 위해서는 먼저, 고객서비스 전담반을 상시 운영함으로써 기술적으로 발생한 문제뿐만 아니라 고객이 고속철도를 이용하면서 느끼는 서비스품질을 측정하고 관리해야 할 필요가 있다. 그러나 지금까지 철도서비스에 대한 품질 연구가 다른 분야에 비해 상대적으로 매우 미흡한 실정에 있다. 따라서 본 연구에서는 개통 초기부터 지속적으로 제기되고 있는 고속철도 서비스품질 문제를 효과적으로 관리하고 개선하기 위한 고속철도 서비스품질 차원의 규명과 이들 요인과 고객만족 간의 관계에 대하여 연구하고자 한다. 고속철도 서비스품질차원을 규명하기 위해 본 연구에서는 현재까지 서비스품질 측정연구에 가장 많이 활용되고 있는 Parasuraman et al.(1988)의 서비스품질 5차원을 중심으로 철도서비스의 특성을 고려하여 몇 가지 품질차원을 추가한 새로운 고속철도 서비스품질 차원을 구성하여 최종적인 차원을 규명한다. 이론적 검토 과정을 통해 도출된 서비스품질 차원의 검정을 위해 먼저, 각 서비스품질 차원별로 작성된 문항풀(item pool)에 대해 Cronbach's α값에 의한 문항 내적일관성 검정을 실시한다. 그리고 타당성 검정은 2단계 과정을 거치는데 1단계에서는 탐색적 요인분석(exploratory factor analysis)을 통해 고속철도 서비스품질 차원의 요인구조(factor structure)를 파악한 다음 확증적 요인분석(confirmatory factor analysis)을 통해 앞서 제안된 모형에 대한 통계적 검정을 실시한다. 또한 기존의 서비스품질 5차원 모형과의 비교를 통해 어떤 모형이 우수한지를 검정하고자 한다. 이러한 과정을 거쳐 최종적으로 검정된 서비스품질 요인들이 고객만족에 미치는 영향을 파악하기 위해 다중회귀분석을 실시한다. 본 연구의 분석을 위해 사회과학 통계 패키지 SPSS 11.5와 LISREL 8.30을 활용하였다.

본 연구의 기대효과로는 고속철도 서비스품질 평가를 위한 더 바람직한 측정모형을 제시할 수 있으며, 타당한 척도에 의한 서비스품질의 측정은 이용객들의 서비스 이용을 좀 더 사실적으로 설명할 수 있다. 또한 본 연구를 통해 규명된 서비스품질 결정 요인들을 활용한 고속철도 서비스에 대한 효과적인 조사가 가능할 것으로 기대한다. 그리고 이용객들의 고객만족도 향상을 위해 어떤 서비스품질 요인들을 중점적으로 관리해야 할지를 파악할 수 있어 효율적인 서비스품질 관리체계를 수립하고 서비스 개선을 위한 효과적인 수행방안을 제공할 것으로 기대한다.

II. 이론적 배경

1. 철도서비스의 특성 및 평가체계

철도서비스는 고객과의 관계에서 효용가치를 발생시키는 철도노동(철도인력)이라는 인적요소와 주행하는 궤도와 차량을 포함한 철도설비, 승강장, 식당, 도구, 소모품, 각종 편의시설이라는 물적요소가 유기적으로 연결되어 서비스를 생산해내는 무형의 수송서비스인 것이다. 물론 이 중에서도 근본적인 요소는 철도설비라는 물적요소이고 이것이 기본적인 서비스이기도 하다(철도공사, 1997).

김성인(1994)에 의하면 관리적 측면에서 철도서비스 상품의 구성요소를 크게 여객수송, 운영, 수하물로 구성된다고 하였다. 철도수송사업은 업종이 운송업이기 때문에 여객수송과 화물수송을 어느 지점으로부터 목적지까지 계약대로 지체함이 없이 신속하고, 정확하고, 안전하게 수송하는 것을 사명으로 하고 있다.

철도서비스는 무엇을 구성요소로 하여 생산되며 철도서비스 상품의 품질을 높이기 위해서는 각 구성요소가 어떠한 것이 있는가를 알 필요가 있다. 왜냐하면 이런 각 구성요소들의 질적 수준과 배합방법에 따라 철도 서비스의 품질이 달라지기 때문이다. 철도 수송의 안전성, 신속성, 정확성은 물론 기관차, 궤도, 통제시설 등이 우수해야 되지만 이들 서비스를 운영하는 인적자원의 능력과 고객에 대한 서비스 정신이 탁월해야 최종적으로 확보될 수 있다. 철도 기관사의 부주의한 운전으로 대형 철도사고가 발생하는 것은 주지의 사실이다. 그러므로 철도 수송서비스는 인적요소와 물적요소가 통합적으로 잘 운영되어야 안정성, 신속성, 정확성, 쾌적성이 확보된다고 볼 수 있다.

김연규(2003), 이장호, 이재훈(2005)은 신속하고 정확하며 안전한 교통수단이라는 철도서비스의 특성을 최대한 반영하고, 단순 명료하면서도 서비스개선 유도 가능성, 계량화 가능성, 이용자 편의성, 지표 간 독립성 등의 평가 선정기준에 부합하는 철도서비스 평가체계의 평가항목 4개와 평가지표 11개를 제시하였다. 평가항목으로는 공급성, 신뢰성, 안전성, 고객만족이며, 각 평가항목의 평가지표로는 배차간격, 평균운행속도, 정시성, 운행취소율, 차량사용연한, 교통약자를 위한 시설, 예매표의 용이성, 대기시설의 안락성, 역무원 및 승무원의 친절도, 열차의 쾌적성, 정보제공 등으로 철도를 이용한 여행의 시작에서 종료 시까지 이용자가 경험하게 되는 철도서비스 부문에 대한 평가로 제안되었다.

철도를 이용하는 동안 경험하게 되는 모든 과정에서의 서비스품질 향상으로 고객을 만족시키는 것은 철도산업 발전의 근본적 역할을 하기 때문에 보다 실질적이고 객관적인 평가체계가 필요한 것이다. 이러한 평가의 목적은 객관적이고 체계적인 평가에 의하여 도출된 문제점을 해결하고 보다 향상된 소프트웨어 서비스 및 하드웨어 서비스를 개발하기 위한 것이다. 특히 급변하는 고급 수준의 고객요구에 신속하게 대응하고 한걸음 미리 앞선 리더십을 갖춘 서비스를 창출하기 위해서는 철도산업 각 분야의 상호 협동이 우선되어야 한다(김성남, 2003).

2. 서비스품질 측정에 관한 연구

Gronroos(1984)는 소비자들의 서비스품질을 어떻게 평가하고 있는지에 대한 개념적 모형으로서 지각된 서비스품질 모형을 제시하였다. 소비자가 경험한 지각된 서비스와 소비자가 기대하는 기대 서비스를 비교하여 평가하는 과정의 결과로 서비스품질이 평가된다고 보았으며, 기대된 서비스와 지각된 서비스의 차이를 최소화하여 소비자의 지각된 서비스품질을 향상시킬 수 있다고 제안하였다.

Parasuraman et al.(1985)은 서비스품질의 개념과 차원을 밝히기 위해 Gronroos(1984)의 연구와 그 외 선행연구를 기반으로 서비스품질의 요소를 보다 세부적으로 구성하였다. 이들은 서비스기업 이용자들에 대한 표적 집단면접(focused group interview)과 탐색조사(exploratory research)를 거쳐 서비스품질의 결정요인으로서 신뢰성(reliability), 대응성(responsiveness), 능력(competence), 접근 가능성(access), 예의(courtesy), 커뮤니케이션(communication), 신용(credibility), 안전성(security), 고객이해(understanding), 유형성(tangibles)의 10가지 차원을 제안하였다. 이러한 10차원에 대해 개인의 기대된 서비스 수준과 지각된 서비스 수준의 차이가 서비스품질을 결정짓는 것으로 보았다. 그리고 서비스품질 측정의 문제점을 분석할 수 있도록 소비자와 서비스 제공 기업의 양 측면을 고려하여 서비스 조직 내의 갭과 서비스 제공자와 소비자 사이의 갭으로 구성된 서비스품질 갭모형(GAP model)을 개발하였다. 또한 Parasuraman et al.(1988)은 서비스품질에 대한 고객의 지각을 측정할 수 있는 도구 개발을 위해 은행, 증권, 신용카드, 장거리전화, 유지보수 회사를 대상으로 한 탐색적 연구에서 서비스품질 10개 차원을 대표하는 97개 문항을 개발하였다. 그리고 일

〈표 1〉 서비스품질 5차원에 대한 정의

서비스품질 5차원	정의
유형성(tangibles)	물리적 시설, 장비, 그리고 직원의 용모
신뢰성(reliability)	약속한 서비스를 믿음직스럽고 정확하게 수행하는 능력
대응성(responsiveness)	고객을 돕고 신속한 서비스를 제공하려는 의지
확신성(assurance)	직원의 예절과 지식 그리고 신뢰와 확신을 전달하는 능력
공감성(empathy)	회사가 고객에게 제공하는 개별적인 관심과 배려

자료 : Parasuraman et al.(1988), "SERVQUAL: A Multiple-Item Scale for Measuring Consumer Perceptions of Service Quality," *Journal of Retailing*, Vol.64, Spring, pp.23.

련의 반복적인 척도정화(scale purification)절차와 자료수집을 거쳐 최종적으로 고객의 지각과 기대를 측정하는 유형성(tangibles), 신뢰성(reliability), 대응성(responsiveness), 확신성(assurance), 공감성(empathy) 등의 5개 차원 22문항으로 구성된 서비스품질 측정도구인 SERVQUAL를 개발하였다.

SERVQUAL이 제안된 이래 성과와 기대 간의 차감식 측정방식과 관련하여 여러 가지 비판이 제기되었는데, 그 중에서도 Cronin & Taylor(1992)는 기대와 성과 간의 차감식이 아닌 성과중심의 측정을 하는 SERVPERF를 제안하였다. 이들은 고객만족과 태도에 관한 문헌들을 검토하여 불일치 패러다임에 근거하고 있는 SERVQUAL의 개념 및 조작화가 고객만족과 혼란성이 있기 때문에 부적절하다고 비판하고, 지각된 서비스품질은 태도로 개념화되는 것이 적절하며 성과가 서비스품질에 대한 고객의 인식을 가장 잘 반영한다고 결론지었다. 은행, 해충퇴치, 패스트푸드, 세탁소 등 4개의 서비스산업에 적용한 결과, SERVQUAL은 은행과 패스트푸드 두 개 산업에서만 적합한 것으로 나타났으나, SERVPERF는 4개 서비스산업 모두에 적합한 것으로 나타났다. 뿐만 아니라, 서비스품질이 서비스품질의 전반적인 평가인 만족의 선행변수임을 보였다. 그 밖의 많은 다른 학자들도 SERVQUAL의 문제점 등을 지적하였으며(Babakus & Boller, 1991; Carman, 1990; Teas, 1993), 성과만을 고려하는 것이 서비스품질 측정에 보다 더 적합하다고 주장하였다(이명식, 1999; 이형석, 2003, 2005). 따라서 본 연구에서도 고속철도 서비스품질 차원분석을 위해 SERVQUAL 서비스품질 5차원 모형과 철도서비스의 특성 및 평가지표들을 고려한 품질차원들을 추가하여 다차원의 철도서비스품질 모형을 구성한 후, 성과만을 측정하여 분석한다.

Ⅲ. 연구의 설계

1. 연구모형 및 측정문항의 구성

고속철도 서비스품질 차원의 규명을 위해 본 연구에서는 서비스품질에 관한 기존 연구들 중에서 현재 서비스품질 측정에 가장 많이 이용되고 있는 Parasuraman et al.(1988)의 서비스품질 5차원의 성과품질을 중심으로 고속철도 서비스의 특성을 고려하여 Ben-Akiva & Morikawa(2002)의 철도 및 버스서비스 연구에서 제안한 서비스 수준과 김연규(2003), 이장호, 이재훈(2005)이 제안한 철도서비스 평가지표를 참고하여 다음의 〈표 2〉와 같이 고속철도 서비스품질 차원을 구성하였다.

각 서비스품질 차원과 고객만족도에 대한 측정은 Likert 7점 척도를 이용하

〈표 2〉 고속철도 서비스품질 차원

서비스품질 차원	정의	관련연구
유형성 (tangibles)	물리적 시설, 장비, 그리고 직원의 용모	Parasuraman et al.(1988), 김연규(2003), 이장호, 이재훈(2005)
신뢰성 (reliability)	약속한 서비스를 믿음직스럽고 정확하게 수행하는 능력	Parasuraman et al.(1988), Ben-Akiva & Morikawa(2002), 이장호, 이재훈(2005)
대응성 (responsiveness)	고객을 돕고 신속한 서비스를 제공하려는 의지	Parasuraman et al.(1988), 김연규(2003)
확신성 (assurance)	직원의 예절과 지식 그리고 신뢰와 확신을 전달하려는 노력	Parasuraman et al.(1988)
공감성 (empathy)	회사가 고객에게 제공하는 개별적인 관심과 배려	Parasuraman et al.(1988)
안락함 (comfort)	편안한 좌석배치와 공간, 승차감, 편안한 역사	Ben-Akiva & Morikawa(2002), 김연규(2003), 이장호, 이재훈(2005)
정보접근성 (information)	배차시간 및 서비스 이용에 대한 정보와 안내방송	Ben-Akiva & Morikawa(2002), Parasuraman et al.(1985), 이장호, 이재훈(2005)
안전성 (safety)	안전사고에 대한 대비, 소화도구비치와 안내문부착	Ben-Akiva & Morikawa(2002), Parasuraman et al.(1985), 김연규(2003), 이장호, 이재훈(2005)

였으며, 각 측정문항에 대해 동의 정도를 묻는 문항으로 1점은 '전혀 그렇지 않다', 7점은 '매우 그렇다'로 측정되었다.

서비스품질측정에 관한 그동안의 연구를 살펴보면 Parasuraman et al.(1988)의 SERVQUAL과 Cronin & Taylor(1992)의 SERVPERF를 이용한 서비스품질 5차원 연구가 주를 이루고 있으며, 연구대상이 되는 서비스의 특성에 따라 문항을 적절히 수정하여 사용할 것을 제안하고 있다(Parasuraman et al., 1988). 고속철도 서비스품질 측정문항의 구성은 SERVQUAL 측정도구 22문항들 중에서 신뢰성 1문항과 확신성 1문항을 제외하여 유형성(4문항), 신뢰성(4문항), 대응성(4문항), 확신성(3문항), 공감성(5문항) 등의 20문항과 Ben-Akiva & Morikawa(2002)와 김연규(2002) 그리고 이장호, 이재훈(2005)등이 제시한 서비스수준 및 평가지표에 대한 정의를 바탕으로 본 연구에 필요하다고 판단되는 안락함(5문항), 정보접근성(4문항), 안전성(3문항)에 관한 12문항을 개발하여 포함시켰으며, 이를 통해 최종 32문항으로 구성하였다. 그리고 고속철도 서비스에 대한 이용객들의 만족도를 측정하기 위해 고속철도 서비스에 대한 전반적인 품질을 묻는 한 개의 문항과 서비스에 대한 전반적인 만족도를 묻는 두 개의 문항으로 고객만족요인을 구성하였다.

2. 자료의 수집 및 분석 방법

본 연구의 목적을 수행하기 위해 현재 철도서비스를 이용하는 고객들을 대상으로 단순무작위추출(simple random sampling)을 하여 조사가 이루어졌다. 자료의 수집은 서울역과 용산역을 경유하는 고속철도 고객들을 대상으로 설문조사를 실시하였으며, 역사에서 오후 시간대에 조사자가 직접 설문을 배포하여 설문의 목적 및 문항에 대한 간략한 설명을 한 후에 응답하도록 하였다. 설문기간은 2004년 6월 27일부터 7월 1일까지 5일간에 걸쳐 배포 및 수집이 이

〈표 3〉 고속철도 서비스품질 측정문항

구성개념		문항 내용
서비스품질차원	유형성	최신설비(무인발권시스템기기) 물적시설(대기실, 열차 안 인테리어, 화장실) 종업원(승무원 및 역사직원)의 옷차림과 용모 제공된 서비스에 알맞은 물적시설의 외관
	신뢰성	정확한 시간에 업무처리 약속 문제 발생시 진심으로 문제해결 서비스에 대한 믿음 약속시간에 서비스 제공
	대응성	출발 및 도착시간에 대한 정확한 제공 직원의 신속한 서비스 제공 직원의 진심 어린 서비스 바쁜 시간에 신속한 대응
	확신성	직원에 대한 신뢰 직원의 공손함과 예의 직원에 대한 회사의 적절한 지원
	공감성	고객에 대한 회사의 개별적인 관심 고객에 대한 회사의 개인적인 관심 고객필요에 대한 직원의 이해 고객에 대한 최상의 편익 고려 고객에게 편리한 기차운행시간 제공
	안락함	편안한 좌석배치 적당한 좌석공간 냉/난방 및 환기시설의 구비 안락한 느낌의 승차감 편안한 역사(대합실)
	정보접근성	열차의 배차시간에 대한 정보제공 철도 서비스이용에 대한 정보 취득 편리 철도 서비스이용에 대한 편리 출발 및 도착에 대한 안내방송의 정확
	안전성	비상사태 시 탈출에 대비한 안내문 부착 화재에 대비한 소화도구 비치 안전사고에 대한 대비

루어졌다. 수집된 설문으로부터 얻어진 자료는 사회과학 통계분석 패키지인 SPSS 11.5와 LISREL 8.30을 활용하여 필요한 분석을 실시하였다.

본 연구의 분석방법으로는 먼저, 서비스품질 측정에 관한 이론적 검토를 통해 각 서비스품질 차원에 관한 측정문항을 구성하여 문항풀(item pool)을 작성한다. 그리고 신뢰성 검정을 위해 서비스품질 차원별로 Cronbach's α값에 의한 문항내적일관성 검정을 실시한다. 타당성 검정을 위해서는 서비스품질 차원의 요인구조를 확인하기 위해 사각회전(oblique)방식에 의한 탐색적 요인분석을 실시한다. 그리고 앞서 추출된 고속철도 서비스품질 모형에 관한 제안모형을 검정하고 기존의 서비스품질 5차원 모형과의 비교를 위해 확증적 요인분석을 실시한다. 이러한 과정을 거쳐 최종적으로 검증된 서비스품질 요인들이 고객만족에 미치는 영향을 파악하기 위해 다중회귀분석을 실시한다.

Ⅳ. 분석 결과

1. 표본자료의 특성

표본자료에 대한 인구통계학적 분포의 특성을 파악하고 고속철도 서비스 이용에 관한 내용을 파악하기 위해 빈도분석을 실시하였다. 본 연구의 대상자들이 고속철도 서비스 이용객들을 대상으로 250부의 설문지를 배포하였으며, 회수된 설문지 중 결측치가 있는 24부를 제외한 226부를 분석에 이용하였다. 〈표 4〉는 응답표본에 관한 빈도분석 결과를 보여준다.

본 연구의 대상인 고속철도 이용객의 표본 특성을 구체적으로 살펴보면, 고속철도 이용목적의 경우, 여행이 25.2%, 업무관련이 35.4%, 고향방문이

〈표 4〉 빈도분석 결과

변수	구분	빈도	%
이용 목적	여행	57	25.2
	업무관련	80	35.4
	고향방문	58	25.7
	기타	31	13.7
불편 사항	승차권 구입관련	30	10.2
	출발/도착 지연	27	9.2
	열차/역내 청결	1	0.3
	대중교통과의 연계	27	9.2
	좌석관련	168	57.1
	수하물관련	7	2.4
	직원의 불친절	4	1.4
	역내 편의시설	30	10.2
직업	주부	17	7.5
	학생	42	18.6
	영업판매직	6	2.7
	생산기술직	11	4.9
	전문직	48	21.2
	공무원	13	6.8
	사무직	48	21.2
	자영업	23	10.2
	기타	18	7.9
월평균 소득	100만원 미만	44	19.5
	100~200만원 미만	44	19.5
	200~300만원 미만	41	18.1
	300~400만원 미만	24	10.6
	400만원 이상	39	17.3
합계		226	100

변수	구분	빈도	%
성별	남	132	58.4
	여	94	41.6
연령	10대	3	1.3
	20대	101	44.7
	30대	68	30.1
	40대	32	14.2
	50대 이상	22	9.7
학력	중졸 이하	40	17.7
	고졸	157	69.5
	대졸	28	12.4
	대학원 이상	1	0.4
거주지	서울특별시	61	27.0
	경기도	24	10.6
	부산광역시	43	19.0
	대구광역시	40	17.7
	인천광역시	4	1.8
	광주광역시	2	0.9
	대전광역시	19	8.4
	울산광역시	1	0.4
	경상남도	6	2.7
	경상북도	5	2.2
	전라남도	7	3.1
	전라북도	4	1.8
	충청남도	8	3.5
	충청북도	1	0.4
	제주도	1	0.4
합계		226	100

25.7%로 회사업무와 관련하여 신속한 출장을 위해서 주로 이용하는 것으로 나타났다. 그리고 불편사항의 경우에는 좌석과 관련한 불편이 57.1%로 절반을 넘게 차지하고 있어 개선이 시급한 것으로 보이며, 승차권구입과 역내 편의시설에 대한 불편이 각각 10.2%로 이에 대한 개선이 요구된다. 성별로는 남성이 58.4%, 여성이 41.6%로 남성이 여성에 비해서 고속철도를 더 많이 이용하는 것으로 나타났는데, 이는 앞서 이용목적에서 살펴보았듯이 회사의 업무관련 출장을 주로 남성이 가기 때문이라고 보인다.

고속철도가 다른 일반철도에 비해서 승차요금이 비싸다는 점을 감안할 때 이용객들의 소득이 높을 것으로 생각되었으나, 실제 응답자들의 소득분포가 거의 고르게 나타났다. 연령대별로는 20대가 44.7%로 가장 많았으며, 다음으로는 30대가 30.1%, 40대가 14.2%로 나타났다. 직업별로 보면 전문직과 사무직 종사자가 각각 21.2%로 다른 직종에 비해서 고속철도를 더 많이 이용하는 것으로 나타났다.

2. 측정도구의 신뢰성 및 타당성 검정

본 연구에서는 기존의 서비스품질 측정관련 문헌연구를 바탕으로 구성된 문항들 중에서 다문항(multi-item)으로 측정된 요인들에 대한 신뢰성과 타당성 검정을 실시하였다.

2.1 신뢰성 검정

신뢰성 검정은 측정도구의 문항 사이에 얼마나 내적일관성을 보이는지를 살펴보는 과정으로 여기서는 Cronbach's α계수를 계산하였다. 일반적 기준으로는 α값이 0.7 이상이어야만 측정도구의 신뢰성이 보장되지만, 새로 개발된 문항이나 그 문항을 포함하는 경우에는 0.6을 최저 허용치로 사용하기도 한다 (Nunnally, 1978).

다문항을 이용한 각 고속철도 서비스품질 차원들과 고객만족에 대한 신뢰성 검정을 위해서 먼저 측정문항과 그 문항을 제외한 여타 문한들 사이의 상관관계를 분석하였다. 수정문항 대 전체문항 간 상관관계가 0.3 이상이면 특정개념을 측정하는 문항들로 이루어진 모집단에서 추출한 것으로 파악할 수 있는데, 모든 문항이 기준값을 상회하는 것으로 나타났다. 그리고 문항 내적일관성 검정인 Cronbach's α계수값을 보면 서비스품질 차원별 α값들이 최저 0.812에서 최고 0.895로 일반적 기준치인 0.7을 상회하는 것으로 나타나, 고속철도 서비스품질 차원들에 대해 응답자들이 일관성 있는 설문응답을 하였다고 볼 수 있다.

2.2 타당성 검정

타당성 검정은 Parasuraman et al.(1988)이 서비스품질 5차원을 규명하기 위해서 사용한 방법으로 각 서비스품질 차원 간의 상호상관관계(intercorrelation)을 허용하면서도 요인구조에 대한 해석이 용이한 사각회전(oblique rotation) 방법인 Oblimin방식을 이용하여 탐색적 요인분석을 실시하였다. 그리고 요인추출은 주축요인화방식(principal axis factoring)을 이용하였고, 추출되는 요인수는 일반적인 기준치인 고유값(eigen value)이 1 이상인 요인만을 추출하도록 하였다. 요인의 평가기준으로 요인부하량(factor loading) 0.3 이상, 설명된 총 누적분산을 0.5 이상으로 하였다(Bagozzi & Yi, 1988).

〈표 5〉 신뢰성 검정 결과

서비스품질요인	초기문항	수정문항 대 전체문항 간 상관관계	Cronbach's α
유형성	T1	0.544	0.812
	T2	0.726	
	T3	0.613	
	T4	0.645	
신뢰성	R1	0.615	0.861
	R2	0.714	
	R3	0.779	
	R4	0.729	
대응성	RS1	0.568	0.855
	RS2	0.775	
	RS3	0.761	
	RS4	0.707	
확신성	A1	0.719	0.821
	A2	0.715	
	A3	0.595	
공감성	E1	0.740	0.892
	E2	0.781	
	E3	0.816	
	E4	0.800	
	E5	0.565	
안락함	C1	0.654	0.862
	C2	0.662	
	C3	0.313	
	C4	0.651	
	C5	0.410	
정보접근성	I1	0.673	0.813
	I2	0.701	
	I3	0.558	
	I4	0.602	
안전성	S1	0.689	0.862
	S2	0.785	
	S3	0.743	
고객만족	CS1	0.809	0.895
	CS2	0.820	
	CS3	0.752	

본 연구에서 사용된 척도(scale)는 기존의 연구에서 이미 실증적으로 검증된 문항과 새롭게 개발된 문항을 사용하였기 때문에 다차원의 구성개념을 측정하는 문항들을 모두 투입하여 탐색적으로 요인들을 추출하는 방식을 적용하여 요인구조를 파악하고자 하였다. 요인부하량이 0.3 미만인 문항과 중복적재(cross-loading)되는 문항들을 제거하는 과정을 3회 반복 실시하여 초기 32개의 문항에서 26개로 줄어들었다. 또한 서비스품질 차원도 초기의 8차원에서 최종적으로 6차원으로 축소되었다. 유형성, 공감성, 안락함, 안전성 그리고 정보접근성은 원래의 차원으로 구분되었으나, 신뢰성, 대응성, 확신성이 단일한 차원으로 축소되어 나타나, 이를 '정시대응성'으로 명명하였다. 추출된 요인들의 설명된 총 누적 분산량이 71.18%로 일반적인 기준치인 50%를 상회하는 것으로 나타났다.

추출된 최종요인들에 대해서 다시 Cronbach's α값에 의한 문항 내적일관성 검정을 실시한 결과 모든 요인이 기준치인 0.7을 초과하는 것으로 나타났다. 따라서 고속철도 서비스품질요인에 대한 각 개념들을 구성하는 문항들의 차원이 모두 단일차원(unidimensionality)상에 존재한다고 볼 수 있다. 고속철도 서비스에 대한 탐색적 요인분석에 대한 최종적인 결과는 〈표 6〉과 같다.

구성타당성(construct validity) 검정을 위해서 본 연구에서는 앞서 실시한 탐색적 요인분석을 통해 추출된 최종 문항들을 가지고 각 서비스품질 차원에 제약된 형태의 측정모형(measurement model)에 대한 6요인 모형과 기존의 서비스품질 5요인 모형에 대한 확증적 요인분석을 실시하였다. 확증적 요인분석은 탐색적 요인분석과 달리 측정변수가 잠재변수에 대한 모형에 대한 통계적 검정이 가능하고 이론모형에 대한 보수적인 검증방법이라고 할 수 있다. 확증적 요인분석 결과가 〈표 7〉과 〈표 8〉에 나타나 있다.

〈표 6〉 사각회전에 의한 탐색적 요인분석결과

서비스품질요인	문항	요인부하량	설명분산량(%)	Cronbach's α
유형성	T1	0.347	42.632	0.812
	T2	0.726		
	T3	0.427		
	T4	0.742		
정시대응성	R1	0.317	1.104	0.906
	R2	0.566		
	RS2	0.548		
	RS3	0.788		
	RS4	0.869		
	A1	0.730		
	A2	0.646		
공감성	E1	-0.783	57.306	0.909
	E2	-0.851		
	E3	-0.641		
	E4	-0.564		
안락함	C1	0.896	62.631	0.848
	C2	0.918		
	C4	0.615		
정보접근성	E5	0.529	67.226	0.836
	I1	0.742		
	I2	0.759		
	I3	0.546		
	I4	0.544		
안전성	S1	0.732	71.181	0.862
	S2	0.826		
	S3	0.700		

〈표 7〉 5요인 확증적 요인분석결과

서비스품질요인	문항	경로계수값	t값	모형적합도
유형성	T1	0.630	9.83**	χ^2 =534.87 (p = 0.000) d.f = 160 GFI = 0.81 AGFI = 0.75 RMSEA = 0.10
	T2	0.811	3.70**	
	T3	0.741	2.20**	
	T4	0.721	1.78**	
신뢰성	R1	0.641	0.40**	
	R2	0.801	3.99**	
	R3	0.871	5.92**	
	R4	0.801	4.16**	
대응성	RS1	0.661	0.96**	
	RS2	0.821	4.71**	
	RS3	0.841	5.32**	
	RS4	0.821	4.69**	
확신성	A1	0.861	5.75**	
	A2	0.771	3.39**	
	A3	0.711	1.80**	
공감성	E1	0.571	3.92**	
	E2	0.571	5.16**	
	E3	0.661	6.30**	
	E4	0.621	5.85**	
	E5	0.791	0.14**	

** : P < 0.05

〈표 8〉 6요인 확증적 요인분석결과

서비스품질요인	문항	경로계수값	t값	모형적합도
유형성	T1	0.70	1.93**	χ^2 =39.24 (p = 1.000) d.f = 284 GFI = 0.99 AGFI = 0.98 RMSEA = 0.00
	T2	0.78	2.09**	
	T3	0.71	1.97**	
	T4	0.71	1.96**	
정시대응성	R1	0.64	2.12**	
	R2	0.76	2.50**	
	RS2	0.92	2.97**	
	RS3	0.78	2.54**	
	RS4	0.77	2.53**	
	A1	0.75	2.47**	
	A2	0.72	2.38**	
공감성	E1	0.75	2.11**	
	E2	0.75	2.10**	
	E3	0.82	2.26**	
	E4	1.02	2.67**	
안락함	C1	0.59	3.46**	
	C2	0.57	2.84**	
	C4	0.73	3.32**	
정보접근성	E5	0.57	3.00**	
	I1	0.57	3.17**	
	I2	0.66	3.82**	
	I3	0.62	3.05**	
	I4	0.79	2.89**	
안전성	S1	0.89	3.77**	
	S2	0.53	2.88**	
	S3	0.65	2.17**	

* : P<0.01, ** : P<0.05

제안모형에 관한 통계적 적합도를 검정하기 위하여, 절대적합지수의 판단 기준으로 χ^2값(값이 작을수록 바람직하며, p값≥0.05이면 바람직), GFI(Goodness-of Fit Index: 0.90 이상), AGFI(Adjusted Goodness-of-Fit Index: 0.90 이상), RMSEA(Root Mean Square Error of Approximation: 0.05 이하 바람직) 등을 이용하였다. 먼저 본 연구에서 최종적으로 추출된 6요인 서비스품질 모형에 대한 검정결과인 〈표 8〉을 보면 χ^2값이 유의하지 않은 것으로 나타나 귀무가설(H_o: $\Sigma=\Sigma(\theta)$)이 채택되어 이론모형이 표본자료에 매우 잘 적합하는 것으로 나타났다. 그러나 모형의 검정을 위한 여러 조건들 특히, 샘플의 수 등에 따라 민감하게 반응하는 χ^2값의 경우에는 기타의 적합지수들을 살펴보고 이론적 사고를 동원하여 경험적 결론을 내려야 한다(Bagozzi & Yi, 1988; Hair et al., 1998). 따라서 기타의 적합도 지수들을 살펴보면 RMSEA은 일반적 기준치인 0.05 이하로 적합한 것으로 나타났다(Steiger & Lind, 1980). 그리고 GFI, AGFI 값들은 기준치인 0.9 이상으로 나타나 모형적합 정도가 좋은 것으로 나타났다(Mulaik et al., 1989). 그리고 〈표 8〉에서 보듯이 각 구성개념별 측정 문항들에 대한 경로계수가 모두 통계적으로 유의한 것으로 나타나 제거되는 문항은 없었다. 이와는 달리 기존의 서비스품질 5요인 모형에 대한 검정결과인 〈표 7〉을 보면 χ^2값이 유의한 것으로 나타나 귀무가설이 기각되어 이론모형이 표본자료에 적합하지 않은 것으로 나타났으며, 모형의 검정을 위한 여러 적합지수들 또한 기준치에 미달하는 것으로 나타났다.

따라서 본 연구의 제안 모형인 6요인 서비스품질 모형이 5요인 모형에 비해 여러 적합지수의 비교에서 월등히 우수한 것으로 판명되었다. 이러한 결과를 바탕으로 고속철도 서비스품질 측정을 위해서는 기존의 서비스품질 차원과는 약간 차이가 있는 유형성, 정시대응성, 공감성, 안락함, 정보접근성, 안전성이라는 6차원 모형을 이용하는 것이 적절하다고 하겠다.

마지막으로 서비스품질 5차원에 대한 타당성 검정을 위해 본 연구에서는 집중(convergent)타당성과 판별(discriminant)타당성 확인을 통한 구성타당성을 검정하였다. 이를 위해 측정모형에 대한 모형적합도와 각 경로계수에 대한 통계적 유의성 그리고 구성신뢰성(composite or construct reliability: CR) 및 평균분산추출값(average variance extracted: AVE)을 이용하였다.

〈표 8〉에서 보면 측정문항들에 대한 경로계수값(표준부하량)들이 모두 유의하고, 〈표 9〉에서 보듯이 CR값이 역시 높은(CR〉0.6~0.7)점을 감안할 때, 이는 척도의 집중타당성이 존재한다고 볼 수 있다(Anderson & Gerbing, 1988).

〈표 9〉 고속철도 서비스품질 척도의 구성타당성 검정 결과

구성개념	평균	표준편차	구성개념					
			유형성	정시대응성	공감성	안락함	정보접근성	안전성
유형성	4.74	0.93	1.00					
정시대응성	4.62	0.90	0.68***	1.00				
공감성	4.01	1.05	0.58***	0.69***	1.00			
안락함	2.95	1.33	0.24***	0.22***	0.33***	1.00		
정보접근성	4.46	0.96	0.57***	0.64***	0.59***	0.21***	1.00	
안전성	4.49	0.96	0.54***	0.59***	0.46***	0.23***	0.56***	1.00
구성신뢰성(CR)			0.80	0.91	0.91	0.70	0.78	0.74
평균분산추출값(AVE)			0.50	0.59	0.71	0.40	0.42	0.50

*** : $p < 0.01$

판별타당성을 확인하기 위해 구성개념 간 상관관계행렬(Φ matrix)을 검토하였는데, AVE값이 구성개념 간 상관계수의 제곱값을 상회하는 것으로 나타나 판별타당성이 존재하여, 각 요인에 대한 구성타당성이 인정된다고 볼 수 있다(Fornell & Larcket, 1981).

3. 회귀분석결과

고속철도 서비스품질 결정요인과 고객만족도 간의 인과관계 분석을 위해서 다중회귀분석을 실시하였다. 이는 고속철도 이용객들의 만족도에 영향을 주는 서비스품질 요인을 파악하기 위한 것으로 향후 고속철도 서비스에 대한 고객만족도 향상을 위해 어떤 서비스품질 결정요인들을 관리해야 하는지를 파악할 수 있기 때문이다.

회귀분석결과 먼저 회귀모형의 기본적인 가정인 잔차항(residual)에 대한 독립성 검정을 실시한 결과, 더빈-왓슨(Durbin-Watson)값이 2에 수렴하므로 독립성 가정이 충족된다고 할 수 있다(Belsley et al., 1980). 그리고 F값이 80.301로 유의수준 0.01에서 추정된 회귀모형식이 통계적으로 유의하며, 모형의 적합도(goodness of fit)를 나타내는 R^2값은 0.688로 6개의 서비스품질 요인들이 고객만족도를 약 70% 설명하는 것으로 나타났다. 앞서 분석한 측정도구의 타당성 검정에서 구성개념들 간의 상호상관관계(intercorrelation)를 가정하는 사각회전에 의한 요인분석을 실시하였기 때문에 다중공선성(multicollinearity)이 어느 정도 예상되므로 독립변수들에 대한 공선성 여부를 점검하였다. 일반적인 공선성 검토기준인 분산팽창계수(VIF)값이 10 이하로 나타나 공선성 문제가 없는 것으로 나타났으나, Parasuraman et al.(1988)이 회귀분석 결과에서 공감성이 유의하기

〈표 10〉 고속철도 서비스에 대한 고객만족도 회귀분석 결과

모형	비표준화 계수	표준오차	표준화 계수	t값	유의확률	VIF
절편	-0.678	0.241	—	-2.815	0.005***	—
유형성	0.179	0.062	0.157	2.879	0.004***	2.084
정시대응성	0.409	0.075	0.347	5.472	0.000***	2.817
공감성	0.088	0.057	0.087	1.544	0.124	2.242
안락함	0.203	0.032	0.240	6.314	0.000***	1.138
정보접근성	0.300	0.059	0.272	5.069	0.000***	2.018
안전성	-0.036	0.055	-0.653	-0.653	0.514	1.743
R^2=0.688, F값=80.301, 유의확률 F=0.000***, D-W=1.986						

*** : P<0.01

않게 나온 이유에 대해 다중공선성에 의한 가능성을 언급한 바가 있기 때문에 본 연구에서는 더 정밀한 방법인 상태지수(CI)와 분산비율(VP)을 확인하였다. 그 결과 최대상태지수가 25.62로 Belsley et al.(1980)가 제안한 한계치인 30보다는 작으나 기준치인 5~10보다는 컸으며, 분산비율의 경우에도 정시대응성이 96%의 분산비율을 보이면서 공선성의 영향을 받고 있는 것으로 나타났다. 이러한 공선성 문제로 인해서 안전성 요인의 부호가 예상과 달리 음수가 나온 것으로 이해할 수 있다. 이를 뒷받침할 수 있는 유사한 연구결과로는 Parasuraman et al.(1991)의 수정 SERVQUAL에 대한 연구를 들 수 있는데, 은행[1)] 표본자료에 대

1) Parasuraman et al.(1991)에서는 세 가지 종류의 서비스인 전화수리(1곳), 은행(2곳), 보험업체(2곳)에 관해 서비스품질을 측정했다.

한 회귀분석결과 두 번째 은행표본에서 유형성이 통계적으로 유의한 음의 부호가 나타났다. 물론 본 연구의 경우에는 고객만족도에 통계적으로 유의한 영향을 주지 않기 때문에 부호에 대한 의미해석보다는 공감성과 더불어 고객만족도에 유의한 영향을 주지 않는 이유를 살펴보는 것이 더 타당하다. 따라서 본 연구의 회귀분석결과 공감성이 고속철도 이용객들의 만족도에 유의한 영향을 주지 않는 것은 앞서 살펴본 바와 같이 기존 연구결과의 해석과 같이 통계적으로 다중공선성의 문제로 기인한 것으로 볼 수 있다. 또한 고속철도 서비스의 특성상 고객과의 개인적 상호작용이 미미하며, 실제로 이용객들이 직원이나 철도공사로부터 오는 개별적인 관심에 대해 그다지 중요하게 인식하고 있지 않기 때문이라고 볼 수 있다. 안전성의 경우에는 실제로 응답자들이 안전과 관련된 안내문이나 소화도구 비치에 별로 관심이 없거나 관심을 갖고 관찰하지 않고서는 그러한 안전사고에 대한 대비책을 확인할 수 없기 때문에 만족도에 유의한 영향을 미치는 변수로 작용하지 않은 것으로 보인다.

고속철도 이용객들의 고객만족도에 영향을 주는 서비스품질 요인으로는 유형성, 정시대응성, 안락함, 정보접근성 등으로 나타났다. 표준화 회귀계수에 따른 서비스품질 요인들의 중요도를 살펴보면 정시대응성이 0.347로 가장 중요한 영향을 미치는 것으로 나타났으며, 정보접근성이 0.272, 안락함이 0.254, 유형성이 0.157로 나타났다.

고속철도 이용객들의 만족도에 가장 중요한 영향을 미치는 정시대응성 요인은 정확한 시간에 서비스처리를 약속해야 하는 고속철도 서비스의 특성상 정시의 신속한 서비스 제공이라는 것은 고객들의 입장에서는 당연히 중요하게 생각하는 요인이라고 볼 수 있다. 뿐만 아니라, 문제가 발생하였을 경우, 직원들의 대응태도나 승무원을 비롯한 직원들의 공손하고 예의 바른 태도는 신속한 서비스 제공과 더불어 고객응대 차원에서 동시에 고려해야 할 필요가 있다. 고속철도 개통 이후의 서비스 제공에 있어서 잦은 서비스 약속의 지연문제가 대두되고 있으나, 고속철도 서비스 문제 발생 시 요금할인 및 환불을 통한 적극적인 서비스 회복(service recovery)노력이 고속철도 서비스에 대한 높은 신뢰감을 갖게 한다. 또한 약간의 출발 및 도착지연이 있을지라도 새마을호나 무궁화호에 비해 상대적으로 빠른 도착으로 인해 대부분의 이용객들은 약속시간에 서비스가 제공되는 것으로 인식할 수 있다. 그리고 정보접근성의 경우에는 고객들에게 편리한 운행시간을 제공하는 것을 비롯해 배차시간에 대한 정보를 편리하게 제공하는 것과 출발 및 도착에 대한 안내방송의 정확성, 역사의 접근성 등은 고객들로 하여금 고속철도 이용을 용이하게 한다고 할 수 있다.

안락함은 이용객들이 느끼는 승차감에 관한 것으로 편안한 좌석배치와 여유 공간은 고객들로 하여금 고속철도 이용에 있어서 중요한 서비스품질 요인들 중 하나임에는 틀림이 없다. 뿐만 아니라, 이러한 결과는 앞서 빈도분석표에서도 나타난 바와 같이 이용객들이 가장 많이 제기하는 불편사항으로 장거리 여객수단으로서 중요한 관리요인이라고 볼 수 있다.

마지막으로 유형성의 경우에는 고속철도 서비스가 최신형의 열차와 새 건물의 역사 그리고 새로 뽑은 여승무원으로 구성되었다는 점에서도 고객만족도에 영향을 미치는 요인으로 나타난 것은 당연하다고 볼 수 있으며, 이는 구체적으로 최신설비(무인 발권시스템 포함), 물적시설(대기실, 열차 안 인테리어, 화장실), 종업원(승무원 및 역사 직원)의 옷차림과 용모, 제공된 서비스에 어울리는 물적시설의 외관 등이라고 할 수 있다.

V. 결론

국가 기간산업으로서 철도는 운송수단으로서의 우월한 지위를 가지고 있었으나, 교통수단의 급속한 발달과 고객의 욕구 다양화 그리고 장거리 수송수단에 대한 환경변화로 인해 철도서비스에 있어서 새로운 경쟁방식이 요구되고 있다. 이러한 상황에서 12년간의 건설일정을 마무리하고 지난 2004년 4월에 개통된 고속철도는 여객수송에 있어서 커다란 변혁을 가져올 것으로 기대되면서 수송 업무에서의 선진운영기법이 도입을 통해 고객만족경영에 관한 관심이 높아지고 있다. 그러나 운영 초기부터 문제가 되어 왔던 서비스품질에 관한 고객 불만이 여전한 것으로 나타나 이에 대한 개선이 시급한 실정이다. 따라서 본 연구에서는 고속철도 서비스품질 개선을 통한 고객만족경영의 실현을 위해 서비스품질 결정요인들을 분석하였다. 고속철도 서비스품질의 측정을 위해서 먼저 광범위하게 연구되고 있는 Parasuraman et al.(1988)의 SERVQUAL 모델의 서비스품질 5차원과 기존의 철도서비스 연구에서 제안한 서비스요인 및 평가지표를 고려하여 고속철도 서비스에 적합한 서비스품질 차원을 규명하였다. 반복적인 통계적 검정 절차에 의해 초기에 구성된 서비스품질 8차원이 축소되어 나타났는데, 유형성, 공감성, 안락함, 정보접근성, 안전성 등은 동일한 차원으로 묶였으며, 신뢰성, 대응성, 확신성 3개의 차원이 정시대응성이라는 단일한 차원으로 통합됨으로서 최종적으로 고속철도에 대한 서비스품질 결정요인이 6개 차원으로 나타났다. 그리고 기존 5요인 모형과의 비교를 통해 본 연구의 6요인 모형이 더 우수한 것으로 판명되었다. 마지막으로 이용객들의 만족도에 영향을 주는 서비스품질 요인들을 파악하기 위해 다중회귀분석을 실시하였다. 그 결과 고객만족도에 유의한 영향을 주는 서비스품질 요인으로는 유형성,

정시대응성, 안락함, 정보접근성으로 나타났다.

고속철도 이용객들의 만족도에 가장 중요한 영향을 미치는 요인인 정시대응성은 정확한 시간에 서비스처리를 약속해야 하는 고속철도 서비스의 특성상 정시의 신속한 서비스 제공이라는 것은 고객들의 입장에서는 당연히 중요하게 생각하는 요인이라고 볼 수 있다. 고속철도 개통 이후 서비스 제공에 있어서 잦은 서비스 약속의 지연문제가 대두되고 있으나, 고속철도 서비스에 대한 문제 발생시 요금할인 및 환불을 통한 적극적인 서비스 회복노력이 이용객들이 고속철도 서비스에 대한 높은 신뢰감을 갖게 한다. 그리고 정보접근성의 경우에는 고객들에게 편리한 운행시간을 제공하는 것을 비롯해 배차시간에 대한 정보를 편리하게 제공하는 것과 출발 및 도착에 대한 안내방송의 정확성, 역사의 접근성 등은 고객들로 하여금 고속철도 이용을 용이하게 한다고 할 수 있다. 이를 위해 배차시간 정보에 관한 정보를 쉽게 얻을 수 있도록 ARS 자동응답서비스 요금을 수신자 부담이나 통화료를 저렴하게 하는 등의 고객편의적 서비스정책이 필요하다.

안락함은 이용객들이 느끼는 승차감에 관한 것으로 편안한 좌석배치와 여유 공간은 고객들로 하여금 장거리 여객수단으로서 고속철도이용에 있어서 중요한 서비스품질 요인으로 인식하게 하고 있음을 알 수 있다. 그러나 본 연구의 설문조사에서도 나타난 바와 같이 현재 이용객들이 가장 많이 제기하고 있는 불편사항으로 고속철도의 안락함 요인의 개선을 위해서는 열차 내 좌석의 개조가 불가피한데, 이는 프랑스 TGV사와 체결된 계약약관상의 문제로 인해 철도공사에서는 연구용역을 발주하여 실제 차량개조를 거쳐 운행에 투입되기까지 3년 이상이 소요될 것으로 예상하고 있다. 그리고 최종적으로 신규차량이 도입

되는 2006년부터 역방향 좌석이 완전히 없어지게 되지만 현재로서는 승객들의 안락함 요인의 서비스품질 문제는 개선되기 힘든 상황이다. 따라서 안락함 품질요인의 개선은 현재로서는 불가능한 요소를 포함하고 있기 때문에 철도공사에서는 고속철도 서비스품질의 다른 요인들에 대한 고객들의 기대와 성과 간의 차이를 줄여나가도록 노력해야 할 것이다.

마지막으로 유형성의 경우에는 고속철도 서비스가 최신형의 열차와 새 건물의 역사 그리고 새로 뽑은 여승무원으로 구성되었다는 점에서 고객만족도 향상의 요인으로 나타난 것은 당연하다고 볼 수 있으며, 이는 무인 발권시스템, 대기실, 열차 안의 인테리어와 같은 설비부문과 승무원 및 역사 직원의 옷차림과 용모 그리고 제공된 서비스에 어울리는 물적시설의 외관 등이 중요한 변수로서 작용함을 알 수 있다. 고속철도가 개통된 지 2년 밖에 되지 않아 기반 물적시설과 객실이 새것이라는 점과 승무원들도 새롭게 선발하였기 때문에 아직 고객들이 지각하는 품질이 좋은 경향이 있으나, 향후에도 지속적인 관리와 유지보수를 통해 유형성에 대한 품질을 향상시켜야 할 것이다.

본 연구를 통해 고속철도 서비스에 대한 품질평가를 위한 적합한 서비스품질 결정요인을 규명함으로서 기존의 서비스품질요인에 비해 이용객들의 서비스품질 인식에 대해 좀 더 정확한 설명이 가능할 것이며, 고속철도 서비스에 대한 고객만족에 영향을 미치는 서비스품질 요인을 파악함으로써 고속철도 서비스에 대한 고객만족경영을 실현할 수 있을 것으로 본다. 그리고 현재의 고속철도 서비스품질 성과를 관리하고 개선을 위한 노력을 효과적으로 수행하기 위한 방안을 제공할 수 있을 것이다. 따라서 고속철도 서비스 이용객들을 대상으로 한 정기적인 서비스품질 조사를 통해 관리대상 서비스품질요인을 선정함과 동시에 이를 관리하고 개선하는 서비스시스템을 구축할 필요가 있다. 뿐만 아니라, 기존의 일반철도에 비해서 가격이 비싼 만큼 이용객들이 기대하는 서비스품질이 높다는 점을 감안하여 본 연구의 6요인 모형을 기준으로 일반철도와의 서비스품질 차이를 분석하고, 일반철도에 비해서 상대적으로 낮은 서비스품질 결정요인에 대한 좀 더 세밀한 측정과 관리가 가능하다. 따라서 철도서비스 경영도 변화된 운송서비스 환경에 적응하고, 고객만족경영을 위해서 서비스품질을 제고하는 경영기법을 도입하여 초일류 기업으로 성장할 수 있도록 하여야 할 것이다.

본 연구의 한계점은 표본자료의 수집대상 지역을 서울역과 용산역에 한정하였다는 점이다. 본 연구의 빈도분석결과에도 나타나 있듯이 서울에 비해서 상대적으로 적은 수이나 일부 광역시를 제외하고는 어느 정도 많은 표본 수를 포함하고 있음을 보여주고 있다. 그러나 좀 더 정확한 조사를 위해서는 광범위한 조사가 이루어져야 하기에 향후에는 고속철도가 지나가는 역사마다 고르게 표본을 선정하여 연구한다면 개선된 연구결과를 얻을 것으로 기대한다.

▣ 참고문헌

- 건설교통부 보고서, 2004. 4. 6.
- 김성남, "철도 고객만족서비스 향상을 위한 이용자 행동에 관한 연구," 「한국철도학회 추계학술대회 논문집」, 2003, pp.8-13.
- 김성인, "서비스 산업에서의 품질관리," 「대한산업공학회」, 1994. pp.188-198.
- 김연규, "철도서비스 평가를 위한 항목 및 지표의 선정방안," 「한국철도학회 춘계학술대회 논문집」, 2003, pp.230.
- 매일경제, "고속철 역방향좌석 2006년 없애," 2004. 5. 27.
- 부산일보, "고속철 역방향 좌석 교체 '하세월'," 2004. 7. 10.
- 이명식, 「서비스마케팅」, 형설출판사, 1999.
- 이장호, 이재훈, "철도서비스 평가체계 구축방안 연구," 「정책연구 2005-01」, 교통개발연구원, 2005.
- 이형석, "소매금융 서비스품질 결정요인과 만족도 및 충성도간 관계연구," 「전략경영 · 정보시스템연구」, 제9권, 2003, pp.154-180.
- ______, "서비스 접점 종업원에 대한 보상과 권한위임이 서비스품질 인식에 미치는 영향에 관한 연구," 「서비스경영학회지」, 제6권 제2호, 2005. pp.215-240.
- 철도공사(1997), "한국철도," pp.49.
- Anderson, J. C. and D. W. Gerbing, "Structural Equation Modelling in Practices: A Review and Recommended Two-Step Approach," *Psychological Bulletin*, Vol.103 No.3, 1998, pp.411-423.
- Babakus, E. and G. W. Boller, "An Empirical Assessment of the SERVQUAL Scale," *Journal of Business Research*, Vol.24, 1991, pp.453-460.
- Bagozzi, R. P. and Y. Yi, "On the Evaluation of Structural Equation Models," *Journal of the Academy of Marketing Science*, Vol.16(Spring), 1988, pp.74-94.
- Belsley, D. A., E. Kuh and R. E. Welch, *Regression Diagnostics: Identifying Influential Data and Sources of Collinearity*, John Wiley and Sons, 1980.
- Ben-Akiva, M. and T. Morikawa, "Comparing Ridership Attraction of Rail and Bus," *Transport Policy*, Vol.9, 2002, pp.107-116.
- Carman, J. M. "Consumer Perceptions of Service Quality: An Assessment of the SERVQUAL Dimensions," *Journal of Retailing*, Vol.65, 1990, pp.33-55.
- Cronin, J. J. Jr. and S. A. Taylor, "Measuring Service Quality: A Re-examination and Extension," *Journal of Marketing*, Vol.56 No.3, 1992, pp.55-68.
- Fornell, C. and D. F. Larcker, "Evaluation Structural Models with Unobservable Variables and Measurement Error," *Journal of Marketing Research*, Vol.18 (February), 1981, p.39-50.
- Gronroos, C. "A Service Quality Model and Its Marketing Implication," *European Journal of Marketing*, Vol.18 No.4, 1984, pp.35-44.
- Hair, J. F Jr., R. E. Anderson., R. L. Tatham. and W. C. Black, *Multivariate Data Analysis*, 5th ed., Prentice-Hall International, 1998.
- Mulaik, S. A., L. R. James., J. Van Alstine., N. Bennett., S. Lind. and C. D. Stilwell, "Evaluation of Goodness of Fit Indices for Structural Equation Models," *Psychological Bulletin*, Vol.105, 1989, pp.430-445.
- Nunnally, R. C. *Psychometric Theory*, McGraw-Hill, New York, 1978.
- Parasuraman, A., V. A. Zeithaml. and L. L. Berry, "A Conceptual Model of Service Quality and Its Implications for Future Research," *Journal of Marketing*, Vol.49, 1985, pp.41-50.
- ______, "SERVQUAL: A Multiple-Item Scale for Measuring Consumer Perceptions of Service Quality," *Journal of Retailing*, Vol.64 No.1, 1988, pp.12-37.
- Parasuraman, A., L. L. Berry. and V. A. Zeithaml, "Refinement and Reassessment of the SERVQUAL Scale," *Journal of Retailing*, Vol.67 No.4, 1991, pp.420-450.
- Steiger, J. H. and J. C. Lind, "Statistically Based Test for the Number of Common Factors," *Paper Presented at The Annual Meeting of the Psychometric Society*, 1980, Lowa City, IA.
- Teas, R. K. "Expections, Performance Evaluation and Consumers' Perceptions of Quality," *Journal of Marketing*, Vol.57(October), 1993, pp.18-34.
- http://news.naver.com
- http://www.korail.go.kr
- http://service.joins.com

논문3
소매금융 서비스의 고객만족에 미치는 서비스품질요인에 관한 연구*
(The Determinants of Service Quality Affecting the Customer Satisfaction in Retail Banking Service)

Abstract

The objective of this paper is to analyze the relationship between customer satisfaction and service quality as an antecedent of improving the customer satisfaction. Most of studies on the service quality have been made use of the five-factor model (tangibles, reliability, responsiveness, assurance and empathy) but in recent a few researches apply three-factor (i.e. core quality, relational quality, and tangible quality) model for the research of service quality in retail banking. Thus, This paper verifies the three dimensions of service quality and then tests of the paths between antecedent factor and consequent factor.

Ⅰ. 서론

선진국의 경우 서비스산업이 국민총생산의 70~80% 이상으로 경제에서 차지하는 비중이 급격히 증가하고 있다. 그리고 기업환경의 글로벌화에 따른 서비스시장의 개방화와 소비자욕구의 변화 등으로 인해 기업들이 경쟁우위를 유지하기가 어려워지고 있으며, 제품 및 서비스에 대한 고객만족의 중요성 인식으로 인해 기업들은 서비스품질 개선과 고객만족 달성을 위해 부단히 노력하고

* 이형석(2003), "소매금융 서비스의 고객만족에 미치는 서비스품질요인에 관한 연구," 「서비스경영학회지」, 제4권 제2호, pp.73-92.

있다. 이처럼 경쟁에 대한 압력이 증가하는 기업환경에서 대다수의 기업들이 충성고객화 프로그램을 통해 고객들을 충성고객으로 유지하는데 전력을 다하고 있다(이형석, 2003).

대다수의 경영자들은 시장의 경쟁 정도가 심할수록 서비스품질과 고객만족의 증대만이 고객충성도에 영향을 주며, 장기적으로는 기업의 재무성과에 영향을 준다는 사실을 인식하고 있다(김계수, 박형권, 2000). 이는 소매금융 서비스산업에도 적용되는 것으로서 국내외의 모든 은행들이 서비스품질 향상을 통해 고객만족과 충성도를 향상시키는 전략을 추진하고 있다(Levesque & McDoougall, 1996). 또한 서비스 제공차원에서의 차별화 어려움 때문에 부분적으로는 더욱 더 서비스품질 개선을 위한 전략수립과 지속적인 추구를 시도하고 있다. 즉, 은행이 제공하는 서비스에 대해 고객들이 지각하는 만족도의 차이가 거의 없고, 어떤 새로운 서비스가 제공되더라도 경쟁자에 의해서 금방 추월당하게 된다(Coskun & Frohlich, 1992; Devlin et al, 1995). 따라서 기존고객들에 대한 서비스품질을 향상시켜 장기 거래를 통해 수익을 유지하는 것은 매우 중요하다고 하겠다. 은행의 경우, 고객유지율을 5%증가시킬 경우 수익은 85% 증가하게 되는데(Reichheld & Sasser, 1990), 이는 고객만족도를 향상시키고 그것에 의한 고객유지율 증가는 서비스기업들이 적용할 수 있는 다양한 활동에 의한 결과라고 볼 수 있다(Levesque & McDougall, 1996).

본 연구에서는 소매금융 부문에서의 고객만족에 영향을 주는 선행요인으로 서비스품질 요인들을 살펴보고, 이들 요인과 고객만족 그리고 향후 의도 간의 관계를 살펴본다. 이를 위해 먼저, 기존의 소매금융 서비스 연구들을 검토하여 연구모형을 설정하고 실제로 소매금융 서비스 이용 고객들을 대상으로 조사원들이 직접 은행을 방문하여 설문조사를 실시한다. 분석방법으로는 측정 도구에 대한 신뢰성을 검정하기 위해 Cronbach's α계수값에 의한 일관성 검정을 하고, 타당성 검정을 위해서 확증적요인분석(CFA)을 실시한다. 그리고 측정(measurement)모형과 구조(structure)모형을 통합한 전체(full)모형에 대한 공분산 구조분석을 실시하여 연구모형에 대한 가설검정을 한다.

본 연구를 통해서 소매금융 서비스에서 고객만족 향상을 위한 선행요인으로서 서비스품질요인을 파악하고 향후의도와의 관련성을 확인한다. 그리고 이를 통해 소매금융 서비스에서의 고객만족경영을 위한 통찰력과 실질적인 지침을 제공할 수 있을 것으로 기대된다.

II. 이론적 배경

1. 서비스품질의 정의

서비스 기업의 발전과정을 4단계로 제시한 Chase & Hayes(1991)의 연구를 보면, 서비스 기업의 경쟁력이 가장 높은 수준의 단계인 세계수준의 서비스 제공 단계에서는 서비스품질이 고객의 기대를 넘어서 기회를 추구하며 지속적으로 그 수준이 향상된다고 한다. 서비스품질이 비용이나 다른 변수의 부수적인 요소가 아니라 서비스 경쟁력 확보를 위한 핵심요소로 자리를 잡고 있어야 세계수준의 서비스 기업이 될 수 있다는 것이다. 뿐만 아니라, 서비스품질에서 기업의 경쟁우위 기회를 찾을 수 있으며, 이것이 기업의 성장과 발전에 있어 하나의 시금석이 될 수 있다(김연성 외, 2003).

서비스품질은 객관적으로 측정될 수 있는 물리적 제품과는 달리 서비스

고유의 특성으로 인해 객관적으로 측정하기 어려운 추상적인 개념이다. 이러한 서비스품질의 객관적 측정의 어려움 속에서 기업이 서비스품질을 평가하는 적절한 접근방법은 품질에 대한 소비자들의 지각을 측정하는 것이다(박경준 외, 2002). 이와 같이 서비스품질의 향상이 기업의 경쟁우위를 결정짓는 요인으로 점차 자리를 잡아감에 따라 서비스품질의 정의와 서비스품질의 구성차원에 대한 연구가 다수 등장하였다.

서비스품질은 실제적인 서비스품질과 지각된 서비스품질로 구분되는데, 주요 관심사는 실제 서비스품질보다는 고객의 품질에 대한 평가 및 지각된 서비스품질에 초점을 두고 있다(정동성, 강기두, 1999). Lewis & Booms(1983)는 서비스품질을 '인도된 서비스가 고객의 기대와 얼마나 일치하는가의 척도' 라고 정의하고, 서비스품질은 고객의 기대에 일치되도록 일관성 있게 서비스를 제공하는 것을 의미한다고 하였다. Gronroos(1984)는 서비스품질을 '고객의 지각된 서비스와 기대한 서비스의 비교평가 결과' 라고 정의하고, 서비스품질이 고객의 기대, 기술적 · 기능적 특성 그리고 이미지와 같은 제변수와 함수관계에 있다고 하였다. 즉, 소비자가 경험한 것에 대한 지각된 서비스와 기대 서비스를 비교하여 평가하는 과정의 결과로 서비스품질이 평가된다고 보았으며, 기대된 서비스와 지각된 서비스의 차이를 최소화하여 소비자의 지각된 서비스품질을 향상시킬 수 있다고 제안하였다.

서비스품질에 대한 다양한 정의 중 가장 폭넓은 지지를 얻고 있는 Parasuraman et al.(1985, 1988)의 연구에서 서비스품질은 고객들이 평가하기에 제품의 품질보다 더 어렵고, 서비스품질의 지각은 실제 서비스 성과에 대해 고객이 가지는 기대와 비교한 후 결정되며, 품질평가는 서비스의 결과만으로 이루어지는 것이 아니라, 서비스의 전달 과정도 함께 포함된다고 하였다. 따라서 지각된 서비스 품질을 '특정 서비스의 전반적 우월함과 관련된 전반적인 판단(judgement) 혹은 태도(attitude)' 라고 정의하였다. 또한 '지각된 품질은 소비자의 지각과 기대 사이의 차이의 방향과 정도로써 보여진다'고 말함으로써 기대와 성과의 개념에 연결시키고 있다(박경준 외, 2002). Bitner & Hubbert(1994)는 고객만족이 고객이 서비스에 대해서 가지는 느낌(feeling) 또는 태도(attitude)인 반면에 서비스품질을 '서비스 및 서비스 조직의 상대적인 열등성(inferiority) 또는 우수성(superiority)에 대한 고객들의 전반적인 인상(impression)'으로 정의하였다.

2. 서비스품질의 측정 및 차원

2.1 서비스품질과 고객만족

서비스품질의 기본차원과 측정 그리고 고객만족 구성요소 등에 관해 상당히 많은 논쟁이 있어왔다(Cronin & Taylor, 1992; Hausknecht, 1990; Yi, 1990). 그리고 실제로 고객만족에 관한 연구는 서비스품질 측정과 상당히 많은 관련성을 가지고 있으며(Anderson & Sullivan, 1993; Cronin & Taylor, 1992; Rust & Oliver, 1994; Levesque & McDougall, 1996), 그 동안 많은 연구자들이 서비스품질과 고객만족 간의 관련성을 밝히려는 시도를 해왔다. 그러한 시도들 가운데 몇몇은 고객만족과 서비스품질 간의 인과관계를 제안하였는데, 이는 서비스품질이 '글로벌수준에서의 태도'라는 관점인 반면에 만족은 '거래수준에서 발생하는 경험'으로 보는 관점이다(Bitner, 1990; Oliver, 1981; Parasuraman et al., 1988). Bitner(1990)는 국제공항에서 145명의 여행자들을 대상으로 서비스품질과 만족적 판단에 관한 탐색적 연구를 하였는데, 만족에 대한 판단이 서비스품질의 선행변수라고 제시하였다.

이와는 반대로 Cronin & Taylor(1992)는 SERVQUAL의 기대와 성과 간의 차감식이 아닌 성과중심의 측정을 하는 SERVPERF 연구에서 고객만족과 태도에 관한 문헌들을 검토하여 불일치 패러다임에 근거하고 있는 개념 및 조작화가 고객만족과의 혼란성이 있기 때문에 부적절하다고 비판하고, 지각된 서비스품질은 태도로 개념화되는 것이 적절하며 성과가 서비스품질에 대한 고객의 인식을 가장 잘 반영한다고 결론지었다. 그리고 서비스품질이 서비스품질의 전반적인 평가인 만족의 선행변수임을 보였다. 서비스품질과 고객만족에 관한 많은 연구들에서 서비스품질이 고객만족의 선행변수라는 것이 연구자들의 지배적 의견이다. 이것은 고객들이 거래수준에서 서비스품질을 평가할 수 있고 고객만족은 글로벌수준에서 매우 의미가 있을지도 모른다는 사실 때문이다(Anderson & Sullivan, 1993; Bolton & Drew, 1991; Cronin & Taylor, 1992; Woodside et al., 1989). 결론적으로 현재까지의 연구를 통해 볼 때, 서비스품질차원과 전반적인 만족도 간에는 강한 인과관계가 있으며, 고객만족을 결정하는 서비스품질 차원의 중요성을 보여주고 있다(Fisk et al., 1993).

2.2 서비스품질의 차원

기존의 연구를 살펴보면 서비스품질이 단일차원의 개념(unidimensional construct)이 아니라, 신뢰성, 유형성, 대응성, 확신성 그리고 공감성과 같이 다차원으로 구성되어 있다고 말하고 있다(Bitran & Lojo, 1993; Carman, 1990; Lewis, 1993; McDougall & Levesque, 1994; Parasuraman et al., 1985; 1988). 비록 서비스품질을 구성하는 차원의 수가 서비스 환경(service setting)

에 의존하지만, 서비스품질이 두 개 이상의 상위 차원이 있다는 주장이 있다(Gronroos, 1984; Levesque & McDougall, 1996; McDougall & Levesque, 1994; Parasuraman et al., 1991). 첫 번째에는 신뢰성과 같은 서비스에 대한 핵심(core) 또는 결과(outcome)적 측면을 말하고, 두 번째는 유형성, 대응성, 확신성, 공감성 같은 고객과 종업 간의 관계를 나타내는 서비스에 대한 관계(relation) 또는 과정(process)적 측면을 말한다. 이는 신뢰성이 서비스 산출에 주요한 관심을 두고 있는 반면에 유형성, 대응성, 확신성 그리고 공감성은 서비스 전달과정에 관심을 두고 있기 때문이다(Parasuraman et al., 1991). 그러나, 서비스의 무형적(intangible)특성 때문에 고객들은 서비스를 이해하기가 어려우며(Legg & Baker, 1996), 이러한 이유로 고객들은 건물의 외관, 물리적 시설 또는 배치와 같이 서비스환경을 둘러싸고 있는 유형성(tangibles)을 기초로 서비스품질에 대한 추론을 한다(Bitner, 1990). Dabholkar et al.(1996) 연구에서도 백화점의 유형적 측면이 고객들의 서비스품질 지각에 영향을 주는 것으로 나타났다. 또한 유형적이고 물리적인 서비스환경은 고객들의 감정적 반응과 행동의도에 유의한 영향을 주게 된다(Wakefield & Blodgett, 1999).

McDougall & Levesque(2000)는 핵심품질, 관계품질, 지각된 가치(perceived value)를 고객만족에 대한 선행변수로 하여 전환의도와 충성의도 간 경로관계 연구에서 핵심품질, 관계품질, 지각된 가치가 고객만족의 중요한 선행 결정요인임이 드러났다. 또한 Jamal & Naser(2002)의 연구에서도 서비스품질에 대해 유형자원, 핵심차원, 관계차원, 고객전문성(customer expertise)차원을 고객만족의 주요 선행변수로 설정하여 인구통계학적 변수들과 함께 고객만족 간의 관계를 분석한 결과 유의한 영향을 미치는 것으로 나타났다. 따라서 본 연구에서는 소매금융 서비스에서의 고객만족의 선행변수(antecedent)로서 유형품질과 핵심품질 그리고 관계품질을 서비스품질의 주요 차원(primary dimension)으로 설정하여 인과관계를 분석한다.

Ⅲ. 실증분석

1. 연구모형 및 분석방법

본 연구에서는 소매금융 서비스에 대한 고객만족의 선행변수인 서비스품질 요인의 영향을 분석하기 위해서 Dabholkar et al.(1996), Jamal & Naser(2002), Parasuraman et al.(1988)의 연구에서 사용된 서비스품질 차원들 중 유형성차원을 유형품질로 하였다. Jamal & Naser(2002), McDougall & Levesque(1996) 연구에서의 핵심품질과 관계품질들을 각각 고객만족의 선행변수로 하여 〈그림 1〉과 같이 연구모형 및 가설을 설정하였다.

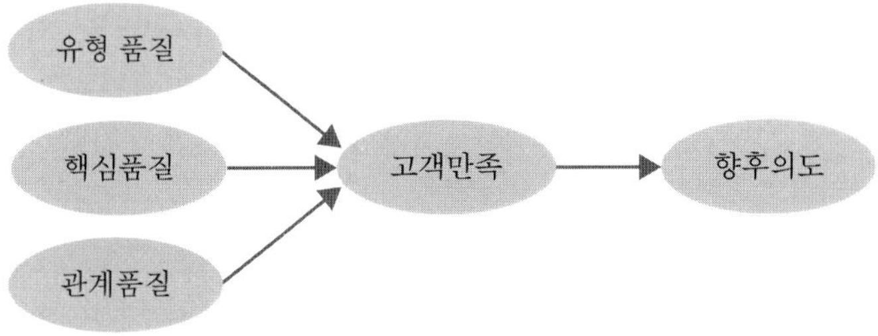

〈그림 1〉 연구모형

가설 1 : 소매금융 서비스에서의 유형품질은 고객만족에 정(+)의 영향을 미칠 것이다.

가설 2 : 소매금융 서비스에서의 핵심품질은 고객만족에 정(+)의 영향을 미칠 것이다.

가설 3 : 소매금융 서비스에서의 관계품질은 고객만족에 정(+)의 영향을 미칠 것이다.

가설 4 : 소매금융 서비스에서의 고객만족은 향후의도에 정(+)의 영향을 미칠 것이다.

위의 연구모형을 관찰변수(observed variable)와 잠재변수(latent variable) 간의 인과관계인 측정모형과 구조모형을 행렬로 나타내면 다음과 같다.

[구조모형]

$$\begin{bmatrix} \eta_1 \\ \eta_2 \end{bmatrix} = \begin{bmatrix} \gamma_{11} & \gamma_{12} & \gamma_{13} \\ 0 & 0 & 0 \end{bmatrix} \cdot \begin{bmatrix} \xi_1 \\ \xi_2 \\ \xi_3 \end{bmatrix} + \begin{bmatrix} 0 & 0 \\ \beta_{21} & 0 \end{bmatrix} \cdot \begin{bmatrix} \eta_1 \\ \eta_2 \end{bmatrix} + \begin{bmatrix} \zeta_1 \\ \zeta_2 \end{bmatrix}$$

[측정모형]

$$\begin{bmatrix} X_1 \\ X_2 \\ X_3 \end{bmatrix} = \begin{bmatrix} \lambda^x_{11} \\ \lambda^x_{21} \\ \lambda^x_{31} \end{bmatrix} \cdot \xi_1 + \begin{bmatrix} \delta_1 \\ \delta_2 \\ \delta_3 \end{bmatrix}$$

$$\begin{bmatrix} X_4 \\ X_5 \\ X_6 \\ X_7 \end{bmatrix} = \begin{bmatrix} \lambda^x_{42} \\ \lambda^x_{52} \\ \lambda^x_{62} \\ \lambda^x_{72} \end{bmatrix} \cdot \xi_2 + \begin{bmatrix} \delta_4 \\ \delta_5 \\ \delta_6 \\ \delta_7 \end{bmatrix}$$

$$\begin{bmatrix} X_8 \\ X_9 \\ X_{10} \\ X_{11} \\ X_{12} \end{bmatrix} = \begin{bmatrix} \lambda^{x}_{83} \\ \lambda^{x}_{93} \\ \lambda^{x}_{103} \\ \lambda^{x}_{113} \\ \lambda^{x}_{123} \end{bmatrix} \cdot \xi_3 + \begin{bmatrix} \delta_8 \\ \delta_9 \\ \delta_{10} \\ \delta_{11} \\ \delta_{12} \end{bmatrix}$$

$$\begin{bmatrix} Y_1 \\ Y_2 \\ Y_3 \\ Y_4 \end{bmatrix} = \begin{bmatrix} \lambda^{y}_{11} & 0 \\ 1 & 0 \\ 0 & \lambda^{y}_{32} \\ 0 & 1 \end{bmatrix} \cdot \begin{bmatrix} \eta_1 \\ \eta_2 \end{bmatrix} + \begin{bmatrix} \varepsilon_1 \\ \varepsilon_2 \\ \varepsilon_3 \\ \varepsilon_4 \end{bmatrix}$$

여기서, η_1 =고객만족, η_2 =향후의도, ξ_1 =유형품질, ξ_2 =핵심품질, ξ_3 =관계품질을 나타낸다.

각 구성 개념들을 측정하기 위해서 기존 연구에서 밝혀진 타당성 있는 측정문항들을 이용하였다. 유형품질요인(tangibles quality)을 측정하기 위해 은행의 최신설비, 인테리어 그리고 은행직원의 복장 등으로 구성된 3개의 문항을 사용하였다. 핵심품질요인(core quality)을 측정하기 위해 정해진 날짜에 업무를 이행, 약속한 시간에 서비스제공, 거래기록의 정확한 유지 그리고 서비스 제공 시기의 알림 등으로 구성된 4개의 문항을 사용하였다. 관계품질요인(relational quality)은 고객질문에 답변할 충분한 지식, 고객을 기꺼이 도와줄 준비, 예의바르고 공손함, 고객에 대한 개별적 관심 그리고 고객의 요구파악 등으로 구성된 5개의 문항을 사용하여 측정하였다.

그리고 이러한 각 요인들이 고객만족에 미치는 영향을 파악하기 위해서 소매금융 서비스에 대한 전반적인 만족도에 관한 문항을 두 개 구성하였다. 향후의도(future intentions)는 두 개의 문항으로 구성하였는데, 재이용의도를 나타내는 것으로 현재 은행과의 거래의 지속의사와 타인추천의도를 나타내는 주변사람들에 대한 추천의도로서 측정하였다.

2. 자료의 수집 및 표본특성

본 연구의 소매금융 서비스품질을 분석하기 위한 자료를 수집하기 위해 서울특별시에 거주하는 고객들을 대상으로 무작위추출(random sampling)을 실시하였다. 자료의 수집은 조사자가 시중 은행 10곳을 방문하여 고객들에게 직접 설문지를 배포하는 방식으로 설문문항들에 대한 설명을 한 후에 응답하도록 하였다. 설문 조사 기간은 2003년 7월 1일부터 11일까지 9일간이었으며, 은행을 방문한 고객 150명을 대상으로 설문을 한 결과 결측치(missing variable)가 있거나 불성실한 답변을 한 5부를 제외한 145부를 최종적으로 분석에 이용하였다. 응답자들의 사회통계학적 특성을 포함한 표본의 일반적인 특성을 분석한 결과는 〈표 1〉과 같다.

응답자들의 성별을 보면 남성이 약 42%, 여성이 약 58%로, 여성이 은행을 더 많이 방문하는 것으로 나타났다. 연령은 20대가 가장 많았는데, 이는 대학교(3곳)에서 가까운 은행을 조사했다는 것과 은행을 방문하는 직장 여성들 중에는 주로 경리관련 업무를 담당하는 20대가 많았기 때문이라고 볼 수 있다. 직업분포를 보면 판매서비스직이 가장 많았고, 그 다음으로는 학생, 전업주부 순이었다.

3. 신뢰성 및 타당성 검정

본 연구에서는 다문항(multiple-item)척도를 이용한 각 차원들의 단일차원성을 확인하기 위해서 각 차원에 대한 문항들에 대해서 신뢰성 검정을 실시한다. 신뢰성 검정을 위해 본 연구에서는 Cronbach's α계수값을 계산하였다. 분

〈표 1〉 표본자료에 대한 특성

구분	내용	빈도(명)	비율(%)
성별	남	61	42.07
	여	84	57.93
연령	10대	1	0.69
	20대	119	82.07
	30대	13	8.97
	40대	10	6.90
	50대 이상	2	1.37
직업	전업주부	10	6.90
	사무직	6	4.13
	생산직	3	2.07
	전문직	4	2.76
	판매서비스직	85	58.62
	공무원	1	0.69
	자영업	4	2.76
	학생	32	22.07
월 평균소득	150만원 미만	120	82.76
	150~300만원 미만	16	11.03
	300만원 이상	9	6.21
은행(복수응답)	국민	63	29.58
	농협	24	11.27
	새마을	2	0.94
	신한	14	6.57
	우리	49	23.00
	외환	17	7.98
	제일	7	3.29
	조흥	22	10.33
	하나	13	6.10
	한미	21	0.94
합계		145	100

석결과 α값이 유형품질은 0.752, 핵심품질은 0.773, 관계품질은 0.874, 고객만족은 0.925, 향후의도는 0.813으로, 이는 Nunnally(1978)가 제시한 α값의 기준치(0.6~0.7 이상)를 만족하는 것으로 측정도구의 신뢰성이 인정된다고 볼 수 있다.

그리고 각 구성개념별로 확증적 요인분석(confirmatory factor analysis)을

〈표 2〉 신뢰성 검정 결과

요인	측정문항	수정문항 대 전체문항 간 상관관계	Cronbach's α계수값
유형품질	X1	0.591	0.752
	X2	0.549	
	X3	0.603	
핵심품질	X4	0.562	0.773
	X5	0.638	
	X6	0.622	
	X7	0.491	
관계품질	X8 X9 X10 X11 X12	0.667 0.771 0.741 0.619	0.874
고객만족	X13	0.860	0.925
	X14	0.860	
향후의도	X15	0.687	0.813
	X16	0.687	

통해서 각 차원별 통계적 검정을 실시한다. 이는 신뢰성 검정이 내적일관성을 가정하나 통계적 검정을 하지 못하기 때문에 각 요인에서 단일차원성을 저해하는 문항을 제거하기 위하여 실시하였다(유동근 외, 1998).

본 연구에서는 확증적 요인분석을 실시하기 위해서 LISREL 8.30을 이용하였다. 각 구성개념의 적합도를 검정하기 위하여, 절대적합지수의 판단기준으로 χ^2값(카이자승값은 적을수록 바람직, p값≥0.05이면 바람직), GFI(Goodness-of-Fit Index: 0.90 이상), RMSR(Root Mean Square Residual: 0.05 이하) 등을 이용하였다.

증분적합지수 판단기준으로 AGFI(Adjusted Goodness-of-Fit Index: 0.90 이상), NFI(Normed Fit Index: 0.90 이상)을 이용하였다. 비교적합지수 CFI (Comparative Fit Index: 0.90 이상), 표준적합지수 NFI(Normed Fit Index: 0.90 이상)을 이용하였다. 각 구성개념에 대한 확증적 요인분석 결과는 〈표 3〉과 같다. 확증적 요인분석 결과, 모든 요인들이 대부분 모형적합도 기준을 만족하는

〈표 3〉 확증적 요인분석 결과

요인	초기문항	최종문항	GFI	AGFI	RMSR	NFI	CFI	χ^2	p
유형품질*	3	3	—	—	—	—	—	0.00	1.000
핵심품질	4	4	0.99	0.96	0.022	0.98	0.99	3.02	0.221
관계품질	5	5	0.94	0.81	0.045	0.93	0.94	33.18	0.000
고객만족*	2	2	—	—	—	—	—	0.00	1.000
향후의도*	2	2	—	—	—	—	—	0.00	1.000

* 포화(saturated)모형이 되어 이론모형이 표본자료와 완전히 적합

것으로 나타났다. 각 차원별 문항들에 대한 경로계수가 모두 유의(t〉1.96)한 것으로 나타나 제거되는 문항은 없었다. 구성개념별 확증적 요인분석을 거친 후 측정모형(measurement model)과 구조모형(structure model)을 하나의 모형으로 통합한 전체모형(full model)에 대한 통계적 검정을 실시하기 위해서 공분산구조분석(covariance structure analysis)을 실시하였다.

〈그림 2〉에서 보듯이 LISREL을 이용한 공분산구조분석 결과 χ^2값은 유의한 것으로 나타나 귀무가설(H_o: $\Sigma=\Sigma(\theta)$)이 기각되어 이론모형이 표본자료에 적합하지 않는 것으로 나타났다. 그러나 모형이 현실을 잘 설명하고 있음에도 불구하고 모형검정을 위한 여러 조건들 특히, 샘플의 수 등이 만족되지 않아서 χ^2값이 매우 큰 값을 가지는 경우가 있으므로, 기타의 적합도 지수들을 살펴보고 이론적 사고를 동원하여 경험적 결론을 내려야 한다(이순묵, 1990; Bagozzi & Yi, 1988). 따라서 기타의 적합도 지수들을 살펴보면 RMSEA는 0.07로 일반적 기준치인 0.05보다는 크나 0.10보다는 작게 나타나 모형의 근사도(approximation)가 보통인 것으로 나타났다(Steiger & Lind, 1980). 그리고 GFI, AGFI, NFI값들은 기준치인 0.9에 약간 못 미치는 것으로 나타났으나, 표본의 크기가 200개 이내인 경우(본 연구의 표본의 크기가 145개) 표본 크기의 영향을 비교적 덜 받는 적합지수인 CFI를 보면 0.902로 기준치인 0.9보다 커 자료가 모형에 적합한 것으로 나타났다. 또한 간명적합지수인 PGFI(Parsimony Goodness-of-Fit Index: 0.5 이상)는 0.629로 적합 정도가 좋은 것으로 나타났다(Mulaik et al., 1989).

척도의 타당성을 검정하기 위해서 본 연구에서는 구성타당성인 집중타당성(convergent validity)과 판별타당성(discriminant validity)을 검토하였다. 〈그림 2〉에서 측정문항들에 대한 경로계수(표준부하량)들을 보면 모두

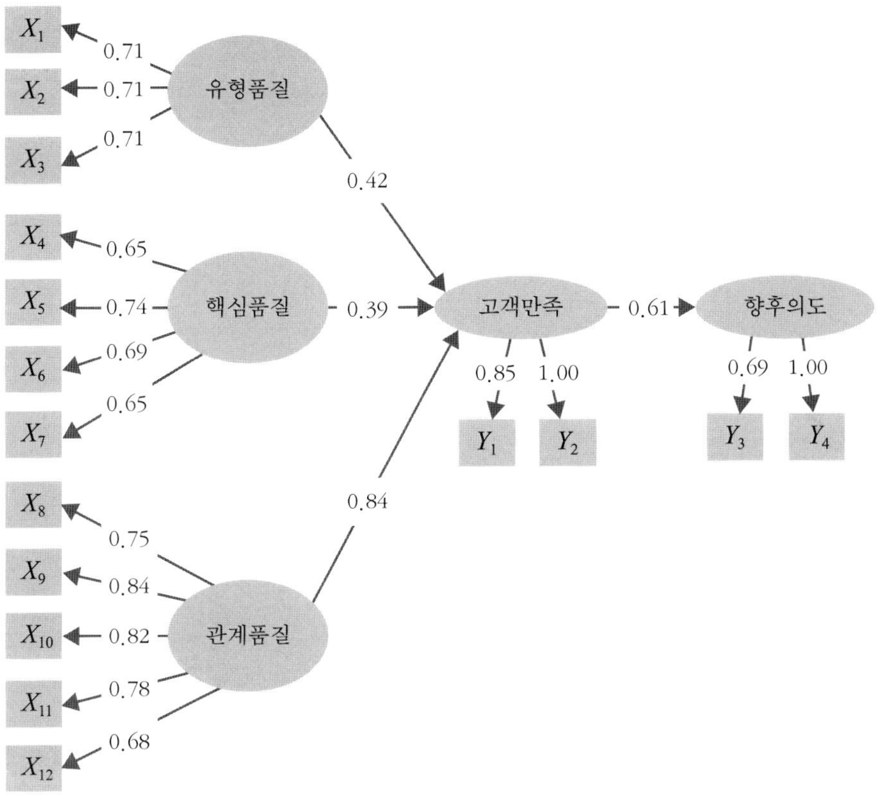

* 추정된 모든 경로계수값은 유의수준 5%에서 유의

χ^2 =276.42(p=0.00), df=99, RMSR=0.045,

GFI=0.85, AGFI=0.79, CFI=0.90, PGFI=0.62, NFI=0.85

〈그림 2〉 공분산구조분석 결과

유의하고 〈표 4〉에서 보듯이 구성개념의 신뢰성(construct reliability) 역시 높은(> 0.7)점을 감안할 때, 이는 척도의 집중타당성이 인정된다고 볼 수 있다(Anderson & Gerbing, 1988; Bagozzi & Yi, 1988). 판별타당성을 확인하

〈표 4〉 척도의 구성타당성 검정 결과

구성개념	평균	표준편차	구성개념 간 상관관계				
			유형품질	핵심품질	관계품질	고객만족	향후의도
유형품질	4.785	1.203	1.000				
핵심품질	4.757	1.116	0.557***	1.000			
관계품질	4.285	1.206	0.431***	0.640***	1.000		
고객만족	4.407	1.316	0.508***	0.513***	0.703***	1.000	
향후의도	4.801	1.358	0.443***	0.546***	0.682***	0.686***	1.000
구성개념신뢰성(CR)			0.753	0.778	0.876	0.930	0.845
평균분산추출값(AVE)			0.504	0.482	0.587	0.870	0.738

***: $p < 0.01$

기 위해 구성개념 간 상관관계행렬(Φ matrix)을 검토하였는데, 〈표 4〉와 같이 AVE(Average Variance Extracted)값이 구성개념 간 상관계수의 제곱값을 상회하는 것으로 나타나 판별타당성이 인정되어, 각 요인에 대한 구성타당성(construct validity)이 인정된다고 볼 수 있다(Fornell & Larcker, 1981).

3.3 경로효과 분석

서비스품질 요인과 고객만족, 그리고 향후의도 간 경로효과를 〈표 5〉에 나타내었다. 소매금융 서비스품질요인들 모두가 고객만족에 유의한 영향을 주는 것으로 나타났다. 이는 소매금융 서비스 특성상 '서비스 시설 및 직원' 과 관련된 유형품질, 그리고 '고객들에게 약속한 서비스를 믿을 수 있고 정확하게 수행할 수 있는 능력', '거래기록의 정확한 유지와 서비스 제공시기의 알림'과 같

〈표 5〉 경로효과 분석결과

인과관계	경로효과		t값	유의성
유형품질 → 고객만족	직접효과	0.42	3.59	○
핵심품질 → 고객만족		0.39	2.26	○
관계품질 → 고객만족		0.84	6.67	○
고객만족 → 향후의도		0.61	7.81	○
유형품질 → 향후의도	간접효과	0.26	3.33	○
핵심품질 → 향후의도		0.24	2.19	○
관계품질 → 향후의도		0.51	5.32	○

은 신뢰성과 관련한 핵심품질, '회사가 고객에게 제공하는 개별적 배려와 관심과 고객을 기꺼이 돕고자 하는 준비', '직원의 예의바름과 공손함'과 관련된 관계품질 모두가 고객만족에 영향을 주는 선행 결정요인이라고 볼 수 있다.

그리고 경로효과를 통해 서비스품질 요인들이 재이용의도와 타인추천의도와 같은 향후 의도에도 간접적인 영향을 미치는 것으로 나타났다. 이러한 분석결과를 통해서 소매금융 서비스품질향상이 고객만족도를 향상시킬 뿐만이 아니라, 고객충성도인 향후의도에도 유의한 영향을 주고 있음을 알 수 있다.

IV. 결론

기업들은 서비스품질 개선과 고객만족 달성을 위해 부단히 노력하고 있다. 대다수의 경영자들은 시장경쟁의 정도가 심할수록 서비스품질과 고객만족의 증대만이 고객의 충성심과 장기적으로 기업의 재무성과에 영향을 준다는 사실을 인식하고 있다. 따라서 서비스품질 향상을 추구하는 경영자는 고객들이 지각하는 서비스품질을 지속적으로 평가하는 시스템을 개발하여 운영하여야 한다.

최근 은행 간 합병과 외국금융자본의 국내 은행의 인수와 같은 금융산업 환경이 급변하는 상황에 있다. 뿐만 아니라, 현재 국내 시중금리가 사상 처음으로 3% 대로 떨어지면서 고객들의 예금 및 정기적금 수요가 감소하여 이자율에 의한 신규고객유치는 더욱 힘든 상황이 되었다. 따라서 각 은행들은 경쟁력강화와 신규 고객 유치와 기존 고객 유지를 통한 수익성 확보를 위해 노력하고 있다. 즉, 서비스품질 개선 활동에 초점을 맞추고 고객의 기대에 맞거나 초과하는 서비스를 제공할 경우 고객유지율의 증가를 통한 수익성 향상에 실질적인 영향을 미칠 것으로 기대한다.

일반적으로 고객충성도의 증가는 고객들에게 저비용으로 서비스를 제공할 수 있게 하며, 마케팅비용의 지출도 감소시켜 궁극적으로 수익증가를 통해 기업이 성장하게 된다. 현재의 고객들을 충성고객으로 유지하기 위해서는 고객만족 프로그램의 활성화와 고객만족에 영향을 주는 서비스품질 결정요인에 대한 개선에 초점을 둔 서비스경영이 필요하다고 하겠다.

따라서 본 연구에서는 소매금융 서비스에서의 고객만족도 향상을 위한 선행요인으로서 서비스품질요인들과 고객만족과 향후의도 간의 관계를 살펴보았다. 이를 위해 그 동안 대부분의 서비스품질 연구에서 사용되어 온 5차원 모델(Parasuraman et al., 1988)또는 10차원 모델(Parasuraman et al., 1985)과는 달리 핵심품질과 관계품질의 2차원 모델(Levesque & McDougall, 1996;

McDougall & Levesque, 2000; Parasuraman et al., 1991)에 유형품질을 더한 3차원 모델(Dabholkar et al., 1996; Jamal & Naser, 2002)을 소매금융 서비스품질차원으로 하여 국내 소매금융 서비스에서의 고객만족과 향후의도 간의 관계를 분석하였다. 그리고 확증적 요인분석을 통해 측정모형에 대한 타당성 분석을 실시하였으며, 그 결과 통계적으로 타당성 있는 모형으로 나타났다. 또한 각 구성개념 간의 경로효과를 알아보기 위해서 구조방정식모형을 이용한 공분산 구조분석을 실시하였다.

분석결과 모든 서비스품질요인들이 고객만족에 유의한 영향을 주는 것으로 나타났다. 그리고 경로계수의 크기를 비교해볼 때, 관계품질(0.84)이 나머지 유형품질(0.42)과 핵심품질(0.39)보다 고객만족에 더 큰 영향을 미치며, 고객만족 또한 향후 의도에 유의한 영향을 주는 것으로 확인되었다. 따라서 소매금융 서비스를 제공하는 각 은행들은 고객들에 서비스를 제공하는 프로세스(process)를 관리해야 하며, 특히 '고객의 질문에 답변할 충분한 지식', '고객을 기꺼이 도와줄 준비', '고객에게 예의바르고 공손하게 대함', '고객들에 대한 개별적 관심', '고객의 요구파악' 하는 등의 서비스 전달과정에 더 많은 노력을 기울이는 것이 고객만족향상에 더 효과적이라고 할 수 있다. 또한 경로효과분석을 통해서 이들 요인들이 향후의도에 간접적으로 영향을 주는 것으로 나타나 소매금융 서비스품질향상이 고객만족도를 향상시킬 뿐만이 아니라 재이용의도와 타인추천의도에도 영향을 주고 있음을 알 수 있었다. 따라서 은행이 제공하는 서비스에 대해 고객들이 지각하는 만족도의 차이가 거의 없고, 어떤 새로운 서비스가 제공되더라도 경쟁자에 의해서 금방 추월당하게 되는 현 상황에서 본 연구의 결과에서처럼 서비스품질 향상을 통한 고객만족을 실현하고, 이를 통한 고객충성도의 향상은 기존 고객들과의 장기 거래를 통해 수익을 유지하기 위해서는 매우 중요하다고 하겠다.

본 연구의 한계점 및 향후 연구방향으로는 설문자료 수집의 편의를 위해서 서울 지역의 소수 구역만을 대상으로 조사가 이루어졌으나, 지역 및 구역별로 소매금융 서비스 이용 고객들의 사회 통계학적 차이가 많다는 점을 고려할 때, 전국적으로 다양한 계층들을 대상으로 조사가 이루어져야 할 것이다. 그리고 앞서 언급하였듯이 응답자들의 연령분포에서 20대가 가장 많은 것으로 조사되었는데, 이는 연구결과가 특정연령에 의한 편의(bias)가 발생할 가능성을 가지고 있으므로 향후 연구에서는 고른 연령층에서 표본조사가 이루어져야 할 것이다. 마지막으로, 본 연구에서는 소매금융에서의 서비스품질을 3차원으로 설정하여 분석하였으나, 향후 연구에서는 기존의 서비스품질 5차원 모형과 비교 · 분석한다면 좋은 연구주제가 될 것으로 본다.

▣ 참고문헌

• 김계수, 박형권(2000), "서비스품질요인이 고객만족에 미치는 영향에 관한 연구,"「품질경영학회지」, 제28권 제3호, pp.31-43.

• 김연성, 박영택, 서영호, 유왕진, 유한주, 이동규(2003),「품질경영론」, 박영사.

• 박경준, 박광태, 이형석(2002), "회계컨설팅 서비스에서의 서비스품질 결정요인에 관한 연구,"「서비스경영학회지」, 제3권 제1호, pp.221-240.

• 유동근, 강성단, 이용기(1998), "서비스기업의 시장지향성과 성과: 벤치마킹, 품질서비스 및 고객만족의 인과적 역할,"「마케팅연구」, 제13권 제1호, pp.1-25.

• 이순묵(1990),「공변량구조분석」, 성화사.

• 이형석(2003), "소매금융 서비스품질 결정요인과 만족도 및 충성도간 관계연구,"「전략경영·정보시스템 연구」, 제9권, pp.154-180.

• 정동성, 강기두(1999),「서비스마케팅」, 동성사.

• Anderson, J. C. and Gerbing, D. W.(1988), "Structural Equation Modeling in Practices: A Review and Recommended Two-Step Approach," *Psychological Bulletin*, Vol.103 No.3, pp.411-423.

• Anderson, E. A. and Sullivan, M. W.(1993), "The Antecedents and Consequences of Customer Satisfaction for Firms," *Marketing Science*, Vol.12(Spring), pp.125-143.

• Bagozzi, R. P. and Yi, Y.(1988), "On the Evaluation of Structural Equation Models," *Journal of the Academy of Marketing Science*, Vol.16(Spring), pp.74-94.

• Bitner, M. J. and Hubbert, A. R.(1994), "Encounter Satisfaction Versus Overall Satisfaction Versus Quality," in Rust, R. T. and R. L. Oliver (Ed.), *Service Quality: New Directions in Theory and Practice*, Sage, London.

• Bitran, G. and Lojo, M.(1993), "A Framework for Analysing the Quality of the Customer Interface," *European Management Journal*, Vol.11 No.4, pp.385-396.

• Bolton, R. N. and Drew, J. H.(1991), "A Multistage Model of Customers' Assessments Service Quality and Value," *Journal of Consumer Research*, Vol.17(March), pp.375-384.

• Carman, J. M.(1990), "Consumer Perceptions of Service Quality: An Assessment of the SERVQUAL dimensions," *Journal of Retailing*, Vol.66(Spring), pp.35-55.

• Chase, R. B. and Hayes, R. H.(1991), "Beefing Up Operations in Service Firms," *Sloan Management Review*, Vol.39(Fall), pp.15-26.

• Coskun, A. and Frohlich, C. J.(1992), "Service: the Competitive Edge in Banking," *Journal of Service Marketing*, Vol.6 No.1, pp.15-22.

• Cronin, J. J. Jr. and Taylor, S. A.(1992), "Measuring Service Quality: A Re-examination and Extension," *Journal of Marketing*, Vol.56 No.3, pp.55-68.

• Dabholkar, P. A., Thorpe, D. I. and Rentz, J. O.(1996), "A Measure of Service Quality for Retail Stores: Scale Development and Validation," *Journal of the Academy of Marketing Science*, Vol.24(Winter), pp.3-16.

• Devlin, J. F., Ennew, C. T. and Mirza, M.(1995), "Organizational Positioning in Retail Financial Services," *Journal of Marketing Management*, Vol.11, pp.119-132.

• Fisk, R. P., Brown, S. W. and Bitner, M. J.(1993), "Tracking the Evolution of the Services Marketing Literature," *Journal of Retailing*, Vol.69(Spring), pp.61-103.

• Fornell, C. and Larcker, D. F.(1981), "Evaluation Structural Models with Unobservable Variables and Measurement Error," *Journal of Marketing Research*, Vol.18(February), pp.39-50.

• Gronroos, C.(1984), "A Service Quality Model and Its Marketing Implication," *European Journal of Marketing*, Vol.18 No.4, pp.35-44.

• Hausknecht, D. C.(1990), "Measurement Scales in Customer Satisfaction/Dissatisfaction," *Journal of Consumer Satisfaction, Dissatisfaction and Complaining Behaviour*, Vol.3, pp.1-11.

• Jamal, A. and Naser, K.(2002), "Customer Satisfaction and Retail Banking: An Assessment of Some of the Key Antecedents of Customer Satisfaction in Retail Banking," *International Journal of Bank Marketing*, Vol.20 No.4, pp.146-160.

• Legg, D. and Baker, J.(1996), "Advertising Strategies for Service Firms," in Lovelock, C. H.(Ed.), *Service Marketing*, 3rd ed., Prentice-Hall, Englewood Cliffs, NJ.

• Levesque, T. and McDougall, G. H. G.(1996), "Determinants of Customer Satisfaction in Retail Banking," *International Journal of Banking Marketing*, Vol.14 No.7, pp.12-20.

• Lewis, R. C. and Bomms, B. H.(1983), "The Marketing Aspects of Service Quality," *in Emerging Perspectives on Service Marketing*, L. Berry, G. Shostack and G. Upah, eds., Chicago: American Marketing Association, pp.99-107.

• Lewis, B. R.(1993), "Service Quality: Recent Developments in Financial Services," *Internation Journal of Bank Marketing*, Vol.11 No.6, pp.19-25.

• McDougall, G. H. G. and Levesque, T.(1994), "A Revised View of Service Quality Dimensions: An Empirical Investigation," *Journal of Professional Services Marketing*, Vol.11 No.1, pp.189-210.

• Mulaik, S. A., James, L. R., Van Alstine, J., Bennett, N., Lind, S. and Stilwell, C. D.(1989), "Evaluation of Goodness of Fit Indices for Structural Equation Models," *Psychological Bulletin*, Vol.105, pp.430-445.

• Nunnally, J. C.(1978), *Psychometric Theory*, McGraw-Hill, New York.

• Oliver, R. L.(1981), "Measurement and Evaluation of Satisfaction Process in Retail Settings," *Journal of Retailing*, Vol.57(Fall), pp.25-48.

• Parasuraman, A., Berry, L. L. and Zeithaml, V. A.(1991), "Understanding Customer Expectation of Service," *Sloan Management Review*, Vol.39(Spring), pp.39-48.

• Parasuraman, A., Zeithaml, V. A. and Berry, L. L.(1985), " A Conceptual Model of service quality and its implications for future research," *Journal of Marketing*, Vol.49, pp.41-50.

• ______(1988), "SERVQUAL: A Multiple-Item Scale for measuring consumer perceptions of service quality," *Journal of Retailing*, Vol.64 No.1, pp.15-37.

• Reichheld, F. F. and Sasser, W. E.(1990), "Zero Defections: Quality Comes to Services," *Harvard Business Review*, September-October.

• Rust, R. T. and Oliver, R. L.(1994), *Service Quality: New Dimensions in Theory and Practice*, Sage, London.

• Steiger, J. H. and Lind, J. C.(1980), "Statistically Based Test for the Number of Common Factors," paper presented at *The annual meeting of the Psychometric Society*, Iowa City, IA.

• Teas, R. K.(1993), "Expectations, Performance Evaluation, and Consumers' Perceptions of Quality," *Journal of Marketing*, Vol.57 No.4, pp.18-34.

• Wakefield, K. L. and Blodgett, J. G.(1999), "Customer Response to Intangible and Tangible Service Factors," *Psychology and Marketing*, Vol.16 No.1, pp51-68.

• Woodside, A. G., Frey, L. L.and Daly, R. T.(1989), "Linking Service Quality, Customer Satisfaction, and Behavioral Intentions," *Journal of Health Care Marketing*, Vol.9, pp.5-17.

• Yi, Y.(1990), "A Critical Review of Customer Satisfaction," in Zeithaml, V. A. (Ed.), *Review in Marketing, American Marketing Association*, Chicago, IL, pp.68-123.

논문4
서비스품질과 고객만족의 종단적 효과분석*
The Longitudinal Effects of Service Quality and Customer Satisfaction on Repurchase Intention

초록

서비스품질과 고객만족 그리고 재구매의도에 관한 대부분의 연구들이 횡단적 분석을 통해 인과관계를 규명해왔다. 그러나 서비스에 대한 고객들의 실제 구매행동은 고객들의 품질인식이나 만족의 과거 경험들의 누적된 결과로 볼 수 있다. 따라서 본 연구에서는 서비스품질과 고객만족이 고객충성도에 미치는 영향관계를 종단적 효과분석을 통해 살펴보고자 한다. 본 연구의 인과모형에 대한 종단적 효과를 분석하기 위해 패밀리레스토랑 고객들을 대상으로 한 설문조사자료를 활용한다. 패밀리레스토랑은 최근까지 외식스타일의 서구화에 따라 점포수가 급격히 증가하면서 경쟁으로 인한 업체들의 서비스품질과 고객만족에 대한 관심이 고조되어 왔다. 또한 기존의 충성고객들의 재구매를 통한 수익성 향상을 위해 노력하고 있기 때문에 본 연구의 결과는 기존고객들의 재방문 유도를 위한 서비스운영관리 방안에 도움이 될 것으로 본다.

본 연구의 인과모형에 대한 가설검정 결과, 이전 방문에서의 서비스품질 인식이 현재시점에서의 고객만족에 유의한 영향을 미치며, 현재시점의 서비스품질에도 유의한 영향을 미치는 것으로 나타났다. 또한 현재시점의 서비스품질은 이전 방문에서의 고객만족과 함께 현재시점의 고객만족에 유의한 영향을 미치는 것으로 나타났다. 마지막으로 현재시점의 서비스품질과 고객만족은 향후 재방문의도에 유의한 영향을 미치는 것으로 나타났다. 이전시점의 서비스품질이 재구매의도에 이르는 전과정상의 누적효과인 총효과를 분석하기 위해 인과관계별 연립방정식(simultaneous equation)을 축약형 방정식(reduced form equation)으로 환산하여 추정하였으며, 그 결과 이전시점의 서비스품질의 종단적 효과(longitudinal effect)는 유의한 것으로 나타났다.

키워드: 서비스품질, 고객만족, 재구매의도, 종단적 효과

---

* 이형석(2012), "서비스품질과 고객만족의 종단적 효과분석," 「산업과 경영」, 제25권 제2호, pp. 93-108.을 편집한 것임

Ⅰ. 서론

지금까지 많은 서비스기업들은 기업의 수익성 향상을 위해 서비스품질과 고객만족을 통한 서비스 재구매에 관심을 기울여왔다. 이는 기업의 재무적 성과를 제고하기 위해서는 기존고객관리를 통한 고객유지와 신규고객유치를 통한 시장점유율 향상이 매우 중요하기 때문이다. 서비스품질과 고객만족 간의 인과관계에 대한 대부분의 연구들은 서비스품질차원과 전반적인 만족도 간에는 유의한 인과관계가 있으며, 고객만족을 결정하는 서비스품질 차원의 중요성을 보여주고 있다(Fisk et al., 1993). 또한 고객만족과 고객충성도의 관계는 일반적으로 고객만족이 증가하고 고객충성도가 강화됨으로써 제품 혹은 서비스에 대한 지속적인 반복구매가 이루어져 결과적으로 기업의 매출도 향상된다(Lee, 2010). 따라서 현재의 서비스품질과 과거 경험한 서비스품질의 인식수준의 차이가 존재한다면 종단적 분석 과정을 통해 서비스품질의 누적적 효과를 파악할 필요가 있다. 즉, 서비스에 대한 품질인식의 변화를 일련의 연속적 과정 속에서 살펴봄으로써 고객만족도의 변화와 어떤 영향관계를 가지는지를 파악할 수 있을 뿐만 아니라, 향후 장기적인 고객관계 구축에도 중요한 영향을 미칠 것이다. 따라서 본 연구에서는 단일 시점에서의 고객경험을 근거로 한 횡단적 인과관계분석을 지양하여 과거와 현재의 서비스품질인식이 같은 시점에서의 고객만족의 변화에 어떤 영향관계가 있는지를 종단적 분석 과정을 통해 살펴보고자 한다. 그리고 서비스품질과 고객만족의 종단적 효과인 누적효과가 고객들의 재구매 행동에 어떤 영향을 미치는 지도 살펴본다.

특히, 본 연구의 실증적 분석을 위해 서비스부분 중에서 지속적인 성장세를 유지하고 있는 외식서비스인 패밀리레스토랑에 대한 서비스품질과 고객만족 그리고 향후 구매의도에 대한 설문조사 자료를 이용한다. 실제로 패밀리레스토랑은 최근 몇 년 사이 출점하는 점포의 수가 급격히 증가해 왔고, 서비스경쟁 심화로 인해 점포폐쇄 또는 해당 업체들의 사업철수 과정을 거치며 서비스품질과 고객만족에 대한 관심이 매우 고조되고 있기 때문이다. 또한 기존의 고객들의 유지관리를 통한 재구매율 향상은 기업의 수익향상으로 이어지기 때문에 본 연구의 결과는 지속적인 신규고객유치 뿐만 아니라 기존고객유지를 위한 서비스운영방안에 도움이 될 것으로 본다.

본 연구의 구성은 먼저 연구의 조사대상 분야인 패밀리레스토랑에 대한 전반적인 고찰과 서비스품질 및 고객만족 그리고 고객충성도에 대한 기존연구들을 통해 종단적 인과분석에 대한 가설을 수립한다. 그리고 패밀리레스토랑 이용고객들을 대상으로 실시한 설문자료를 바탕으로 응답자들에 대한 인구통계학적 분포를 파악하기 위해 빈도분석을 실시하고 종단적 효과를 분석하기 위한 경로분석을 실시한다. 본 연구의 결과를 통해 패밀리레스토랑의 서비스품질과 고객만족에 대한 누적효과가 얼마나 고객들의 재구매에 영향을 미치는지를 파악할 수 있으며, 패밀리레스토랑 운영관리자 혹은 마케팅 실무자들이 단일 시점 서비스평가관리에서 벗어나 연속적 시점에서의 서비스평가관리의 필요성을 제고하고자 한다. 따라서 지속적이고 효과적인 서비스품질 개선 노력과 질적으로 향상된 서비스의 안정되고 지속적인 제공은 치열한 경쟁 환경에서 패밀리레스토랑의 고객만족경영을 위한 실질적인 운영관리 지침의 역할을 할 것으로 기대한다.

II. 이론적 배경 및 연구가설

1. 국내 패밀리레스토랑 현황

국내 외식서비스시장은 다양한 업태의 외식업체의 진출과 국민소득의 증가 그리고 소비자들의 외식 서구화라는 시대적 상황과 맞물려 1984년 4조 1천억 원에 불과하던 것이 2005년 45조원으로 급속한 성장을 거듭하여 규모면에서 거대한 산업으로 발전하고 있다(이애주 외, 2003). 특히, 패밀리레스토랑 시장은 양적인 성장과 함께 국내외 기업의 치열한 경쟁과 소비수준의 향상 및 고객 욕구의 다양화 등으로 경쟁이 더욱 심화되고 있다(서창적, 2003).

외식산업은 업태를 중심으로 보면 패스트푸드, 패밀리레스토랑, 캐주얼 다이닝 레스토랑, 디너하우스 등으로 구분할 수 있다(월간호텔&레스토랑, 1991). 최웅과 이규숙(2005)에 따르면 패밀리레스토랑은 100~200평의 대형점포에 30~50대의 차량을 주차할 수 있는 공간을 갖추고, 안락하고 차분한 분위기 연출을 위해 주류 판매를 자제하면서, 일정수준의 조명을 유지하고, 성인과 아이들을 동시에 겨냥한 서비스를 제공하는 것을 말한다. 또한 패스트푸드보다 1~1.5배 정도 비싸지만 비교적 저렴한 가격수준으로 가족 동반 고객을 겨냥한 전문외식 업소로서 가족단위의 외식 고객이 부담없는 가격으로 편안함을 느끼며 식사할 수 있는 식당을 의미한다. 추상용(1997)은 주고객 층을 사회인으로 해서 가족단위의 외식을 할 수 있도록 다양한 식음료와 이색적인 분위기를 연출하는 레스토랑이며, 초기 투자가 매우 높게 나타나고 음식의 단가도 높은 편이다. 그리고 정중한 서비스를 기본으로 하나 최근에는 조금은 편하고 가벼워지는 경향이 있으며, 소가족 단위의 고객층을 노리는 전략으로 분위기를 연출하고 있다고 지적하였다.

국내 최초의 패밀리레스토랑은 자생브랜드인 투모로우 타이거이다. 지난 1985년 처음으로 선보인 투모로우 타이거는 로열티 없는 자체 브랜드로 의욕적인 출발을 보였으나, 패밀리레스토랑에 대한 전문적 지식 · 경험 · 자본력이 부족했고 당시 국내 패밀리레스토랑에 대한 일반인들의 관심이 부족하여 1990년도에 해체되었으며, 최초의 해외브랜드 패밀리레스토랑은 1988년 미도파가 일본의 브랜드와 합작하여 코코스(COCO'S)를 국내에 도입하면서부터이다. 이전에는 패밀리레스토랑에 대한 개념자체가 낯설었지만, 국내 대기업들이 해외 유명외식브랜드와 손을 잡고 외식산업의 붐을 일으켰다(한진수 · 이순영, 2002).

스카이락은 일본 외식시장 내에서 패밀리레스토랑인 스카이락 외에도 커피, 스낵 전문점인 조나단, 일식 전문점인 이이야, 프랑스식 전문점인 FLD 등의 외식업체를 운영하고 있는 회사로 지난 1981년 이미 대만을 비롯하여 미국과 태국에도 진출하고 있는 일본 외식업계의 대표적인 외식기업인데 CJ푸드는 삼성그룹에서 분리 독립 후 신규사업으로 일본의 스카이락(Sky Lark)과 기술을 제휴하여 외식산업에 참여하고 있으며 1997년에는 스카이락을 운영한 노하우를 바탕으로 빕스라는 자체 브랜드를 개발하였고, 타워호텔 계열사인 이오코퍼레이션은 1995년 바베큐립스 전문업체인 토니로마스를 오픈하여 꾸준히 성장하면서 외식사업의 선두주자로 나서고 있다.

호주풍의 스테이크 전문점인 아웃백스테이크하우스는 외국인 시장과 케이터링사업 활성화로 신규고객창출과 이미지 제고에 큰 효과를 거두면서 현재 많은 사업영역을 확장하고 있다 . 마르쉐는 1996년 스위스로부터 도입된 유럽

〈표 1〉 국내 주요 패밀리레스토랑의 특징

브랜드	오픈년도	특징
아웃백스테이크하우스	1997	호주풍의 스테이크 전문점
빕스	1997	국내 독자 브랜드 정통스테이크 전문점
T.G.I.Friday's	1992	미국 정통의 캐주얼 다이닝 레스토랑
베니건스	1995	미국식 캐주얼 다이닝 레스토랑
씨즐러	1993	스테이크 전문점(선불제+셀프서비스)
토니로마스	1995	스테이크 전문점
마르쉐	1996	유럽풍의 패밀리 레스토랑

풍 레스토랑으로 시장의 분위기와 신선한 음식의 제공이라는 컨셉으로 출점하여 운영중에 있으며, 이 외에도 샐러드 바를 운영하는 씨즐러 등이 국내에서 영업을 하고 있다. 국내 주요 패밀리레스토랑을 살펴보면 〈표 1〉과 같다.

2. 서비스품질과 고객만족

서비스품질은 서비스의 고유한 특성인 무형성(intangibility), 생산과 소비의 동시성(inseparability of production and consumption), 이질성(heterogeneity), 그리고 소멸성(transitoriness)으로 인해 객관적인 평가가 제품에 비해 어렵고, 서비스에 대한 기대와 평가기준의 복잡성, 제공되는 편익과 반드시 일치하지 않는 만족 등과 같은 서비스품질을 둘러싼 다면성 때문에 명확하게 정의를 내리기가 어렵다(최덕철, 1997; Zeithaml et al., 1985; Berry, 1980). Parasuraman et al.(1985)은 서비스품질의 지각은 실제 서비스 성과에 대해 고객의 기대와 비교한 후 결정되며, 품질평가는 서비스의 결과만으로 이루어지는 것이 아니라, 서비스의 전달 과정도 함께 포함된다고 하였다. 또한 지각된 서비스품질을 "서비스의 우월함과 관련된 전반적인 판단 혹은 태도"라고 정의하였다(이형석, 2005). 또한 그들은 서비스품질 측정을 위한 도구로서 SERVQUAL을 제안하였으며, 서비스기업이 서비스품질에 대한 고객만족을 포함한 가치있는 정보를 얻는 도구로서 많은 연구자들에 의해 성공적으로 적용되어 왔다(Vincent et al., 2000). 그러나 SERVQUAL의 측정시간과 서비스품질 차원, 인식론적 문제, 성과측정 모형보다 낮은 설명력 등과 같이 여러 한계점들이 제기되었다. 따라서 특정 산업의 서비스를 연구하는 경우에는 특정산업에 적합하게 서비스문항을 수정 및 추가하는 것이 바람직한 것으로 알려져 있다Brown et al., 1993; Carman, 1990; Cronin and Taylor, 1992; Parasuraman et al., 1988). Stevens et al.(1995)은 외식산업에서 서비스품질을 측정하는데 사용되는 DINESERV 측정도구를 개발하였다. 그들은 확증적 요인분석을 세 번 반복하여 실시한 결과 40개의 항목을 29개 항목으로 정제하였다. 그리고 다이닝(fine-dining), 캐주얼(casual/theme) 및 퀵서비스(quick-service)레스토랑 등 다양한 컨셉의 레스토랑 고객 598명을 대상으로 레스토랑 서비스품질을 측정한 결과 DINESERV가 레스토랑 서비스품질 측정뿐만 아니라 주기적인 조사를 통해 서비스품질 차원의 변화 추이 및 점포 간 서비스품질 비교 및 관리를 하는데 유용한 도구임을 밝혀냈다.

고객만족의 정의는 일반적으로 결과에 강조를 두느냐 혹은 과정에 강조를 두느냐에 따라 두 가지 유형이 존재한다. 결과적 측면을 강조하는 경우에는 고객만족을 소비경험으로부터 야기되는 결과, 즉 "구매한 특정 제품이나 서비스,

소매상 혹은 쇼핑이나 구매행동과 같은 형태와 관련된 경험에 대한 심리적인 반응"(Westbrook and Reilly, 1983)이나 "불일치된 기대와 소비자가 소비경험에 대해 사전적으로 가지고 있던 감정이 복합적으로 결합하여 발생된 종합적인 심리상태"(Oliver, 1981)로 정의한다. 반면에 과정에 초점을 맞춘 정의는 "소비경험이 기대했던 것보다 좋았다는 평가"(Hunt, 1977), "사전적인 기대와 지각된 제품성과 사이의 차이에 대해 보이는 소비자의 반응"(Tse and Wilton, 1988) 등이 있다. 따라서 고객만족을 자신의 기대에 부합되는 정도로 제품 및 서비스를 사용하고 난 후의 제품이나 서비스에 대한 고객의 감정이나 태도 등 고객구매 행동의 여러 단계와 연결된 활동의 주요한 산출물로 볼 수 있다(이형석, 2003).

서비스품질과 고객만족 간의 관계에 관해 Woodside et al.(1989)은 서비스품질 지각과 고객만족 그리고 구매의도 사이의 관계를 연구한 결과 고객만족은 서비스품질과 구매의도를 연결하는 매개변수로 작용한다는 연구결과를 제시하였다. 또한 Cronin and Taylor(1992)도 서비스품질이 고객만족의 선행변수라는 것을 실증적 연구를 통해 검증하였다. 이유재 등(1996)은 서비스품질을 10개의 차원으로 구성한 후 국내 10개 서비스 업종에 대한 조사를 통하여 서비스품질이 고객만족에 영향을 준다는 결과를 제시하였다. 이들은 서비스품질이 고객만족의 패러다임보다는 태도의 패러다임에서 도출되어야 한다고 제안하였다(허향진, 2000).

Bolton and Drew(1991)은 서비스의 변화가 서비스품질에 대한 고객태도에 미치는 영향을 종단적 분석을 통해 살펴보았는데, 고객만족/불만족이 서비스품질에 대한 고객태도의 함수로 설정하였다. 그리고 단일시점에서의 고객태도가 아닌 일정기간 동안의 고객태도의 변화에 영향을 주는 요인들을 분석하면서, 특정시점에 제공된 서비스에 대한 고객태도는 그 이전에 제공된 서비스에 대한 고객태도에 의존하고 있음을 규명하였다. Bolton and Drew(1991)는 서비스에 대한 고객태도는 제공된 제품 혹은 서비스에 대한 고객의 전반적인 평가로서 서비스에 대한 전반적인 탁월함(excellence)과 우수성(superiority)에 대한 고객의 평가, 즉 서비스품질의 평가로 정의하였다. 본 연구에서도 특정시점에 제공된 서비스에 대한 고객태도, 즉 서비스품질은 그 이전에 제공된 서비스품질에 영향을 받을 것이라는 가설을 설정한다. 마찬가지로 고객만족도 특정시점에서의 고객만족이 이전에 형성된 고객만족의 영향을 받을 것이라는 가설을 설정한다. 하지만 Bolton and Drew(1991)가 제안한 만족/불만족과 서비스에 대한 고객태도 간 인과관계와 달리 본 연구에서는 Woodside et al.(1989)와 Cronin and Taylor(1992)의 서비스품질과 고객만족 간 인과관계모형을 적용한다. 앞서 살펴본 내용을 바탕으로 서비스품질과 고객만족 간 다음과 같은 가설을 설정한다.

가설 1 : 이전시점의 서비스품질은 현시점의 서비스품질에 영향을 미칠 것이다.

가설 2 : 이전시점의 고객만족은 현시점의 고객만족에 영향을 미칠 것이다.

가설 3 : 이전시점의 서비스품질은 이전시점의 고객만족에 영향을 미칠 것이다.

가설 4 : 현시점의 서비스품질은 현시점의 고객만족에 영향을 미칠 것이다.

3. 고객만족과 재구매의도

고객만족은 미래 구매의도 형성에 많은 영향을 주는 것으로 폭넓게 인식되어 왔다(Taylor and Baker, 1994). 재구매의도는 고객이 과거의 경험과 미래에 대한 기대에 기초하여 현재의 서비스 제공자를 다음번에도 다시 이용하고자 하는 의도로 정의된다(Czepiel and Gilmore, 1987). 여기서 의도(intention)란 개인의 예기된 혹은 계획된 미래행동을 의미하는 것으로 신념과 태도가 행동으로 옮겨질 확률이라고 할 수 있다(Engle et al., 1986). Richins(1979)는 불평행동에 대한 과정모형을 제시하고 있는데 고객의 만족/불만족은 고객이 구매 후 태도변화나 불평행동에 중요한 영향을 미치고 있다는 사실을 발견하였다. Oliver(1980)는 소비자가 상품을 구매한 후 소비자의 구매행동은 소비자가 얼마나 만족하는가에 따라 영향을 받는다는 사실을 발견하였고, Oliver and Swan(1989)은 고객만족과 구매 후 태도가 재구매의도에 영향을 미친다는 것을 실증적으로 보였다. Parasuraman et al.(1996)는 고객만족과 만족 후의 행동의도(behavior intention)와의 인과관계 연구를 통해서 만족한 고객들은 재구매, 추천, 로열티 상승, 추가비용 지불등의 행동의도가 나타남을 밝혔다. Levesque and McDougall(1996)의 연구에 의하면 불만족한 고객 서비스는 고객만족을 감소시키고 그것에 대해서 주위 친구들에게 말하는 경향이 있다. 즉, 부정적 구전은 브랜드 전환비용을 증가시킨다. 고객들이 특별히 제공되는 서비스를 이용한 후에 만족하였다면 고객들은 재구매를 할 것이고 자신들의 좋은 경험과 긍정적인 구전을 다른 사람들에게 전달할 것이다. 그러므로 반복구매와 구전 같은 행동은 직접적으로 회사의 생존과 수익성에 영향을 미치게 된다(Dabholkar et al., 1996; East, 1997; Richins, 1983; File and Prince, 1992). Anton(1996)은 고객만족을 고객의 욕구, 욕망, 기대 등이 제품 및 서비스의 구매, 사용, 소비를 통하여 충족되거나 초과되어 재구매나 충성도를 가져오는 심리상태를 말한다고 하였다. 그리고 만족한 고객은 해당 기업의 제품 및 서비스를 재구매하고 주위 사람들에게 자사의 제품 및 서비스에 대해 권유를 하며, 긍정적 구전을 유발한다고 하였다.

재구매의도를 고객만족의 결과변수로 다루고 있는 국내 연구가 많이 있으며, 그 중에서 이유재 등(1996)의 서비스산업에 대한 연구에서는 고객만족이 재구매의도에 유의적인 영향을 미치는 것으로 나타났다. 구순희(1996)는 의료서비스에 기대-불일치 패러다임을 도입하여 전반적인 만족도가 재구매의도에 직접적인 영향을 미친다는 것을 실증적으로 보였다. 신창훈 등(1999)의 백화점 소비자만족연구에서 고객만족은 재구매의도 및 타인추천에 중요한 영향을 미치는 것으로 나타났다. 이형석 등(2004)의 신용카드서비스의 고객만족요인에 관한 탐색적 연구에서도 회사, 혁신성, 물리적/직원서비스, 수수료, 편리성, 부가서비스 등의 고객만족요인이 재이용 의도와 타인추천 의도에 정(+)의 영향을 미치는 것으로 나타났다. 또한 고객만족이 재구매의도에 영향을 줌으로써 기업성과의 결정적인 요인으로 작용한다(Fornell, 1991). Reichheld and Sasser(1990)는 고객만족도가 높아지면 기존 고객의 충성도가 높아지고, 이는 가격민감도를 낮추어 경쟁적 상황에서 기존 고객을 보호한다고 하였다. 또한 미래의 거래비용을 낮추고 실패비용을 절감시켜 신규고객의 유치비용을 감소시킴으로써 기업의 이미지와 평판을 높인다고 하였다. 이는 곧 기업에게 장기적으로 높은 수익성을 보장하는 것이다. Anderson et al.(1994)도 고객만족이 기업의 수익성에 영향을 미친다는 것을 검증한 바 있는데, 이들은 고객만족도가 높아지면 기업의 전반적인 평판도 좋아져 신제품 도입 시 큰 도움이 된다고 하였다. 앞서 살펴본 내용을 바탕으로 서비스품질과 고객만족과 재구매의도

간 관계를 다음과 같이 설정한다.

가설 5 : 서비스품질은 재구매의도에 영향을 미칠 것이다.

가설 6 : 고객만족은 재구매의도에 영향을 미칠 것이다.

Ⅲ. 실증분석

1. 연구모형 및 분석방법

앞 절에서 제시한 가설들을 검정하기 위해 본 연구에서는 LISREL을 활용한 경로분석을 실시한다. 경로분석은 인과관계모형에서의 직접적인 영향뿐만 아니라 매개변수들 통한 간접적인 효과까지도 분석할 수 있는 장점이 있다(이형석, 2006). 이는 본 연구에서의 살펴보고자 하는 현시점에서의 서비스품질과 고객만족이 이전 시점에서의 평가로부터 영향을 받는 과정의 종단적인 누적효과를 분석하기에 적합하다. 본 연구에서 설정한 가설들을 대수적 함수식으로 표현하면 다음과 같다.

$$\text{QUALITY}_t = f(\text{QUALITY}_{t-1}) \tag{1}$$

$$\text{SATISFACTION}_{t-1} = g(\text{QUALITY}_{t-1}) \tag{2}$$

$$\text{SATISFACTION}_t = h(\text{SATISFACTION}_{t-1}, \text{QUALITY}_t) \tag{3}$$

$$\text{REPURCHASE}_{t+1} = k(\text{QUALITY}_t, \text{SATISFACTION}_t) \tag{4}$$

가설 1은 식(1)을 통해, 가설 2와 4는 식(3)을 통해, 가설 3은 식(2)를 통해, 가설 5와 6은 식(4)를 통해 검정한다. 따라서 서비스품질과 고객만족의 종단적 효과는 식(1)과 (3)을 통해, 최종적으로는 재구매의도를 나타내는 식(4)를 통해

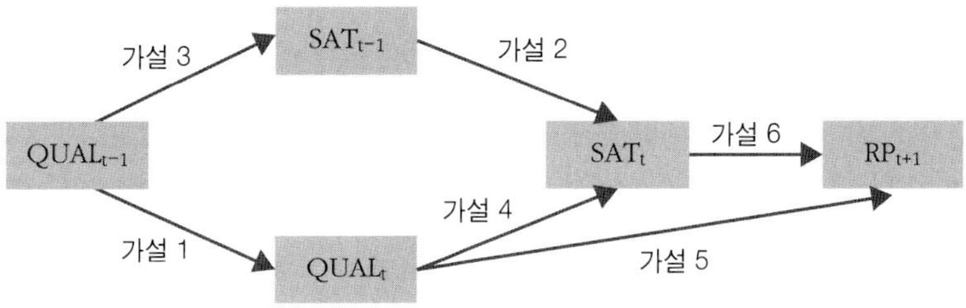

* QUAL: 서비스품질, SAT: 고객만족, RP: 재구매의도

〈그림 1〉 연구모형

종단적 누적효과가 나타난다고 볼 수 있다. 즉, 패밀리레스토랑 고객들의 재구매의도는 이전시점의 서비스품질과 고객만족, 현시점의 서비스품질과 고객만족 간 종단적 효과의 누적된 영향관계의 결과로 나타난다. 따라서 본 연구 가설을 경로모형으로 나타내면 〈그림 1〉과 같다.

본 연구의 측정변수들은 기존 서비스 및 마케팅연구에서 이미 검증된 문항들을 사용하였으며, 서비스품질은 '패밀리레스토랑이 제공하는 서비스에 대한 전반적 품질의 우수성', 고객만족은 '패밀리레스토랑이 제공하는 서비스에 대한 전반적 만족', 재구매의도는 '패밀리레스토랑을 향후에 다시 이용하겠다는 의사'를 묻는 단일문항(single indicator)으로 측정하였다(Bolton and Drew, 1991; Cronin and Taylor, 1992; Parasuraman et al., 1996). 또한 각 문항에 대한 동의정도를 '전혀 그렇지 않다(1점)'와 '매우 그러하다(7점)'로 리커트(Likert) 7점 척도로 평가하였다. 따라서 본 연구에서는 측정도구에 대한 신뢰성 및 타당성 검증을 실시하지 않는다.

2. 자료의 수집 및 표본특성

본 연구의 가설검정을 위한 자료를 수집하기 위해 서울특별시에 거주하는 패밀리레스토랑 고객들을 대상으로 설문조사를 실시하였다. 자료 수집의 편리성을 위해 유동인구가 많은 서울도심의 극장가와 쇼핑몰에서 조사원들이 직접 설문지를 배포하는 방식으로 하였다. 설문조사기간은 2011년 8월 7월부터 8월 8일까지 양일간에 걸쳐 이루어졌다. 설문지는 총 160부를 배포하였으며, 한 문항이라도 결측치가 있거나 불성실한 응답을 한 12부를 제외한 148부가 최종분석에 이용되었다. 본 연구의 인구통계학적 분포에 대한 빈도분석과 종단적 효과에 대한 경로분석을 위해 사회과학을 위한 통계패키지인 SPSS 12.0과 LISREL 8.30을 활용하였다. 표본자료에 대한 특성을 나타내면 〈표 2〉와 같다.

먼저 성별분포를 살펴보면 남성이 35.1%이고 여성이 64.9%로 나타났으며, 연령분포는 20대가 65.5%로 가장 많았고, 10대가 23.6%, 30대가 8.1%, 40대 이상은 2.8%로 나타났다. 이는 패밀리레스토랑의 주요 고객이 20대 젊은 여성이기 때문인 것으로 파악할 수 있다. 직업별로 보면 학생이 76.4%로 가장 많았으며, 전문직이 12.2%, 사무직이 8.1% 순으로 나타났다. 월평균 소득을 보면 150만원 미만이 67.6%로 가장 많았는데, 이는 직업별 분포에서 학생이 가장 높은 것으로 나타나 이러한 경우 소득이 용돈이나 아르바이트 수입으로 인한 것으로 볼 수 있다. 그리고 응답자들이 주로 가는 패밀리레스토랑은 아웃백이 41.2%로 가장 많았으며, 빕스가 23.0%, TGIF가 20.9%, 베니건스가 13.5%, 마르쉐가 1.4%로 나타나 국내 패밀리레스토랑 시장의 BIG4로 불리는 아웃백, 빕스, TGIF, 베니건스가 높은 시장점유율을 차지하고 있는 것으로 파악되었다.

〈표 2〉 표본자료의 특성

구분	내용	빈도	비율(%)
성별	남	52	35.1
	여	96	64.9
연령	10대	35	23.6
	20대	97	65.5
	30대	12	8.1
	40대 이상	4	2.8
학력	중졸 이하	1	0.7
	고졸	23	15.5
	전문대졸	6	4.1
	대학재학	91	61.5
	대졸	12	8.1
	대학원(졸)	15	10.1
합계		148	100.0

구분	내용	빈도	비율(%)
직업	가정주부	1	0.7
	학생	113	76.4
	영업판매직	2	1.4
	전문직	18	12.2
	공무원	2	1.3
	사무직	12	8.1
월평균 소득	150만원 미만	100	67.6
	150-249만원	6	4.1
	250-349만원	13	8.8
	350-449만원	20	13.5
	450만원 이상	9	6.0
합계		148	100.0

3. 가설검정 및 누적효과분석

본 연구의 가설들을 검정하기 위해 경로분석을 실시하였다. 앞서 설정한 대수식들은 연립방정식회귀모형(simultaneous equation regression model)으로 풀 수 있으며, 일반적으로 구조방정식(structural equation)의 형태를 지닌다. 본 연구의 방정식들이 단일방향관계(unidirectional relationship)를 가지는

〈표 3〉 구조방정식결과

가설	구조방정식
가설 1	$QUAL_t = 0.42 QUAL_{t-1}$, $R^2 = 0.18$ (5.64^{***})
가설 2와 4	$SAT_t = 0.21 SAT_{t-1} + 0.55 QUAL^t$, $R^2 = 0.42$ (3.29^{***}) (8.46^{***})
가설 3	$SAT_{t-1} = 0.65 QUAL_{t-1}$, $R^2 = 0.42$ (10.25^{***})
가설 5와 6	$RP_t = 0.50 QUAL_t + 0.32 SAT_t$, $R^2 = 0.54$ (7.01^{***}) (4.43^{***})

*** : $p < 0.01$

경우이므로 서비스품질과 고객만족에 대한 누적효과가 재구매의도까지 미치는 영향인 간접효과(indirect effect)를 분석할 수 있다(Gujarati, 1999). 본 연구가설들의 구조방정식을 추정한 결과는 〈표 3〉과 같다.

추정된 결과들을 살펴보면 유의수준 0.01에서 모두 유의한 것으로 나타나 모든 가설들은 지지되었다. 먼저 가설 1의 경우 이전시점의 서비스품질은 현시점의 서비스품질에 유의한 영향을 미치는 것으로 나타났다. 이는 패밀리레스토랑 고객들이 이전방문 시에 경험한 서비스에 대한 품질인식이 현재의 서비스품질 평가에 반영한다는 것을 보여준다. 그리고 가설 2의 경우 이전시점의 고객만족은 현시점의 고객만족에 유의한 영향을 미치는 것으로 나타났다. 이는 서비스품질과 마찬가지로 이전방문 시에 경험한 서비스에 대한 만족이 현재의 고객만족 평가에도 반영됨을 의미한다. 따라서 패밀리레스토랑의 서비스품질과 고객만족관리가 특정시점에서의 평가뿐만이 아니라 과거의 서비스경험이 영향을 미치기 때문에 누적효과에 대한 종단적 평가가 이루어져야 할 것이다.

가설 3과 4의 경우 각각의 해당 시점에서의 서비스품질이 고객만족에 유의한 영향을 미치는 것으로 나타났다. 이는 기존의 많은 서비스연구에서 밝혀졌듯이 패밀리레스토랑 서비스 이용 고객들의 만족도 향상을 위해서는 기본적으로 서비스품질관리 및 향상에 관심을 기울여야 함을 의미한다.

가설 5의 경우 서비스품질이 재구매의도에 유의한 영향을 미치는 것으로 나타났으며, 가설 6의 경우에도 고객만족이 재구매의도에 유의한 영향을 미치는 것으로 나타났다. 국내 패밀리레스토랑 시장은 기존의 업체 간 경쟁과 대체관계에 놓인 외식업와의 치열한 경쟁상황에 놓여 있기 때문에 고객들의 재구매는 업체의 수익향상과 생존에 매우 중요한 요소가 된다. 따라서 패밀리레스토랑의 서비스품질관리를 통한 고객만족도 향상은 결국 고객들의 재방문을 유발해 수익성 향상에 기여할 수 있다.

이러한 측면에서 본 연구에서는 패밀리레스토랑 고객들의 이전서비스 경험을 통해 형성된 태도가 현재의 서비스품질 평가에 영향을 주고 이는 고객만족을 통해 최종적으로 고객들의 재구매에 영향을 미치는 전 과정에서의 효과(total effect)를 측정하였다. 따라서 이전방문시점에서의 서비스품질에 대한 평가가 현시점에서의 서비스품질과 이전시점에서의 고객만족에 영향을 미칠 뿐만 아니라 현시점에서의 서비스품질과 고객만족을 경유하여 재구매의도에 영향을 주는 과정의 종단적 분석을 통한 누적효과(cumulative effect)를 말한다. 이러한 종단적 누적효과분석을 위해서 구조방정식모형들을 외생변수(exogenous variable)들만의 함수로 된 축약형 방정식(reduced form equation)

〈표 4〉 축약형 방정식결과

함수	축약형 방정식
$QUALITY_t = f(QUALITY_{t-1})$	$QUAL_t = 0.42\,QUAL_{t-1},\ R^2=0.18$ (5.64***)
$SATISFACTION_{t-1} = g(QUALITY_{t-1})$	$SAT_{t-1} = 0.65\,QUAL_{t-1},\ R^2=0.42$ (10.25***)
$SATISFACTION_t = h(g(QUALITY_{t-1}), f(QUALITY_{t-1}))$	$SAT_t = 0.37\,QUAL_{t-1},\ R^2=0.14$ (6.04***)
$REPURCHASE_{t+1} = k(f(QUALITY_{t-1}), h(g(QUALITY_{t-1}), f(QUALITY_{t-1})))$	$RP_t = 0.33\,QUAL_{t-1},\ R^2=0.11$ (5.65***)

*** : $p<0.01$

으로 환산하여 분석한다. 따라서 외생변수인 이전시점에서의 서비스품질로 환산한 함수식과 축약형 방정식들은 〈표 4〉와 같다.

〈표 4〉에서 보는 바와 같이 이전시점에서의 서비스품질이 현시점에서의 서비스품질에 유의한 효과(0.42)를 주고 있으며, 이전시점에서의 서비스품질이 이전시점에서의 고객만족에 유의한 효과(0.65)를 준다. 그리고 이전시점에서의 서비스품질이 이전시점의 고객만족을 경유한 효과와 현시점에서의 서비스품질이 현시점에서의 고객만족에 미치는 효과를 결합한 효과(0.37)도 유의한 것으로 나타났다. 마지막으로 이전시점에서의 서비스품질이 앞서 살펴본 경로를 통해 향후의 재구매의도에 미치는 총효과(0.33)는 유의한 것으로 나타났다. 이는 이전시점에서의 서비스품질이 각 경로를 통해 누적된 효과로 볼 수 있다. 따라서 패밀리레스토랑 고객들의 향후 재방문의 결정은 결국 이전 방문시에 경험했던 서비스품질의 종단적 효과임을 알 수 있다.

Ⅴ. 결론 및 시사점

서비스품질에 관한 주요 연구들은 서비스품질차원들의 구성과 서비스품질의 선행변수(antecedents) 혹은 결과변수(consequences)들과의 인과관계에 초점을 맞추고 있다. 또한 횡단적 자료를 바탕으로 특정시점에서의 서비스품질관련 요인들 간 분석을 하고 있다. 하지만 고객들의 서비스구매행동은 서비스에 대한 품질인식이나 만족에 대한 과거경험들의 누적된 결과이므로 종단적 분석을 통한 연구가 요구된다. 따라서 본 연구에서는 서비스품질과 고객만족의 이전방문시점에서의 평가를 통해 현재시점의 평가와의 관련성을 살펴보고 이러한 결과들이 재구매의도에 미치는 영향을 분석하였다. 이러한 인과모형에 대한 종단적 효과를 분석하기 위해 본 연구에서는 패밀리레스토랑 서비스를 이용하는 고객들을 대상으로 한 설문조사자료를 활용하였다. 사실 패밀리레스토랑은 최근 몇 년 사이에 외식서비스분야에서 가장 활발한 성장세와 업체 간 경쟁이 매우 치열한 분야이고 서비스에 대한 품질관리와 고객만족경영을 통한 수익향상에 많은 노력을 기울이고 있기 때문이다. 따라서 서비스품질과 고객만족의 종단적 효과는 기존고객유지를 통한 재구매를 유발하기 때문에 기업의 수익성에 직접적인 영향을 미치는 것이라고 할 수 있다.

본 연구의 인과모형에 대한 가설검정 결과 모든 가설이 지지되는 것으로 나타났다. 즉, 이전시점의 서비스품질은 현시점의 서비스품질에 유의한 영향을 미치는 것으로 나타났으며, 이는 패밀리레스토랑 고객들이 이전방문 시에 경험한 서비스에 대한 품질인식이 현재의 서비스품질 평가에 반영한다는 것을 보여준다. 그리고 이전시점의 고객만족은 현시점의 고객만족에 유의한 영향을 미치는 것으로 나타나, 이전방문 시에 경험한 서비스에 대한 만족이 현재의 고객만족 평가에도 반영된다고 볼 수 있다. 이렇게 이전시점의 서비스품질과 고객만족이 현시점의 서비스품질과 고객만족에 각각 영향을 미친다는 결과로 볼 때, 특정 단일시점에서의 평가결과에 근거한 횡단적 분석뿐만 아니라 이전 시점에서의 서비스 평가결과의 영향을 고려할 필요가 있다. 즉, 패밀리레스토랑의 서비스품질과 고객만족 평가는 과거 평가의 연장선상에서 현재평가를 고려한 종단적 분석을 실시해야 함을 의미한다.

각 동일한 시점에서의 서비스품질이 고객만족에 유의한 영향을 미치는 것으로 나타났으며, 이는 대부분의 서비스관련 연구에서 이미 규명해왔듯이 패밀리레스토랑 고객들의 만족도 향상을 위해서는 기본적으로 서비스품질관리 및 향상에 노력해야 할 것이다. 그리고 서비스품질과 재구매의도, 그리고 고객만족과 재구매의도 간 관계에 대해서도 통계적으로 유의한 인과관계가 있는 것으로 나타나 패밀리레스토랑 고객들의 재방문 유인을 위해서는 서비스품질관리와 고객만족도 향상에 집중할 필요가 있다. 사실 국내 패밀리레스토랑 시장은 기존 업체 간 경쟁과 대체관계에 놓인 업체와의 경쟁이 치열하기 때문에 기존 고객들의 재구매율 향상은 기업의 수익성 향상에 결정적인 요인으로 작용할 것이다.

패밀리레스토랑 고객들의 이전서비스 경험을 통해 형성된 태도가 현재의 서비스품질 평가에 영향을 주고 이는 고객만족을 통해 최종적으로 고객들의 재구매에 영향을 미치는 전 과정에서의 효과를 측정한 결과 이전방문시점에서의 서비스품질에 대한 평가가 현시점에서의 서비스품질과 이전시점에서의 고객만족에 영향을 주고, 현시점에서의 서비스품질과 고객만족을 경유하여 재구매의도에도 영향을 주는 누적효과를 보이는 것으로 나타났다. 즉, 패밀리레스토랑 고객들의 향후 재방문의 결정은 결국 이전 방문 시에 경험했던 서비스품질의 종단적 효과임을 알 수 있다. 따라서 본 연구의 종단적 분석은 기존의 연구에서와 같은 단일 시점에서의 서비스평가를 통한 단계별 인과관계뿐만 아니라, 종단적 인과관계에서 발생하는 누적효과를 연속선상에서 파악할 수 있는 장점이 있다. 본 연구에서는 종단적 분석의 시작점을 현시점 이전의 단일시점으로 설정하였는데, 이는 고객들 별로 방문간격이 일정하지 않았기 때문에 최근의 이전 방문시점을 기준으로 하였다. 하지만 고객들의 방문간격이 개별적으로 차이가 있기 때문에 기간별 차이를 통제하거나 이를 구분한 효과에 대한 연구가 앞으로 필요할 것으로 본다.

■ 참고문헌

• 구순희(1996), "의료서비스에 대한 소비자만족에 관한 연구",「마케팅연구」, 제11권 제2호, pp. 67-90.

• 서창적(2003), "패밀리 레스토랑 서비스품질의 전략적 개선방안",「서비스경영학회지」, 제4권 제2호, pp. 93-113.

• 신창훈 · 송채영 · 황인석(1999), "백화점 고객의 소비자만족에 미치는 선행요인 및 사후행동에 관한 연구",「한국마케팅저널」, 제1권 제3호, pp. 32-50.

• 월간호텔&레스토랑(1991), "케주얼 레스토랑 국내 상륙", 11월.

• 이애주 · 박대환 · 박진우(2003), "외식업체의 서비스 품질이 고객만족과 재방문의도, 구전의도에 미치는 영향 : 부산지역 패밀리레스토랑을 중심으로",「호텔경영학연구」, 제12권 2호, pp. 191-213.

• 이유재 · 김재일 · 김주영(1996), "서비스산업의 현황에 대한 실증연구",「소비자학연구」, 제7권 제2호, pp. 129-157.

• 이형석(2003), "소매금융서비스품질 결정요인과 만족도 및 충성도간 관계연구 : 구조방정식 모형을 이용한 경로분석",「전략경영 · 정보시스템연구」, 제9집, pp. 153-180.

• ______(2005), "소비자들의 자국중심주의와 원한이 서비스품질 인식에 미치는 영향에 관한 연구",「서비스경영학회지」, 제6권 제2호, pp. 129-149.

• ______(2006),「실증연구방법」, 한경사.

• 이형석 · 이기순 · 김상용(2004), "신용카드서비스의 고객만족요인에 관한 탐색적 연구",「마케팅과학연구」, 제13권, pp. 29-47.

• 최덕철(1997),「서비스마케팅」, 학문사.

• 최 웅 · 이규숙(2005), "패밀리레스토랑의 선택속성과 구매행동에 관한 연구",「호텔리조트카지노연구」, 제4권 제2호.

• 추상용(1997), "한국외식산업의 발전방향에 관한 연구,"「한국조리학회지」, 제3권, pp. 343-365.

• 한진수 · 이순영(2002), "패밀리레스토랑 마케팅분석을 통한 경쟁력 강화 방안에 관한 연구",「관광산업정보논집」, 제3권, pp. 3-35.

• 허향진(2000), "호텔의 서비스품질이 고객만족과 재구매 의도에 미치는 영향에 관한 연구",「사회발전연구」, 제16권 제1호, pp. 301-317.

• Anderson, E. W., C. Fornell and D. R. Lehmann(1994), "Customer Satisfaction, Market Share, and Profitability: Finding From Sweden," *Journal of Marketing*, Vol. 58(July), pp. 53-66.

• Anton, J.(1996), *Customer Relationship Management*, Prentice-Hill, pp. 23-24.

• Bolton, R. N. and Drew, J. H.(1991), "A Longitudinal Analysis of the Impact of Service Changes on Customer Attitudes," *Journal of Marketing*, Vol. 55(January), pp. 1-9.

• Brown, T. J., G. A. Churchill and J. P. Reter(1993), "Improving the Measurement of Service Quality," *Journal of Retailing*, Vol. 66 No. 1, pp. 33-55.

• Carman, J. M.(1990), "Consumer perceptions of service quality: an assessment of the SERVQUAL dimensions," *Journal of Retailing*, Vol. 66 No. 1, pp. 35-55.

• Cronin, Jr. J. J. and S. A. Taylor(1992), "Measuring Service Quality: A Reexamination and Extension," *Journal of Marketing*, Vol. 56 No. 3, pp. 55-68.

• Czepiel, J. A. and R. Gilmore(1987), "Exploring the Concept of Loyalty in Services," in Czepiel, J. A., Congram, C. A. and Shanhan, J.(Ed), *The Service Challenge: Intergrating for Competitive Advantage*, American Marketing Association, Chicago, IL, pp. 91-95.

• Dabholkar, P. A., D. I. Thorpe and J. O. Rentz(1996), "A Measure of Service Quality for Retail Stores: Scale Development and Validation," *Journal of the Academy of Marketing Science*, Vol. 24(Winter), pp. 3-16.

• East, R.(1997), *Consumer Behavior: Advances and Applications in Marketing*, Prentice-Hall, London.

• Engel, J. F., R. D. Blackwell and P. W. Miniard(1986), *Consumer Behavior*, 5th Ed., Hinsdale, Ilinois; CBS College Publishing, pp. 463-488.

• File, K. M. and R. A. Prince(1992), "Positive Word of Mouth: Customer Satisfaction and Buyer Behavior," *Internal Journal of Bank Marketing*, Vol. 10 No. 1, pp. 25-29.

• Fisk, R. P., S. W. Brown and M. J. Bitner(1993), "Tracking the Evolution of the Services Marketing Literature," *Journal of Retailing*, Vol. 69(Spring), pp. 61-103.

• Fornell, C.(1991), "A National Customer Satisfaction Barometer: The Swedish Experience," *Journal of Marketing*, Vol. 56, pp. 6-21.

• Gujarati, D.(1999), *Essentials of Econometrics*, 2nd Ed., McGraw-Hill Companies, Inc., pp. 473-493.

• Hunt, H. K.(1977), "CS/D-Overview and Future Research Direction," In Hunt, H. K.(ED), *Conceptualization and Measurement of Consumer Satisfaction and Dissatisfaction*, Cambridge, MA: Marketing Science Institute.

• Lee, H. S.(2010), "Factors Influencing Customer Loyalty of Mobile Phone Service: Empirical Evidence from Koreans," *Journal of Internet Banking and Commerce*, Vol. 15 No. 2, pp.1-14.

• Levesque, T. and G. H. G. McDougall(1996), "Determinants of Customer Satisfaction in Retail Banking," *International Journal of Bank Marketing*, Vol. 14 No. 7, pp. 12-20.

• Oliver, R. L.(1980), "A Cognitive Model of the Antecedents and Consequences of Satisfaction Decisions," *Journal of Marketing Research*, Vol. 17(Septemver), pp. 46-49.

• ________(1981), "Measurement and Education of Satisfaction Processes in Retail Setting," *Journal of Retailing*, Vol. 57(Fall), pp. 25-48.

• Oliver, R. and J. E. Swan(1989), "Consumer Perceptions of Interpersonal Equity and Satisfaction in Transaction: A Field Survey Approach," *Journal of Marketing*, Vol. 53, pp. 21-35.

• Parasuraman, A., V. A. Zeithaml and L. L. Berry(1985), "A Conceptual Model of Service Quality and Its Implications for Future Research," *Journal of Marketing*, Vol. 49(Fall), pp. 41-50.

• ____________________(1988), "Communication and Control Processes in the Delivery of Service Quality," *Journal of Marketing*, Vol. 52(April), pp. 35-47.

• ____________________(1996), "The Behavioral Consequences of Service Quality," *Journal of Marketing*, Vol. 60, pp. 31-46.

• Reichheld, F. F. and W. E. Jr. Sasser(1990), "Zero Defections: Quality Comes to Services," *Harvard Business Review*, September-October, pp. 105-111.

• Richins, M. L.(1979), "Consumer Complaining Process: A Comprehensive Model," in R. L. Day and H. K. Hunt.(Ed), *New Dimensions of Consumer Satisfaction and Complaining Behavior*, pp. 30-34.

• Stevens, P., B. Knutson and M. Patton(1995), "DINESERV: A Tool for Measuring Service Quality in Restaurants," *Cornell Hotel and Restaurant Administration Quarterly*, April, pp. 56-60.

• Taylor, S. and T. Baker(1994), "An Assessment of the Relationship Between Service Quality and Customer Satisfaction in the Formation of Consumers' Perceptions of Quality," *Journal of Retailing*, Vol. 70 No. 20, pp. 163-178.

• Tse, K. D. and P. C. Wilton(1988), "Models of Consumer Satisfaction Formation: An Extension," *Journal of Marketing Research*, Vol. 25(May), pp. 204-212.

• Vincent, C. S., M. Y. Heung, Wong and Q. Hailin(2000), "Airport-Restaurant Service Quality in Hong kong," *Cornell Hotel and Restaurant Administration Quarterly*, June, pp. 86-95.

• Westbrook, R. A. and M. D. Reilly(1983), "Value-Percept Disparity: An Alternative to the Disconfirmation of Expections Theory of Consumer Satisfaction," in Bagozzi, Richard P. and Tybout, A. M.(Eds), *Advances in Consumer Research*, Ann Arbor, MI: Association for Consumer Research.

• Woodside, A. G., L. L. Frey and R. T. Daiy(1989), "Linking Service Quality, Customer Satisfaction, and Behavioral Intentions," *Journal of Health Care Marketing*, Vol. 9, pp. 5-17.

• Zeithaml, V. A., A. Parasuraman and L. L. Berry(1985), "Problem and Strategies in Service Marketing," *Journal of Marketing*, Vol. 49(Spring), pp. 33-46.

참고문헌

강병서(2000), "고객지향적인 품질경영전략의 실행방안에 관한 연구," 「한국생산관리학회지」, 제10권 제3호, pp.133-157.

권용주, 정진수, 박윤복, 강민정(2003), "선언적 과학 지식의 생성과정에 대한 과학철학적 연구," 「한국과학교육학회지」, 제23권 제3호, pp.215-228.

김계수, 박형권(2000), "서비스품질요인이 고객만족에 미치는 영향에 관한 연구," 「품질경영학회지」, 제28권 제3호, pp.39-40.

김두섭, 강남준(2000), 「회귀분석」, 나남출판.

김희수(2000), "국내 이동전화시장의 가입전환 및 고객충성도 결정요인분석," 「정보사회연구」.

서창적, 김영택(2001), "생산정보품질의 측정 및 생산성과의 관계에 관한 연구," 「한국생산관리학회지」, 제12권 제2호, pp.157-183.

성태제(2000), 「타당도와 신뢰도」, 양서원.

유동근, 강성단, 이용기(1998), "서비스기업의 시장지향성과 성과; 벤치마킹, 서비스품질 및 고객만족의 인과적 역할," 「마케팅 연구」, 제13권 제1호, pp.1-25.

윤만희(1999), "서비스품질척도의 MTMM분석에 관한 연구," 「경영연구」, 제14권 제1호, pp.243-272.

이순묵(1990), 「공변량구조분석」, 성화사.

이순묵(1994), "요인분석의 관행과 문제점," 「한국심리학회지: 산업 및 조직」, 제7권 제1호, pp. 1-27.

이순묵(2000), 「요인분석의 기초」, 교육과학사.

이유재, 김주영, 김재일(1996), "서비스산업의 현황에 대한 실증연구," 「소비자학연구」, 제7권 제2권, pp.129-157.

이지훈, 박우순, 이기주(1997),「사회과학 연구의 기초」, 대영문화사.

이형석(2003), "소매금융 서비스품질 결정요인과 만족도 및 충성도간 관계연구-구조방정식 모형을 이용한 경로분석-,"「전략경영정보시스템연구」, 제9권, pp.153-180.

이형석(2005a), "소비자들의 자국중심주의와 원한이 서비스품질 인식에 미치는 영향에 관한 연구,"「서비스경영학회지」, 제6권 제2호, pp.129-149.

이형석(2005b), "은행서비스에서의 종업원만족과 서비스품질 인식 및 만족도 간 관계에 관한 연구,"「POSRI 경영연구」, 제5권 제2호, pp.230-250.

이형석(2006), "KTX서비스품질 결정 요인에 관한 연구,"「POSRI 경영연구」, 제6권 제1호, pp.161-189.

이형석(2008),「사회과학논문의 기초」, 한경사.

정보통신정책연구원(2000), "고객 상표전환 모형을 통한 통신시장 구조분석 및 예측,"「연구보고 00-19」.

정영숙, 이종한, 배일섭, 이상복, 박충선(2001),「사회과학 조사방법론」, 대구대학교출판부.

정종덕, 박철(1997), "이동통신 서비스의 속성 평가 및 고객만족도에 관한 연구,"「1997년도 한국정보시스템학회 추계학술발표대회」, pp.313-320.

조광행, 임채운(1999), "고객만족 및 전환장벽이 점포애호도에 미치는 효과에 관한 연구,"「마케팅연구」, 제4권 제1호, pp.47-71.

채서일(1994),「마케팅조사론」, 제2판, 학현사.

허명회(1999),「사회과학을 위한 통계적 방법」, 자유아카데미.

Anderson, E. and M. W. Sullivan(1993), "The Antecedents and Consequences of Customer Satisfaction for Firms," *Marketing Science*, Vol.12 No.2, pp.125-143.

Anderson, J. C. and D. W. Gerbing(1988), "Structural Equation Modeling in Practices: A Review and Recommended Tow-Step Approach," *Psychological Bulletin*, Vol.103 No.3, pp.411-423.

Bagozzi, R. P. and Y. Yi(1988), "On the Evaluation of Structural Equation Models," *Journal of the Academy of Marketing Science*, Vol.16(Spring), pp.74-94.

Bagozzi, R. P.(1981), "Evaluating Structural Equation Models with Unobservable Variabless and Measurement Error: A Comment," *Journal of Marketing Research*, Vol.18, pp.375-381.

Belsley, D. A., E. Kuh and R. E. Welsch(1980), *Regression Diagnostics: Identifying Influential Data and Sources of Collinearity*, John Wiley and Sons.

Bentler, P. M.(1990), "Comparative Fit Indexes in Structural Models," *Psychological Bulletin*, Vol.107, pp.238-246.

Calantone, R., C.A. di Benedette and R. Divine(1993), "Organizational, Technical, and Marketing Antecedents for Successful New Product Development," *R&D Management*, Vol.23 No.4, pp.337-351.

Campbell, D. T. and D. W. Fiske(1959), "Convergent and Discriminant Validation by the Multitrait-Multimethod Matrix," *Psychological Bulletin*, Vol.56(March), pp.81-105.

Cattell, R. B.(1966), "The Scree Test for the Number of Factors," *Multivariate Behavioral Research*, Vol. 1, pp.245-276.

Churchill, G. A., Jr.(1979), "A Paradigm for Developing Better Measures of Marketing Constructs," *Journal of Marketing Research*, Vol.16(February), pp.64-73.

Consumer Reports(1998), *Buying Guide Issue, Consumers Union of United States*, New York, Sep.

Cote, J. A. and M. R. Buckley(1987), "Estimating Trait, Method, and Error Variance: Generalizing across 70 Construct Validation Studies," *Journal of Marketing Research*, Vol.24(August), pp.315-318.

Cronin, Jr, J. J. and S. A. Taylor(1992), "Measuring Service Quality: A Reexamination and Extension," *Journal of Marketing*, Vol.56(July), pp.55-68.

Cushing, B. E.(1990), "Framework, Paradigms, and Scientific Research in Management

Information," *Journal of Information Systems*, Vol.4 No.1.

Davis, D.(2005), *Business Research for Decision Making*, Thomson Brooks/Cole.

Fiske, D. W.(1982), "Convergent-Discriminant Validation in Measurements and Research Strategies, " in *Forms of Validity in Research*, David Brinberg and Louise A. Kidder(eds.), San Francisco: Jossey-Bass, pp.77-92.

Fornell, C. and D. F. Larker(1981), "Evaluation Structural Models with Unobservable Variables and Measurement Error," *Journal of Marketing Research*, Vol.18(February), pp.39-50.

Gerbing, David W. and James C. Anderson(1988), "An Updated Paradigm for Scale Development Incorporating Unidimensionality and Its Assessment," *Journal of Marketing Research*, Vol.25(May), pp.186-192.

Gorsuch, R. L.(1983), *Factor Analysis*(2nd ed.), Hillsdale, NJ: Lawrence Erlbaum.

Gronlund, N. E. and R. L. Linn(1990), *Measurement and Evaluation in Teaching*(6th ed.), Macmillan, pp.48-50.

Hair, J. F., R. E. Anderson, R. L. Tatham and W. C. Black(1998), *Multivariate Data Analysis*, Prentice-Hall Int. Inc..

Hanson, N. R. (1958), *Patterns of Discovery: An Inquiry into the Conceptual Foundations of Science*, Cambridge: Cambridge University Press.

Hauser, J. R., D. I. Simester and B. Wernerfelt(1994), "Customer Satisfaction Incentives," *Marketing Science*, Vol.13 No.4, pp.327-350.

Jones, T. O. and W. E. Sasser, Jr(1995), "Why Satisfied Customers Defect?, " *Harvard Business Review*, Vol.73.

Kerlinger, F. N.(1973), Foundations of Behavioral Research, Holt, Rinehart & Winston.

Kim, Doo-Sub(1983), "The Curvilinearity between Income and Fertility: Evidence from Korea," *Bulletine of the Population and Development Studies Center*, Seoul National University.

Kim, Doo-Sub(1987), "Socioeconomic Status, Inequality and Fertility," *Bulletine of the Population and Development Studies Center*, Seoul National University.

Klemperer, P.(1987), "Markets with Consumer Switching Costs," *The Quarterly Journal of Economics*, Vol.102(May), pp.88-99.

Kuhn, T. S.(1962), *The Structure of Scientific Revolutions*, The University Chicago Press.

Lawson, A. E.(1995), *Science Teaching and the Development of Thinking*, Belmont, CA: Wadsworth Publishing Co.

Lee, J., J. Lee and L. Feick(2001), "The Impact of Switching Costs on the Customer Satisfaction-Loyalty Link: Mobile Phone Service in France," *Journal of Service Marketing*, Vol.15 No.1, pp.35-48.

Lewis, R. W.(1988), "Biology: A Hyothetic-Deductive Science," *The American Biology Teacher*, Vol.50 No.5, pp.362-366.

Morgan, R. M. and S. D. Hunt (1994), "The Commitment and Trust Theory of Relationship Marketing," *Journal of Marketing*, Vol.58 No.3, pp.20-38.

Mulaik, S. A., L. R. James., J. Van Alstine., N. Bonnett, S. Lind and C. D. Stilwell(1989), "Evaluation of Goodness of Fit Indices for Structural Equation Models," *Psychological Bulletin*, Vol.105, pp.430-445.

Narayandas, N.(1996), "The Link between Customer Satisfaction and Customer Loyalty: An Empirical Investigation," *Working Paper*, 97-107, Harvard Business School.

Netemeyer, R. G., M. W. Johnston and S. Burton (1990), "Analysis of Role Conflict and Role Amgiuity in a Structual Equations Framework," *Journal of Applied Psychology*, Vol.75 No.2, pp.148-157.

Norusis, M. J.(1992), *SPSS for Windows: Professional Statistics*, SPSS Inc., pp.50.

Nunnally, J. C.(1978), *Psychometric Theory*, McGraw-Hill.

Parasuraman, A., V. A. Zeithaml and L. L. Berry(1988), "SERVQUAL: A Multiple-Item Scale for Measuring Consumer Perceptions of Service Quality," *Journal of Retailing*, Vol.64, pp.15-37.

Reichheld, F. F.(1993), "Loyalty-Based Management," *Harvard Business Review*, March-April.

Reichheld, F. F.(1996), *The Loyalty Effect*, Bain and Company, Inc.

Reynolds, K. E. and S. E. Beatty (1999), "Customer Benefits and Company Consequences of Customer-Salesperson Relationship in Retailing," *Journal of Retailing*, Vol. 75 No.1, pp. 11-32.

Reynolds, K. E. and S. E. Beatty (1999), "Customer Benefits and Company Consequences of Customer-Salesperson Relationship in Retailing," *Journal of Retailing*, Vol.75 No.1, pp.11-32.

Sharma, S., R. M. Durand and O. Gur-Arie(1981), "Identification and Analysis of Moderator Variables," *Journal of Marketing Research*, Vol.18(August), pp.291-300.

Steiger, J. H. and J. C. Lind(1980), "Statistically Based Tests for the Number of Common Factors," *paper presented at the annual meeting of the Psychometric Society*, Iowa City, IA.

Stevens, J.(1996), *Applied Multivariate Statistics for the Social Sciences*(3rd ed.), Mahwah, NJ: Lawrence Erlbaum.

Uncles, M. and G. Laurent(1997), "Editorial," *International Journal of Research in Marketing*, Vol.14.

Van de Ven, A. and D. Ferry(1980), *Measuring and Assessing Organizations*, Wiley New York.

Yoon, M. H. and J. H. Seo and T. S. Yoon (2004,) "Effects of Contact Employee Supports on Critical Employee Responses and Customer Service Evaluation," *Journal of Service Marketing*, Vol.18 No.5, pp.395-412.

Zwick, W. R. and W. F. Velicer(1986), "Comparison of Five Rules for Determining the Number of Components to Retain," *Psychological Bulletin*, Vol.99, pp.432-442.

찾아보기